Anton Bakx

In Jouw Handen

(18-9-2017)

In Jouw Handen

Anton Bakx

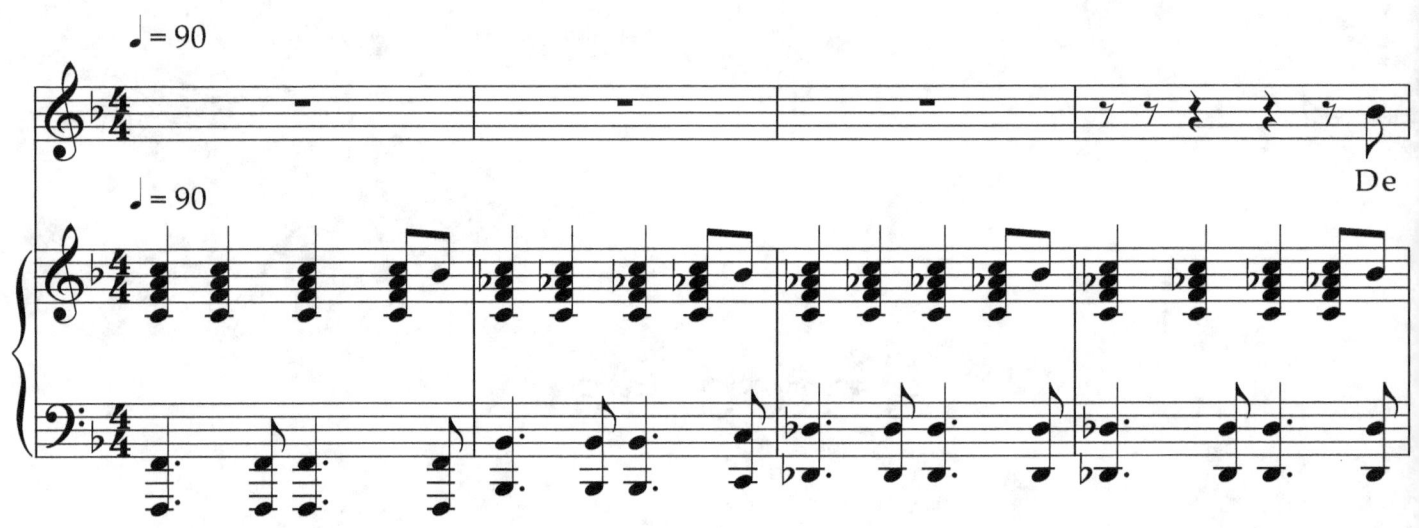

De

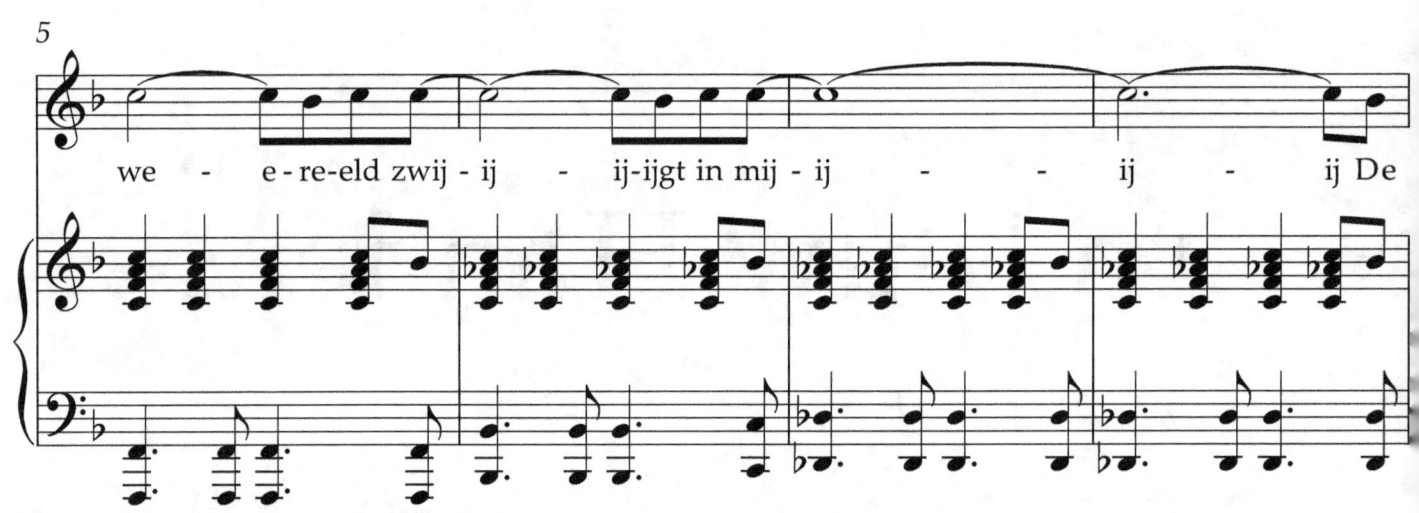

we - e - re-eld zwij - ij - ij-ijgt in mij - ij - - ij - ij De

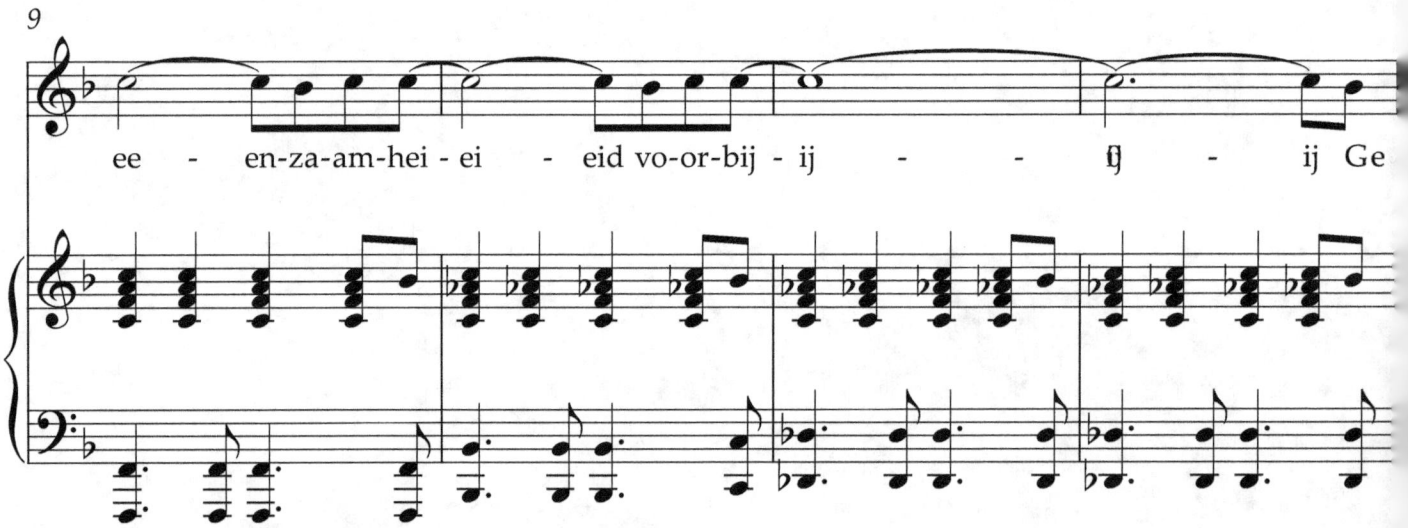

ee - en-za-am-hei - ei - eid vo-or-bij - ij - - ij - ij Ge

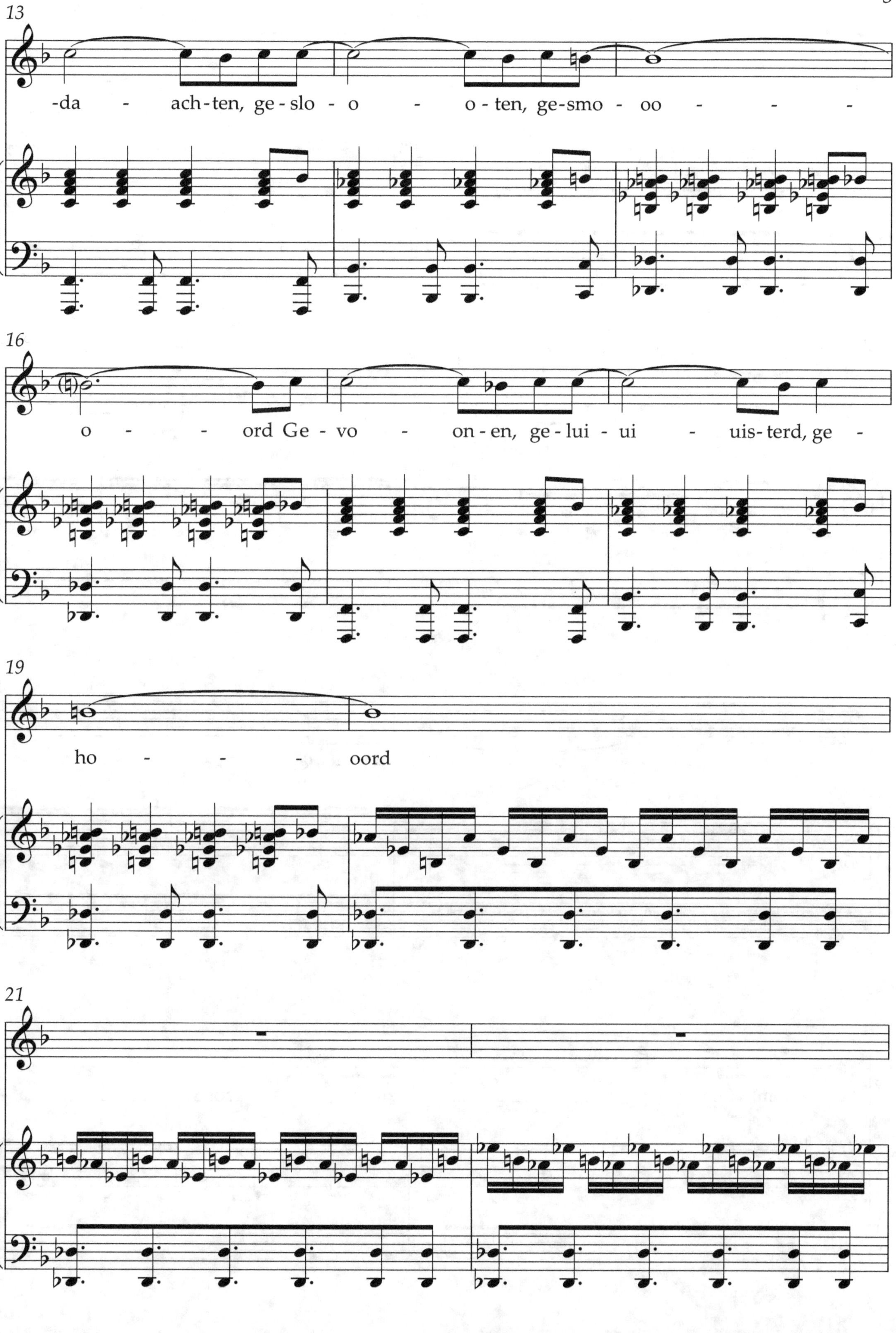

13

-da - ach-ten, ge-slo - o - o-ten, ge-smo - oo - - - -

16

o - - - ord Ge - vo - on-en, ge-lui - ui - uis-terd, ge -

19

ho - - - oord

21

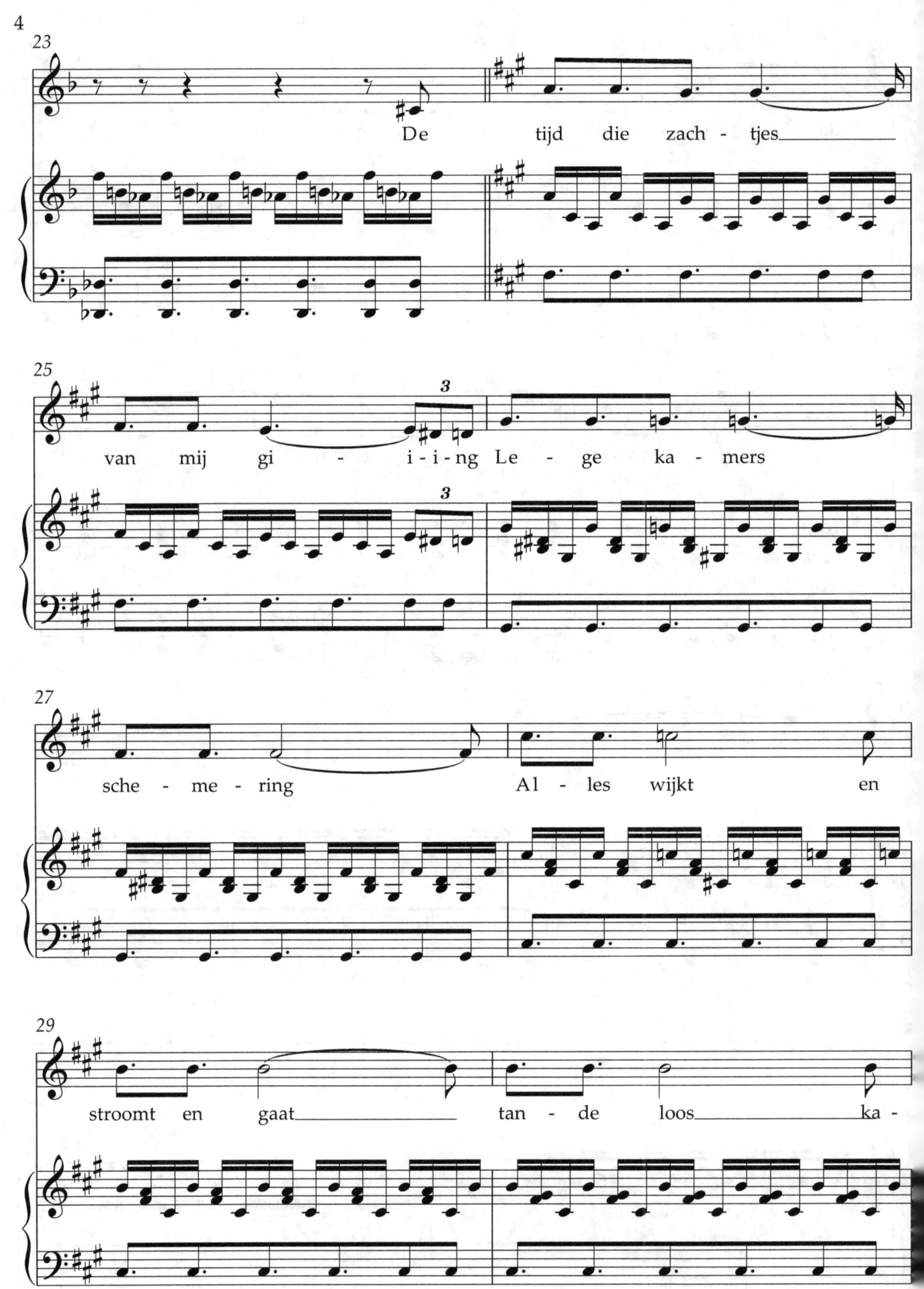

23

De tijd die zach - tjes_____

25

van mij gi - i-i-ng Le - ge ka - mers

27

sche - me - ring Al - les wijkt en

29

stroomt en gaat_____ tan - de loos_____ ka -

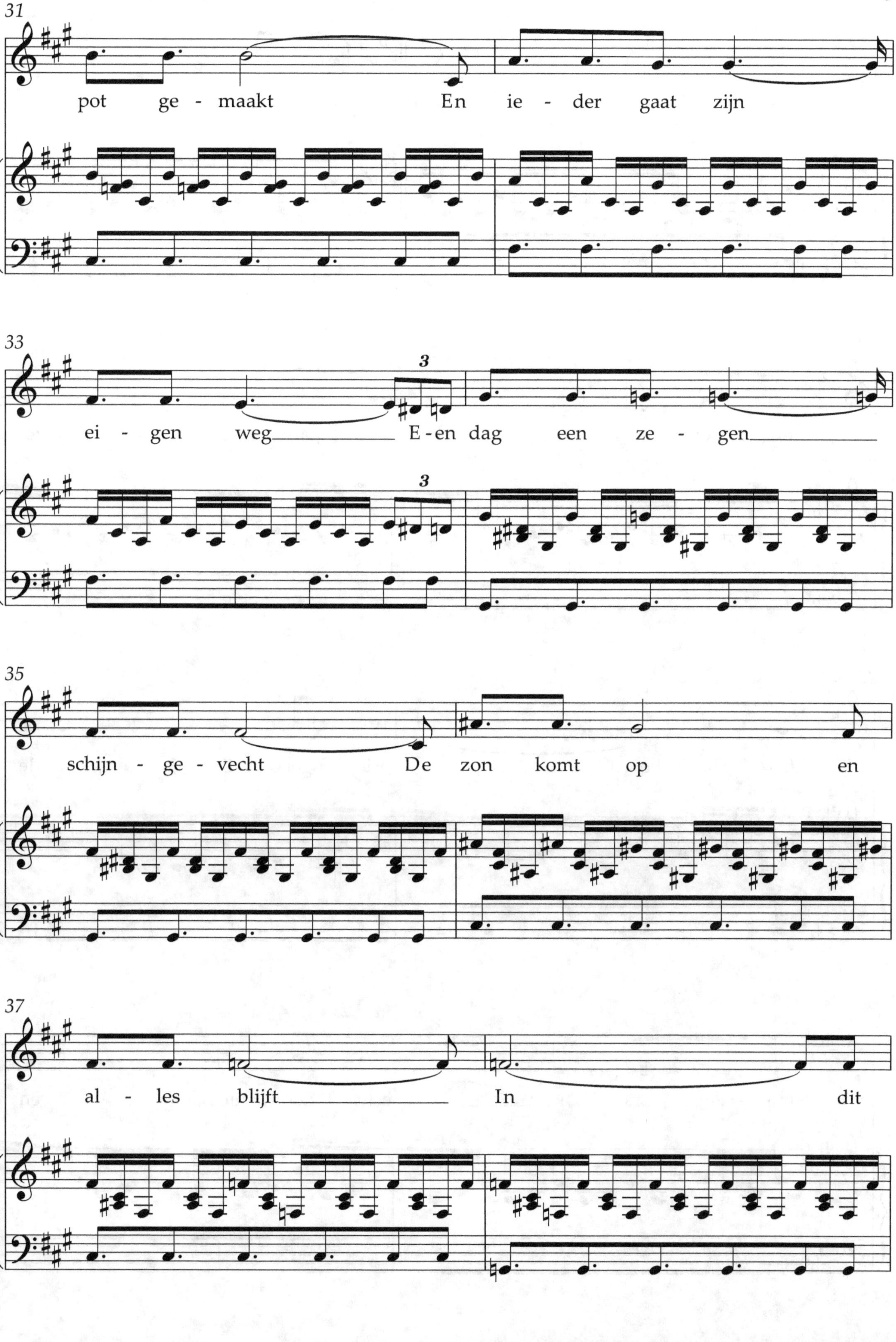

31

pot ge - maakt   En ie - der gaat zijn

33

ei - gen weg_____ E -en dag een ze - gen_____

35

schijn - ge - vecht   De zon komt op   en

37

al - les blijft_____ In   dit

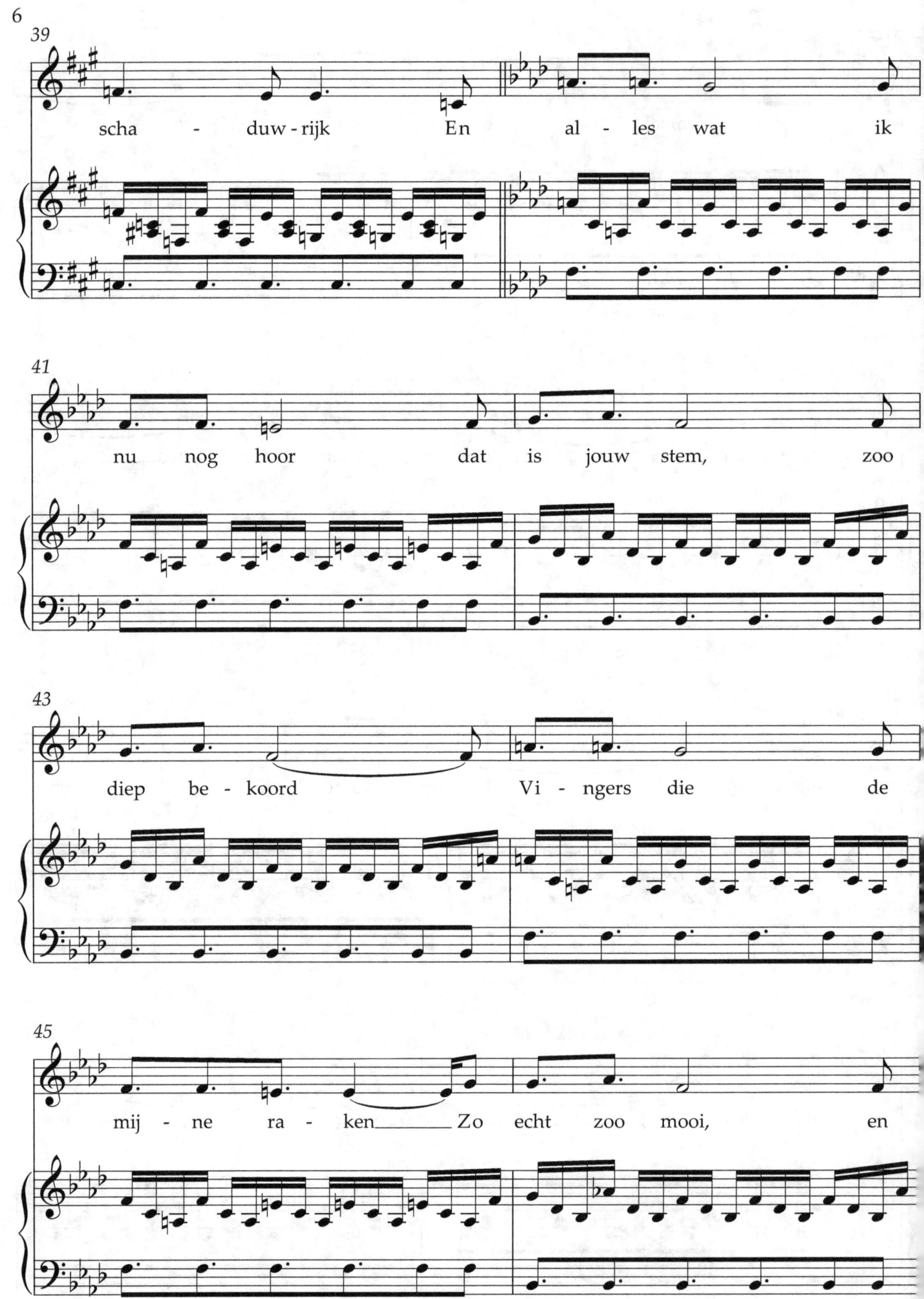

scha - duw - rijk   En   al - les   wat   ik

nu   nog   hoor   dat   is   jouw   stem,   zoo

diep   be - koord   Vi - ngers   die   de

mij - ne   ra - ken____   Zo   echt   zoo   mooi,   en

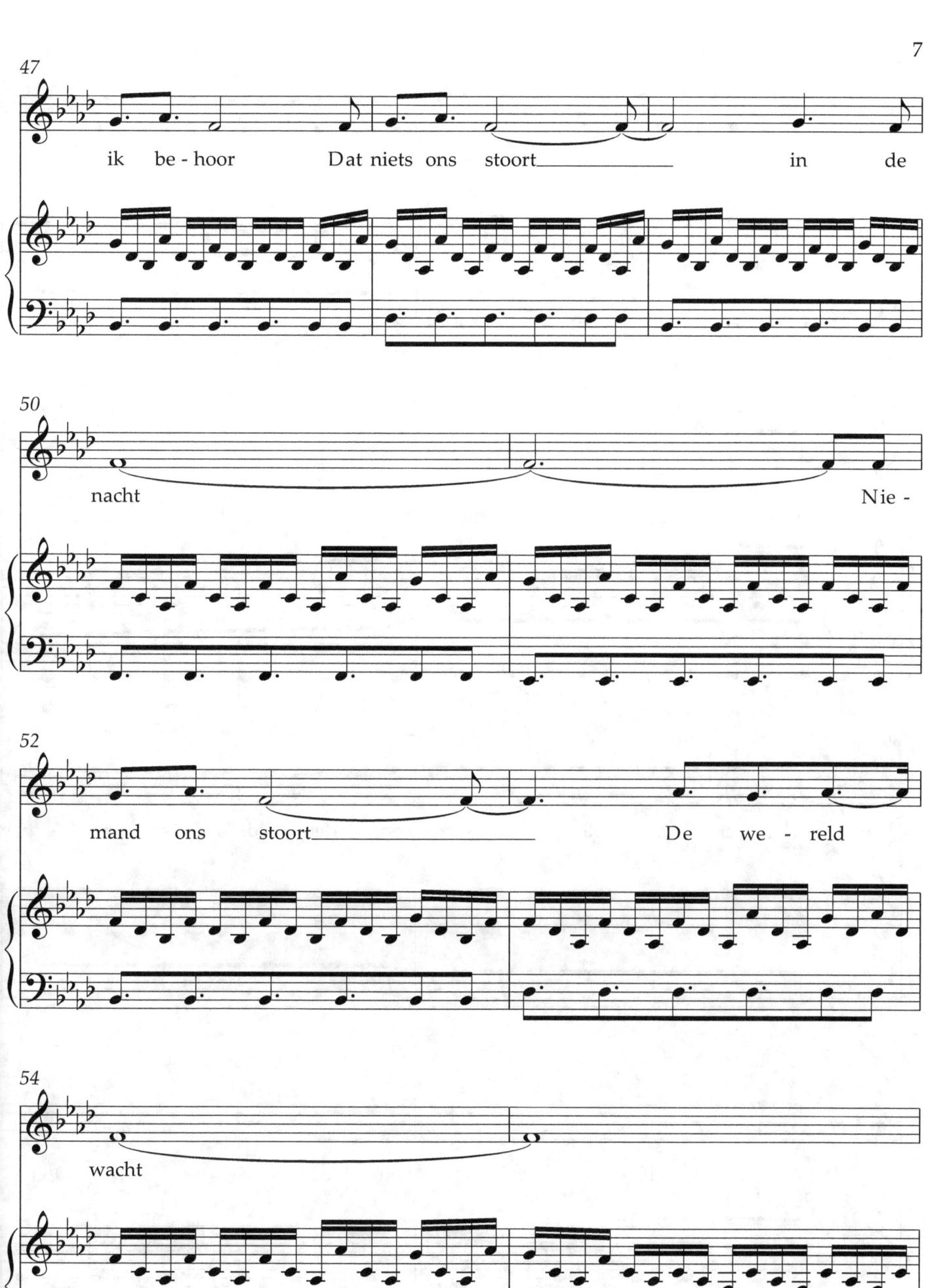

ik be-hoor Dat niets ons stoort_____ in de

nacht_____ Nie-

mand ons stoort_____ De we-reld

wacht

8

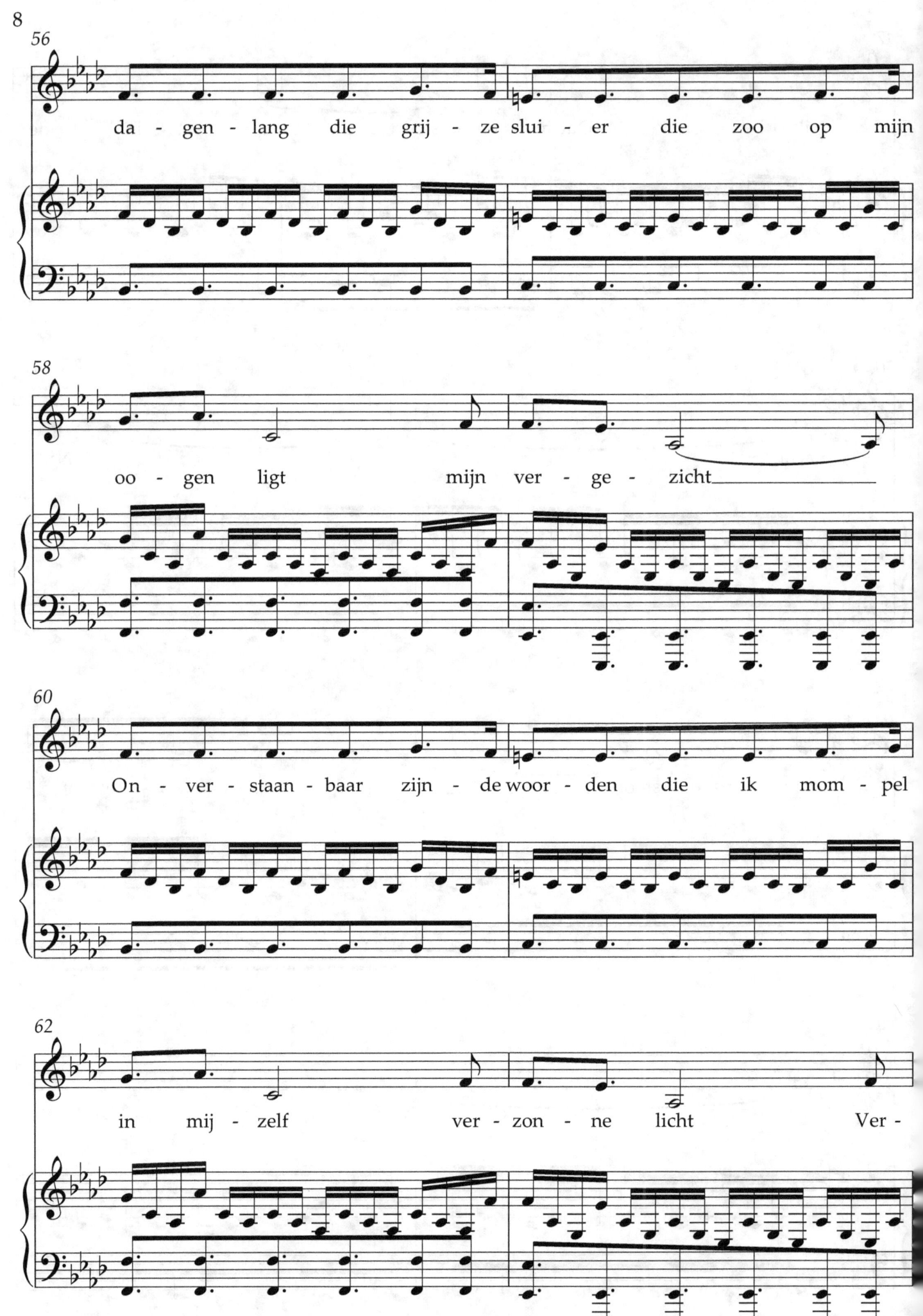

da - gen - lang die grij - ze slui - er die zoo op mijn

oo - gen ligt mijn ver - ge - zicht

On - ver - staan - baar zijn - de woor - den die ik mom - pel

in mij - zelf ver - zon - ne licht Ver -

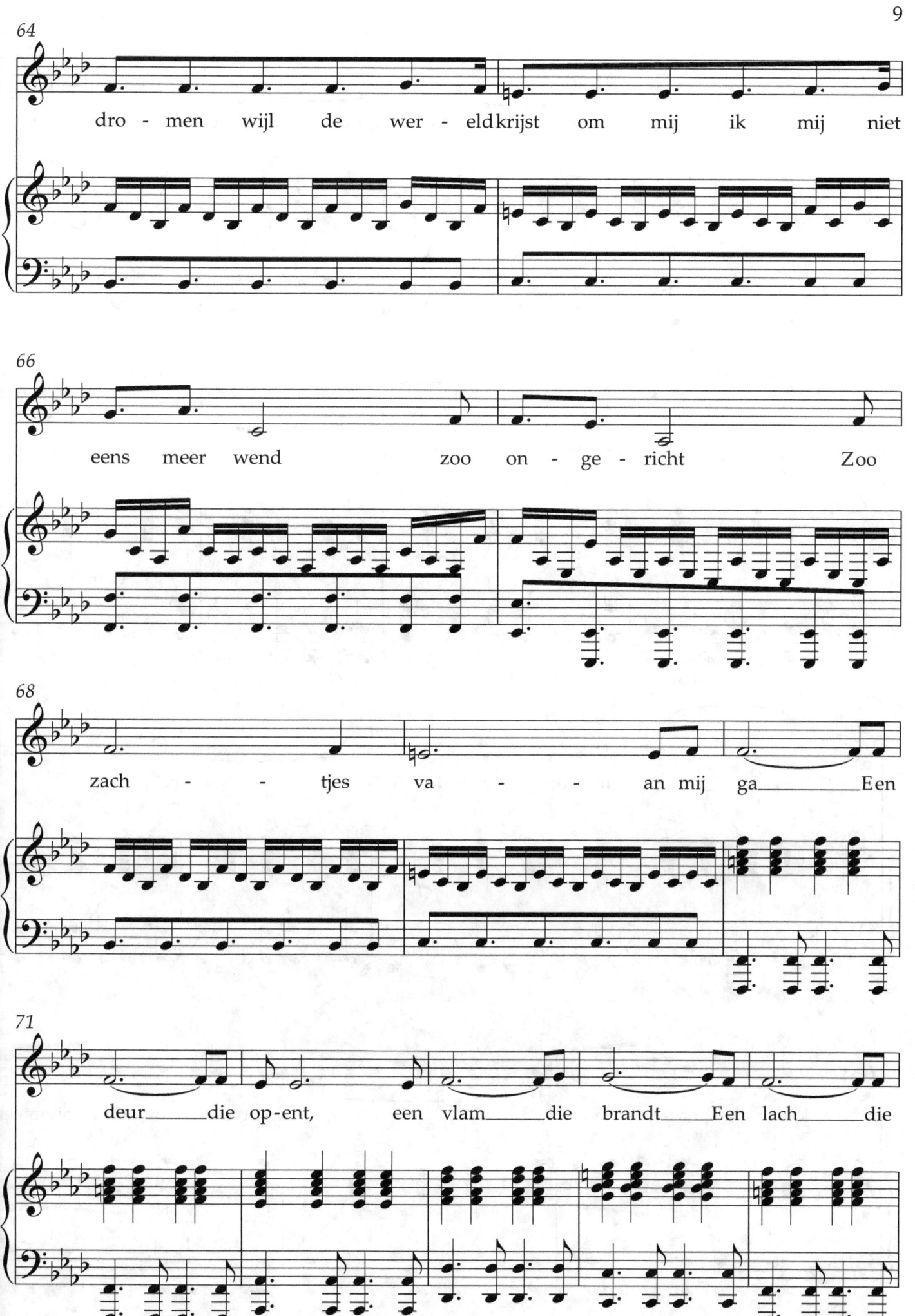

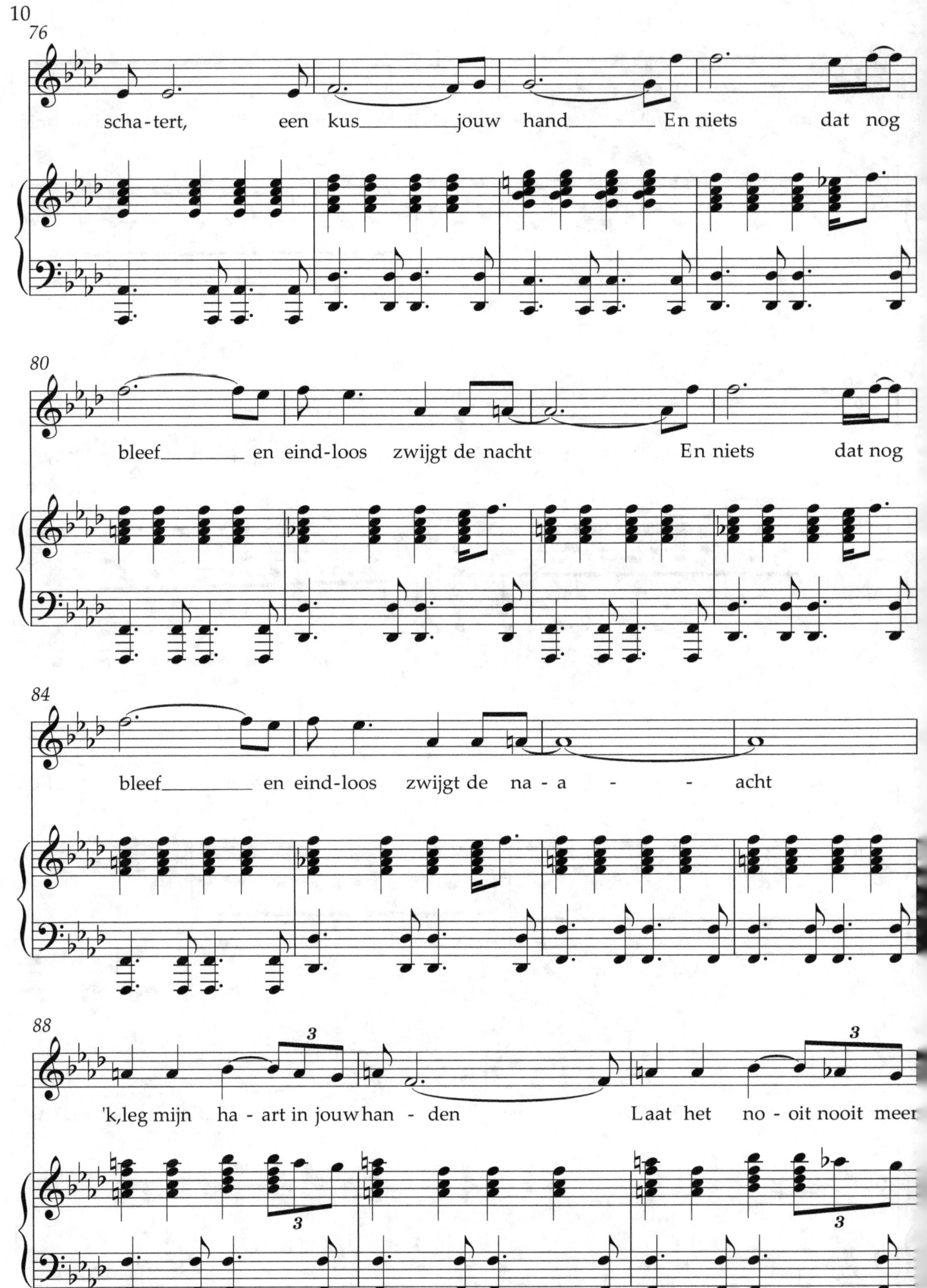

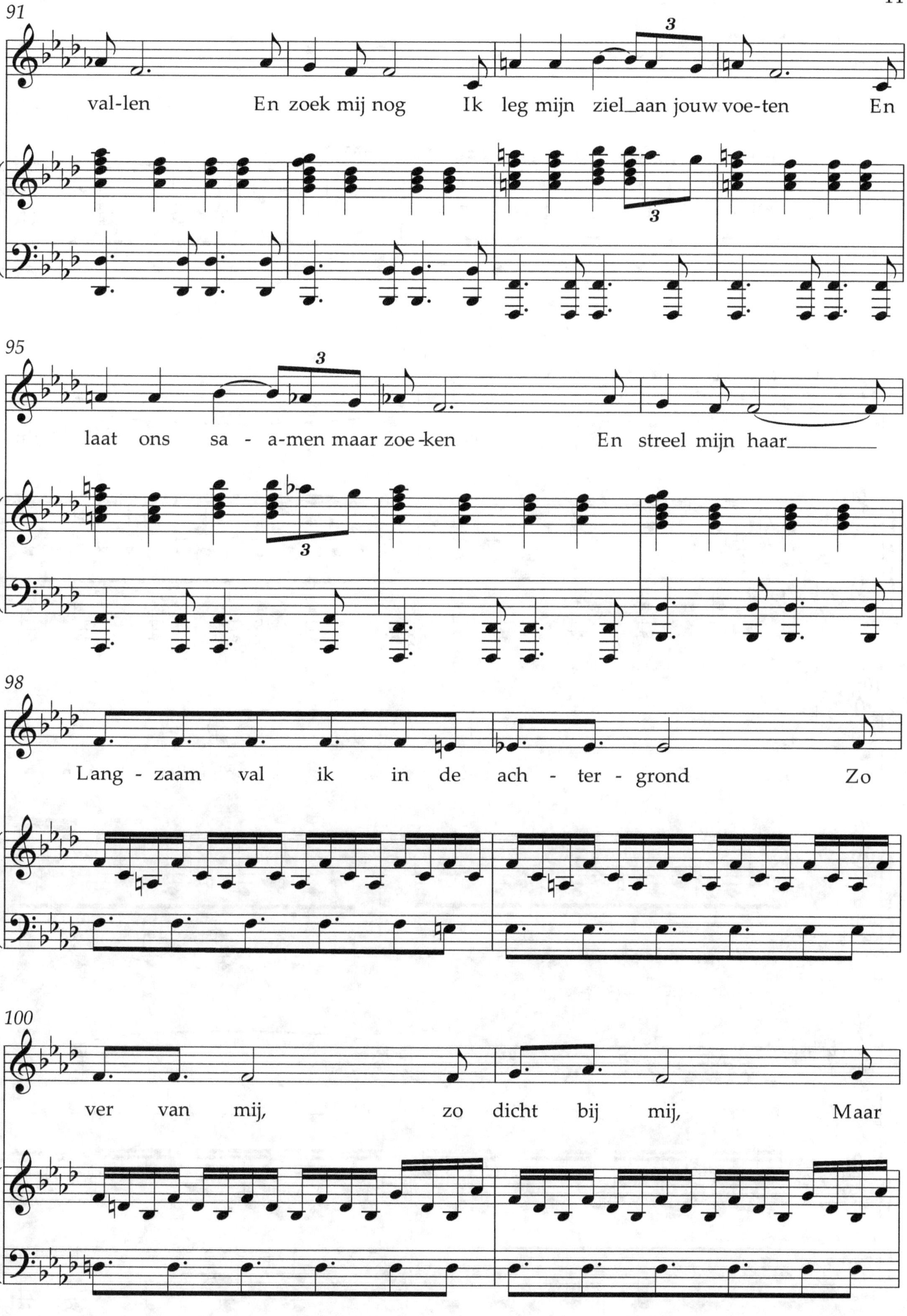

91

val-len   En zoek mij nog   Ik leg mijn ziel aan jouw voe-ten   En

95

laat ons sa - a-men maar zoe-ken   En streel mijn haar

98

Lang - zaam val ik in de ach - ter - grond   Zo

100

ver van mij,   zo dicht bij mij,   Maar

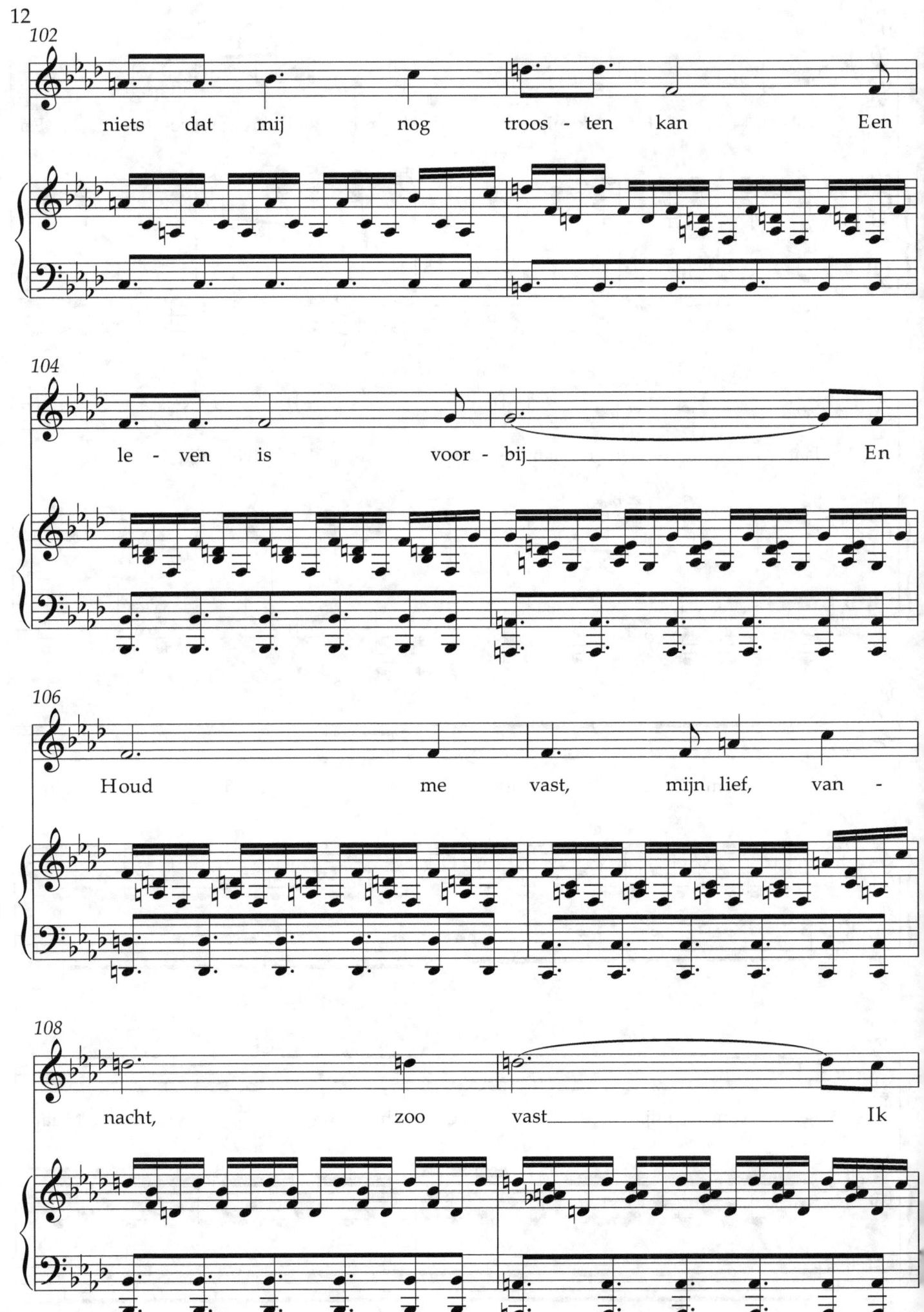

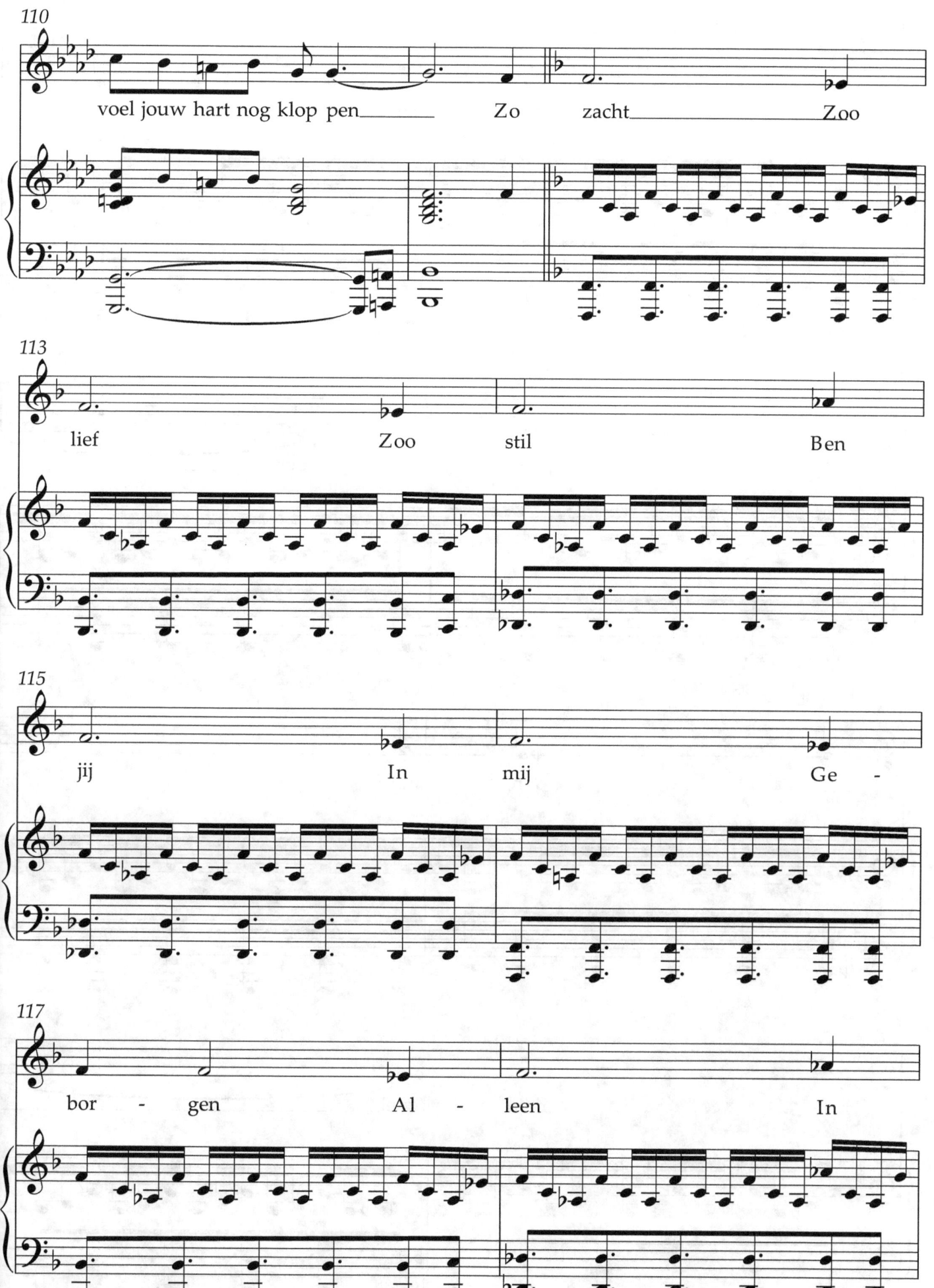

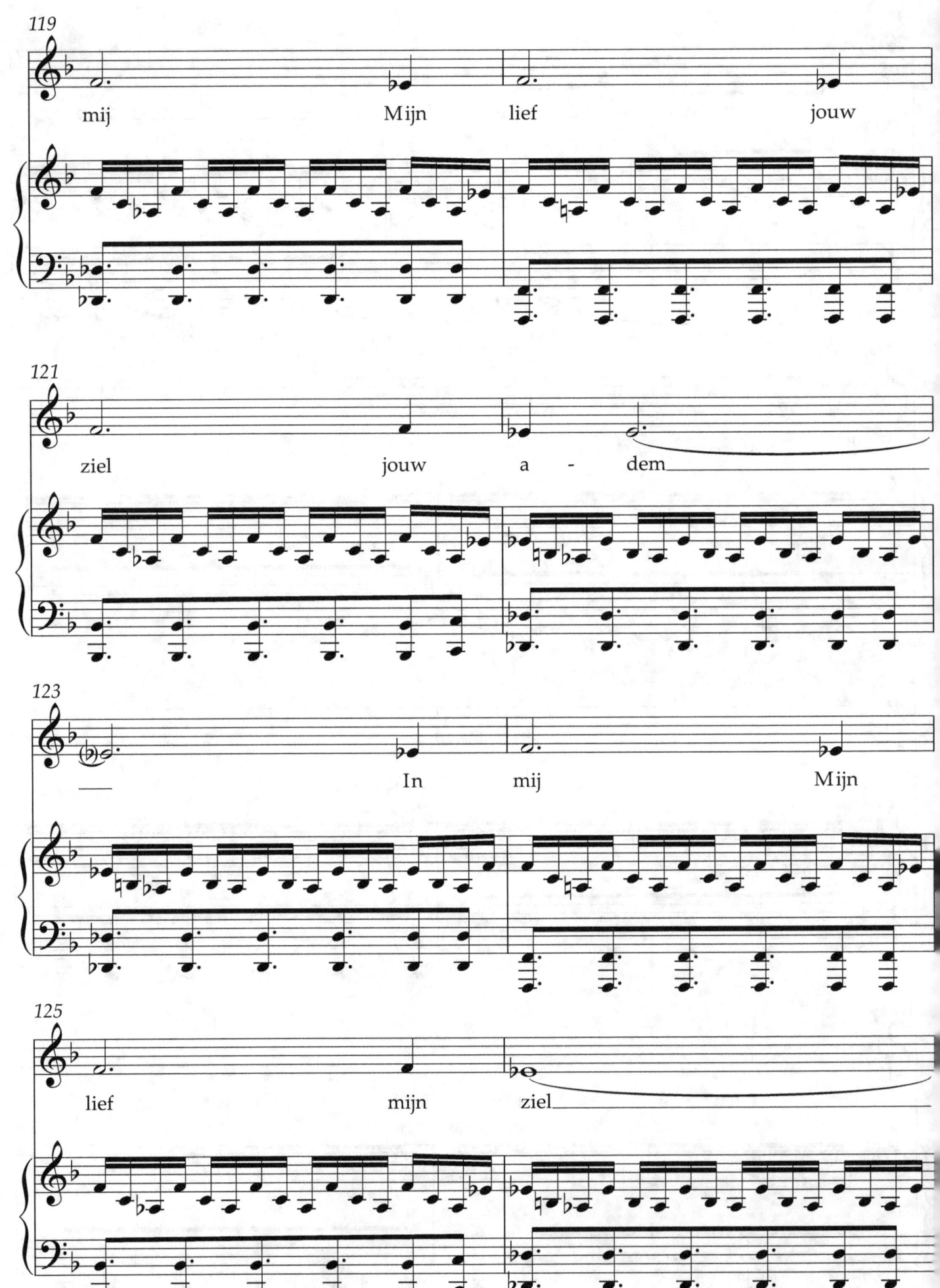

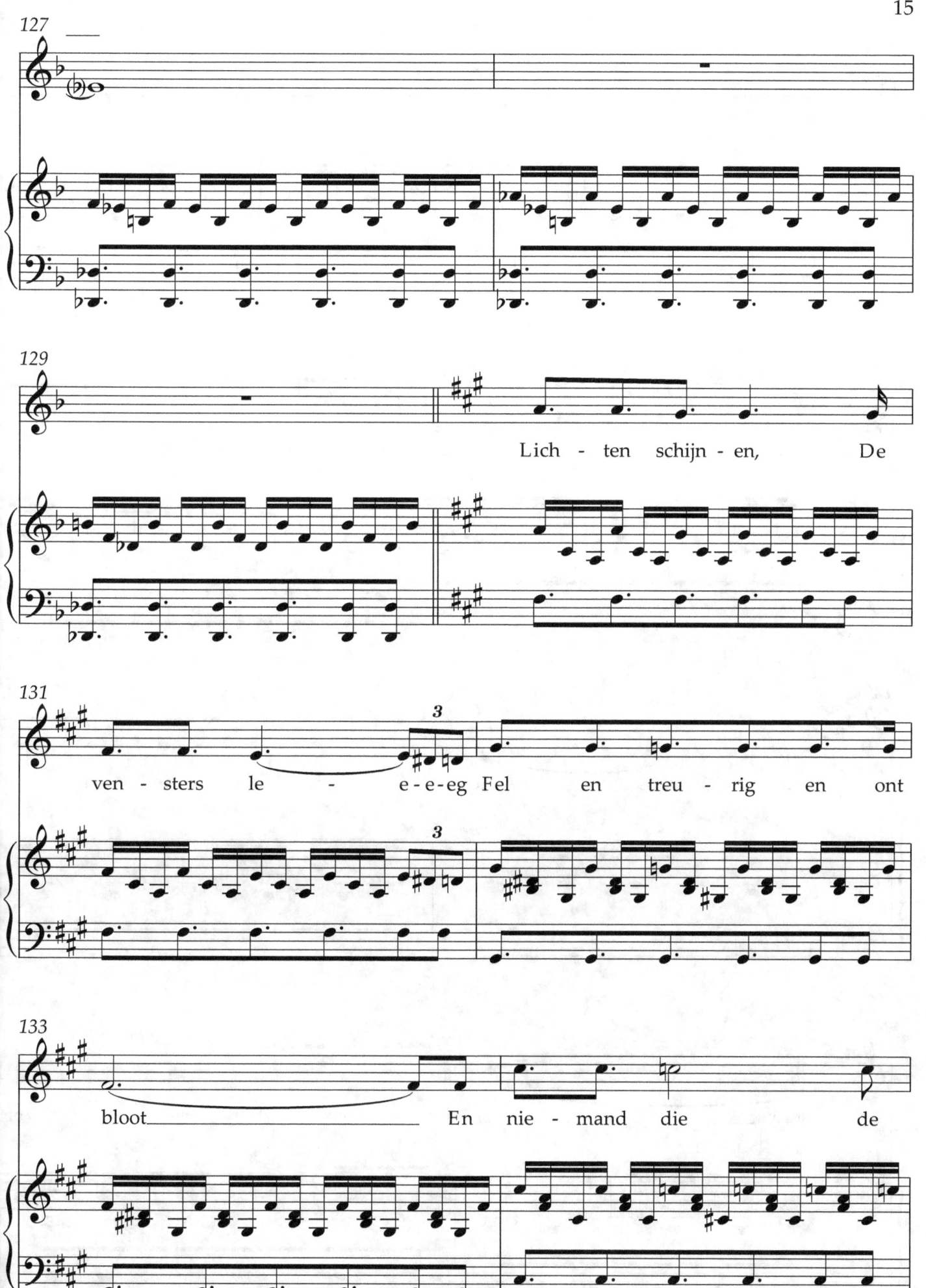

Lich - ten schijn - en, De ven - sters le - e - e - eg Fel en treu - rig en ont bloot_____ En nie - mand die de

16

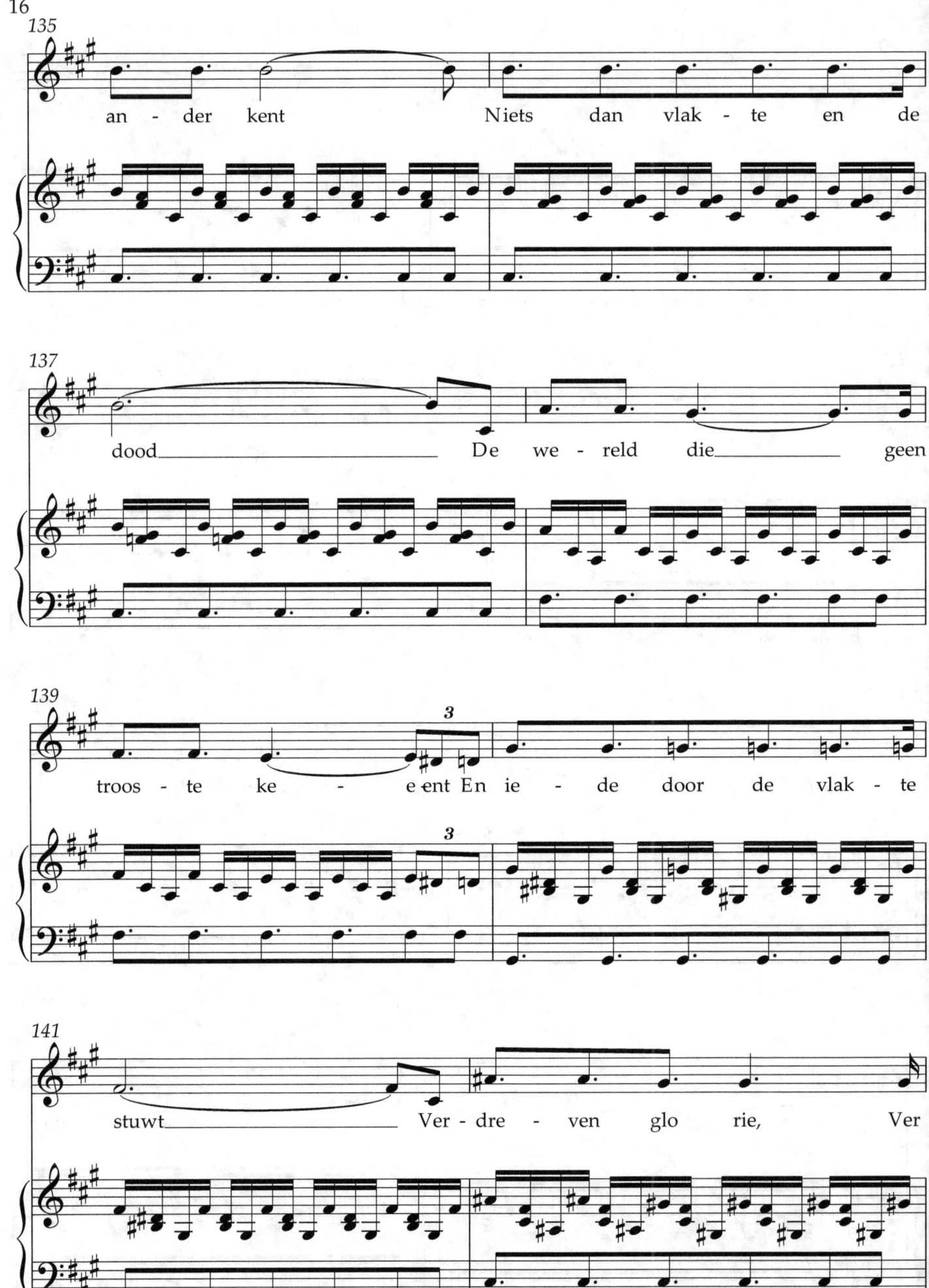

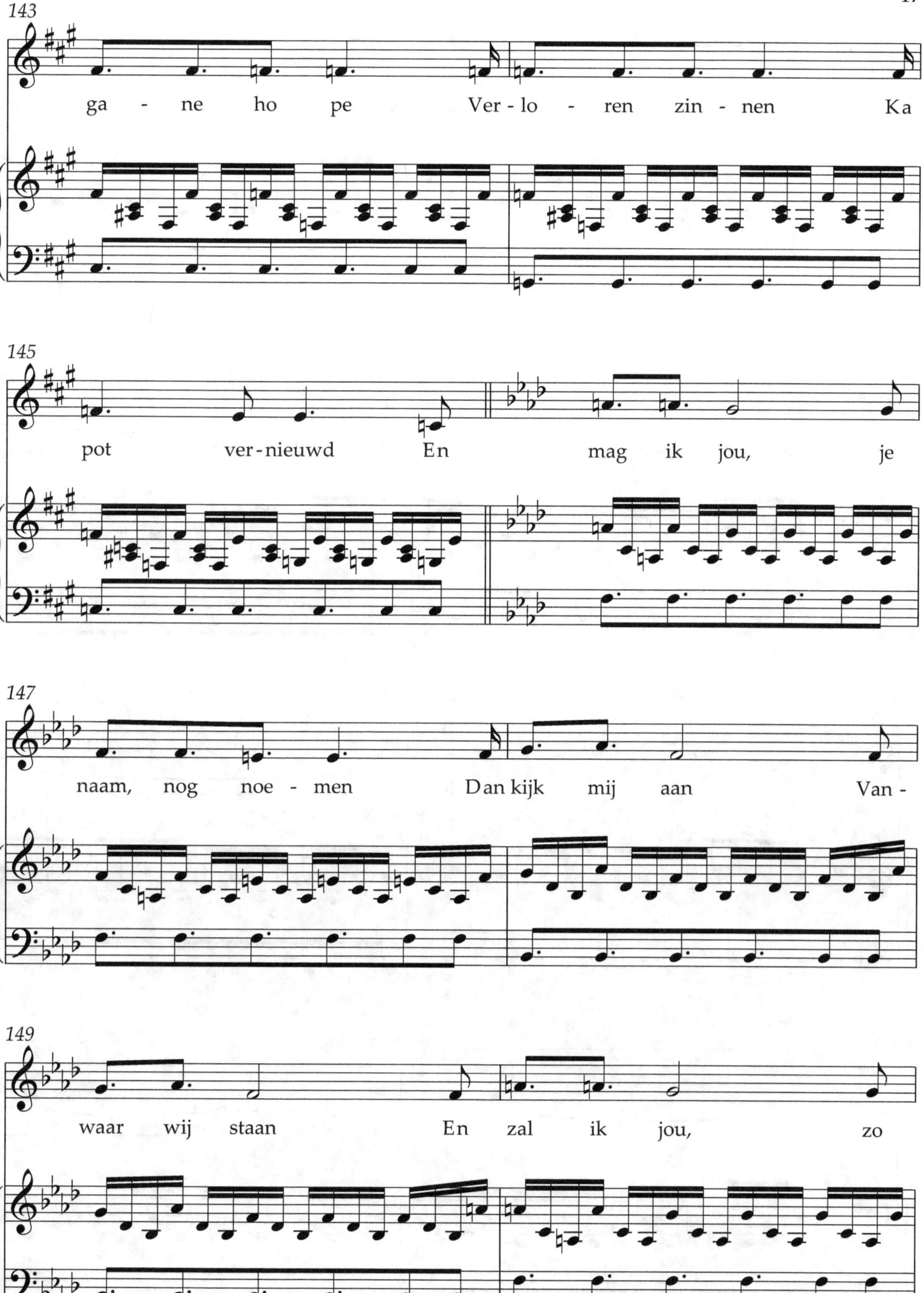

143

ga - ne ho pe Ver - lo - ren zin - nen Ka

145

pot ver-nieuwd En mag ik jou, je

147

naam, nog noe - men Dan kijk mij aan Van -

149

waar wij staan En zal ik jou, zo

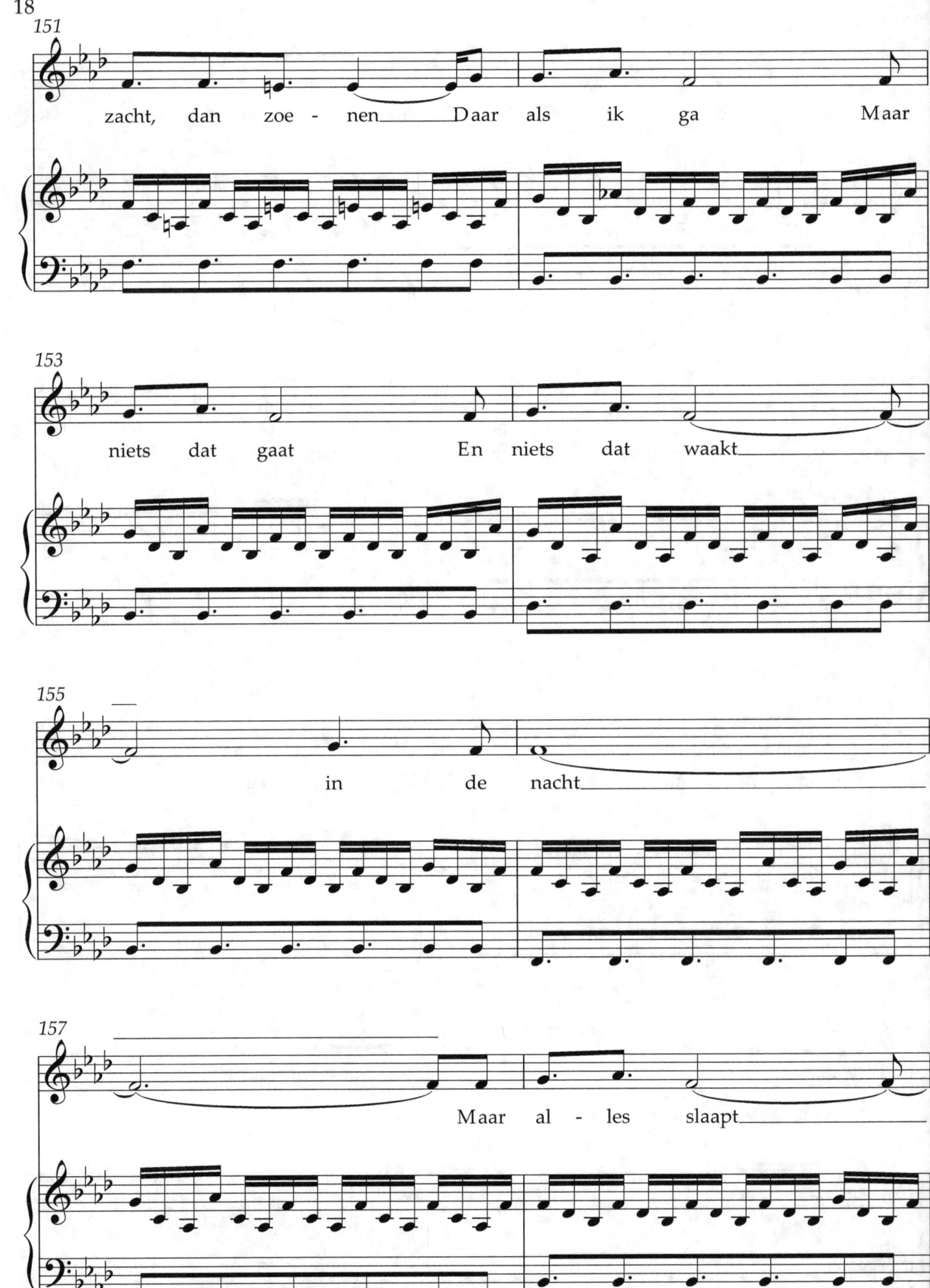

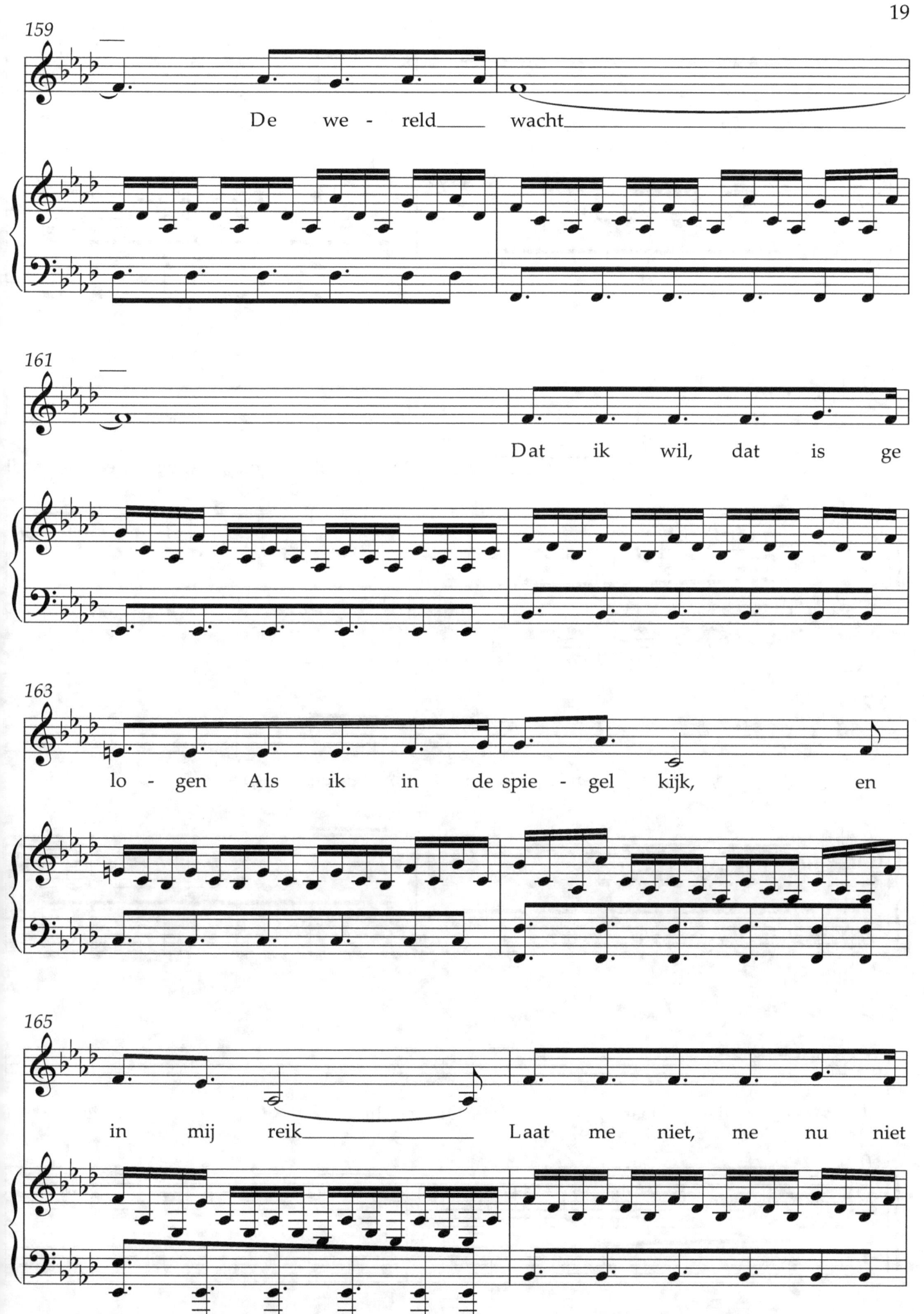

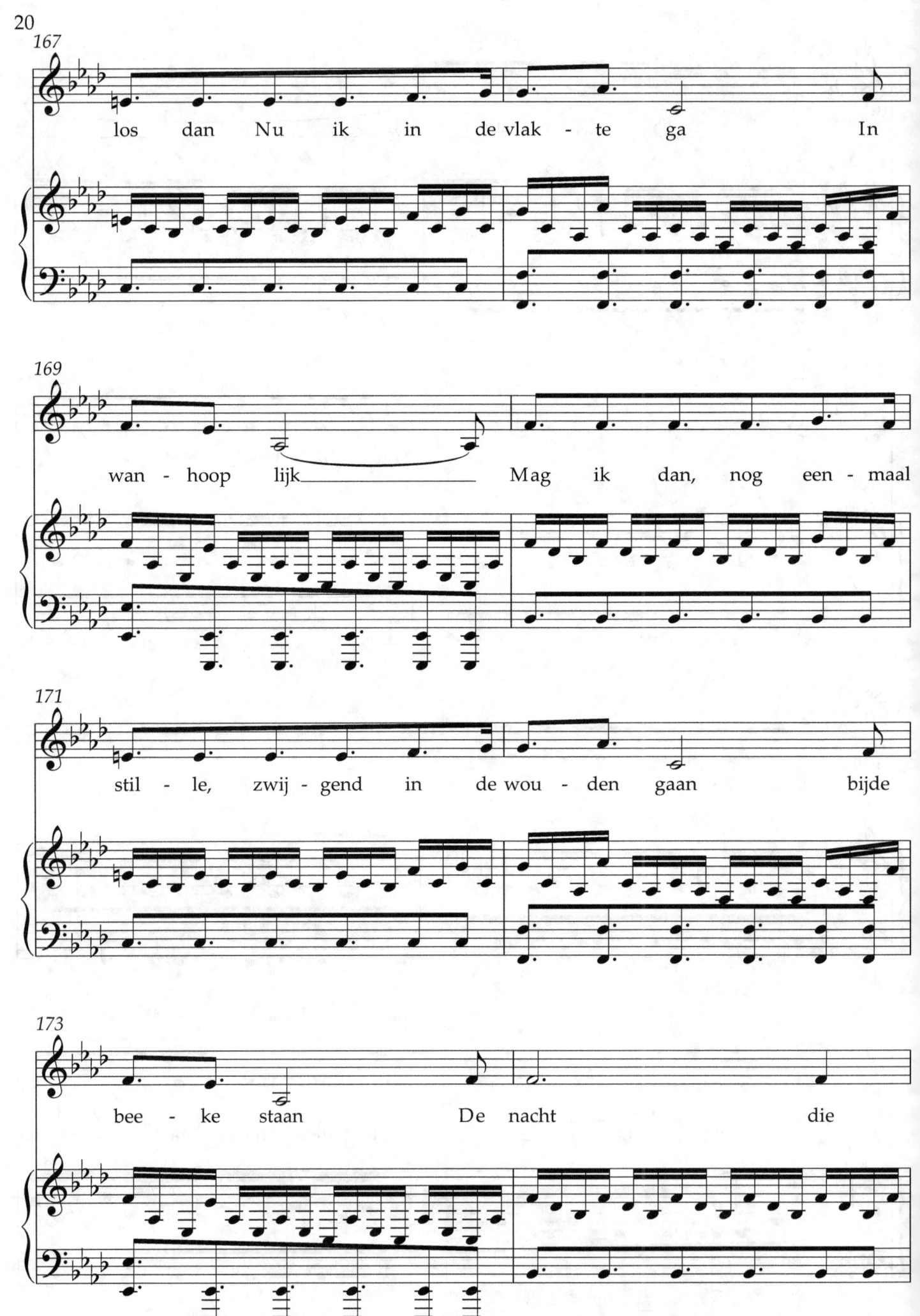

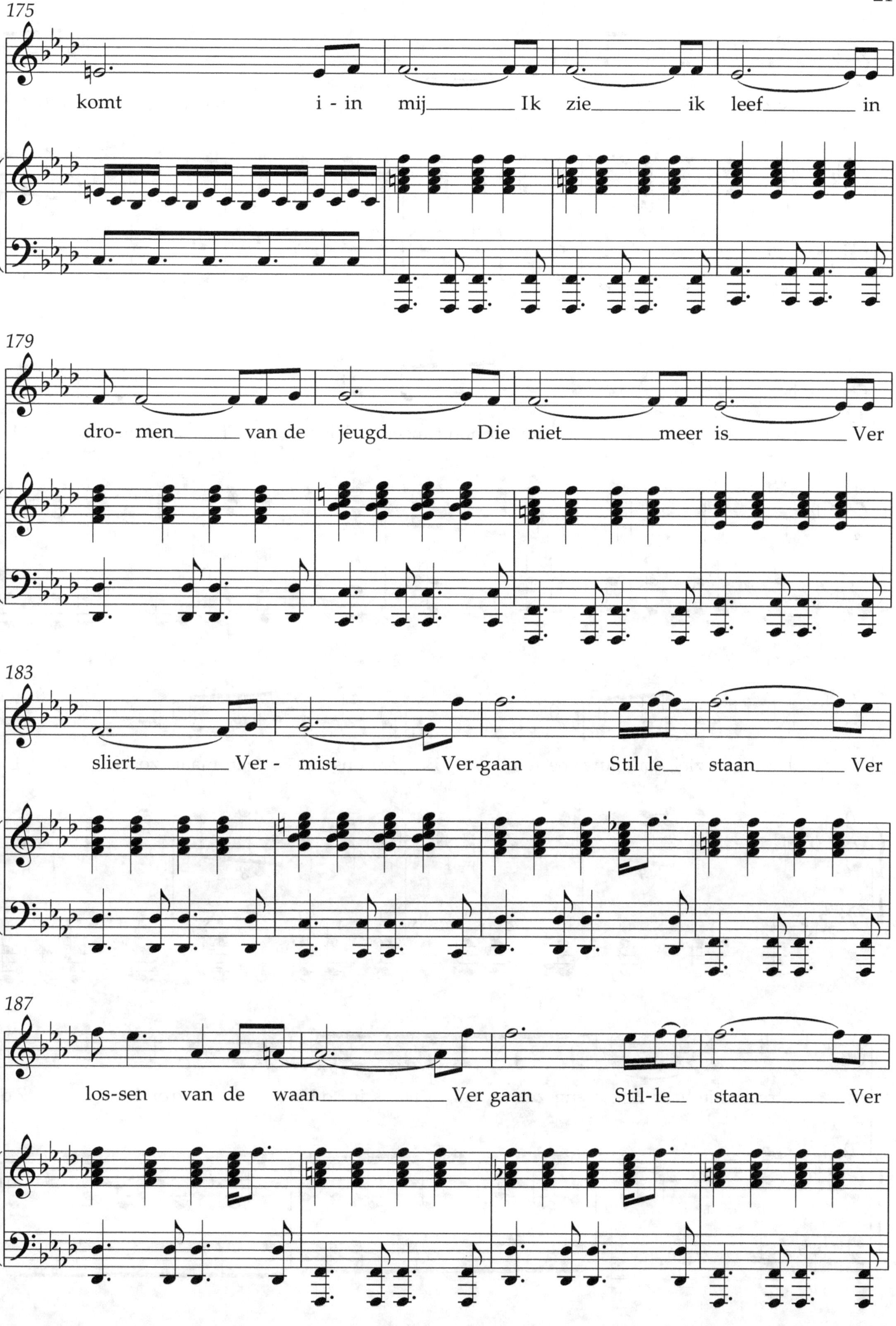

175

komt   i - in mij___ Ik zie___ ik leef___ in

179

dro- men___ van de jeugd___ Die niet___ meer is___ Ver

183

sliert___ Ver - mist___ Ver-gaan   Stil le_ staan___ Ver

187

los-sen van de waan___ Ver gaan   Stil-le_ staan___ Ver

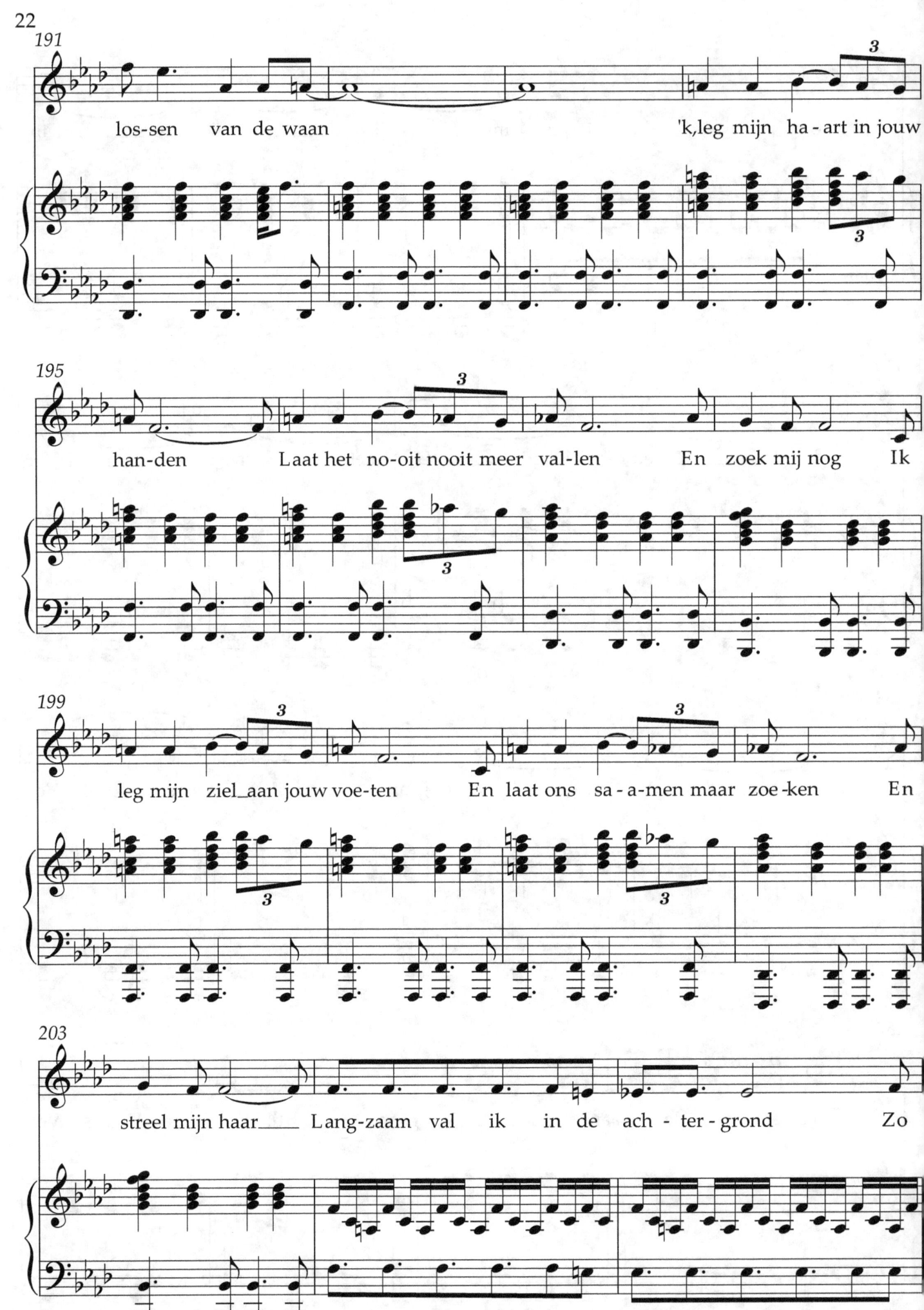

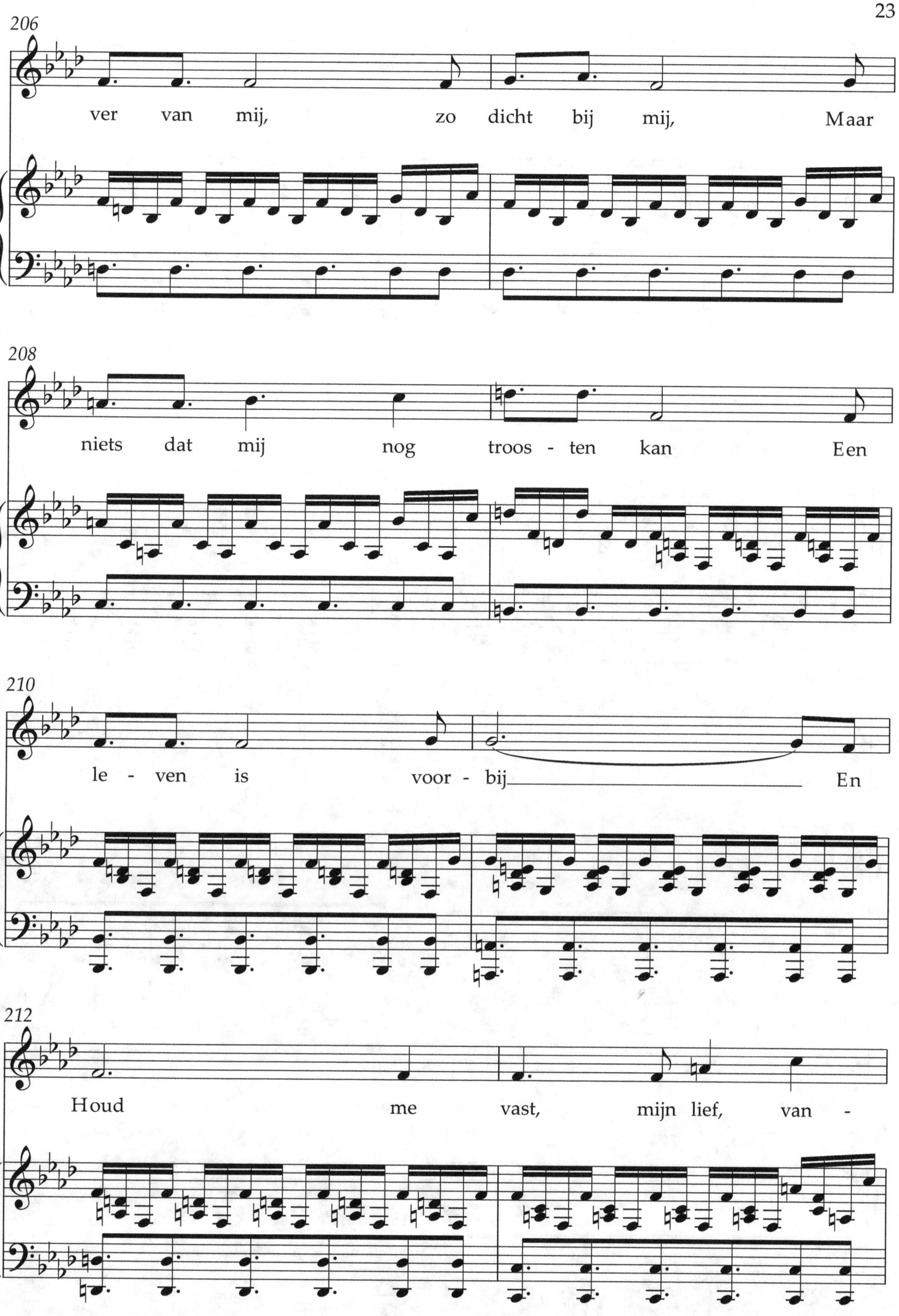

206

ver van mij, zo dicht bij mij, Maar

208

niets dat mij nog troos - ten kan Een

210

le - ven is voor - bij_____ En

212

Houd me vast, mijn lief, van -

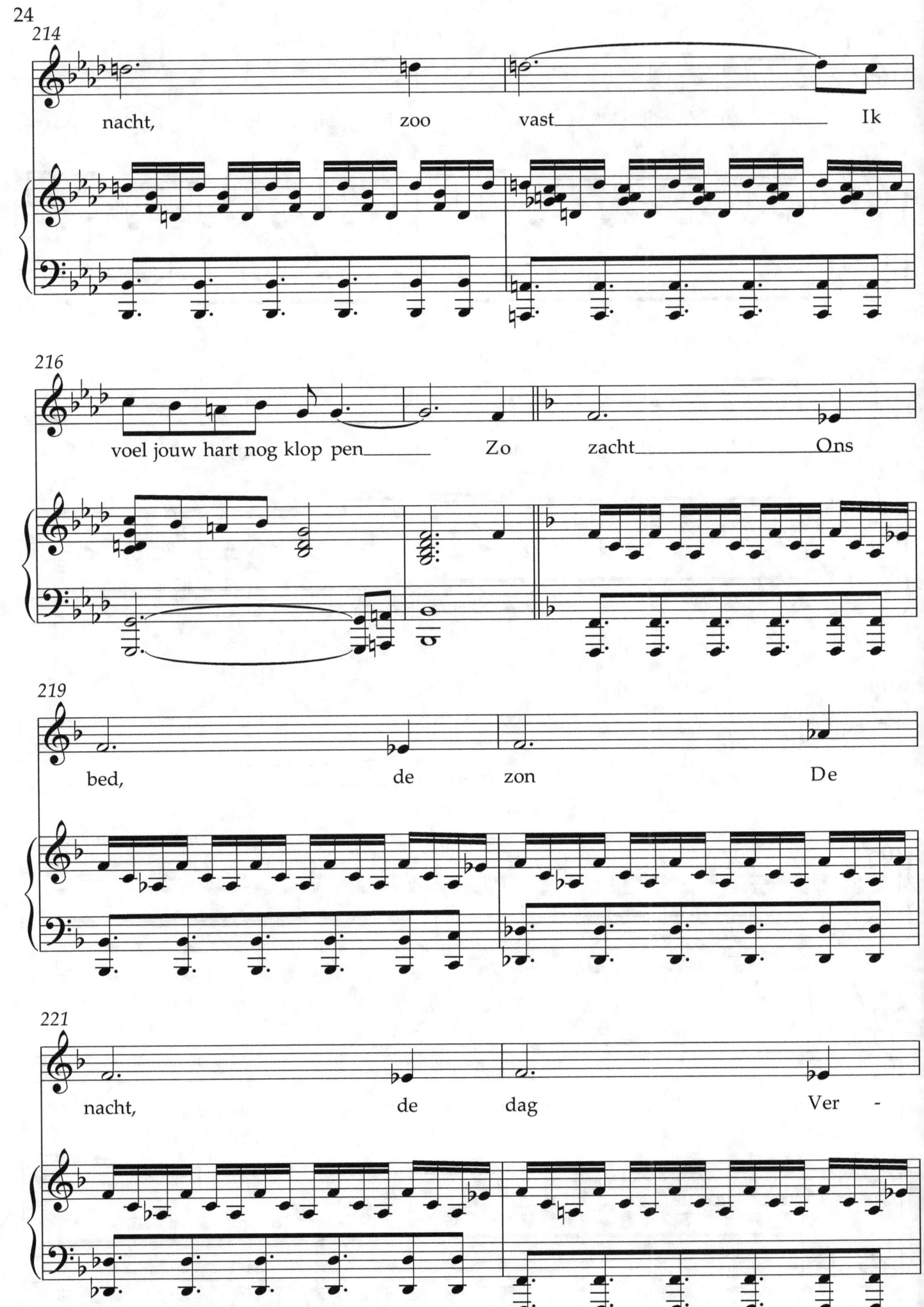

214

nacht, zoo vast_____ Ik

216

voel jouw hart nog klop pen_____ Zo zacht_____ Ons

219

bed, de zon De

221

nacht, de dag Ver -

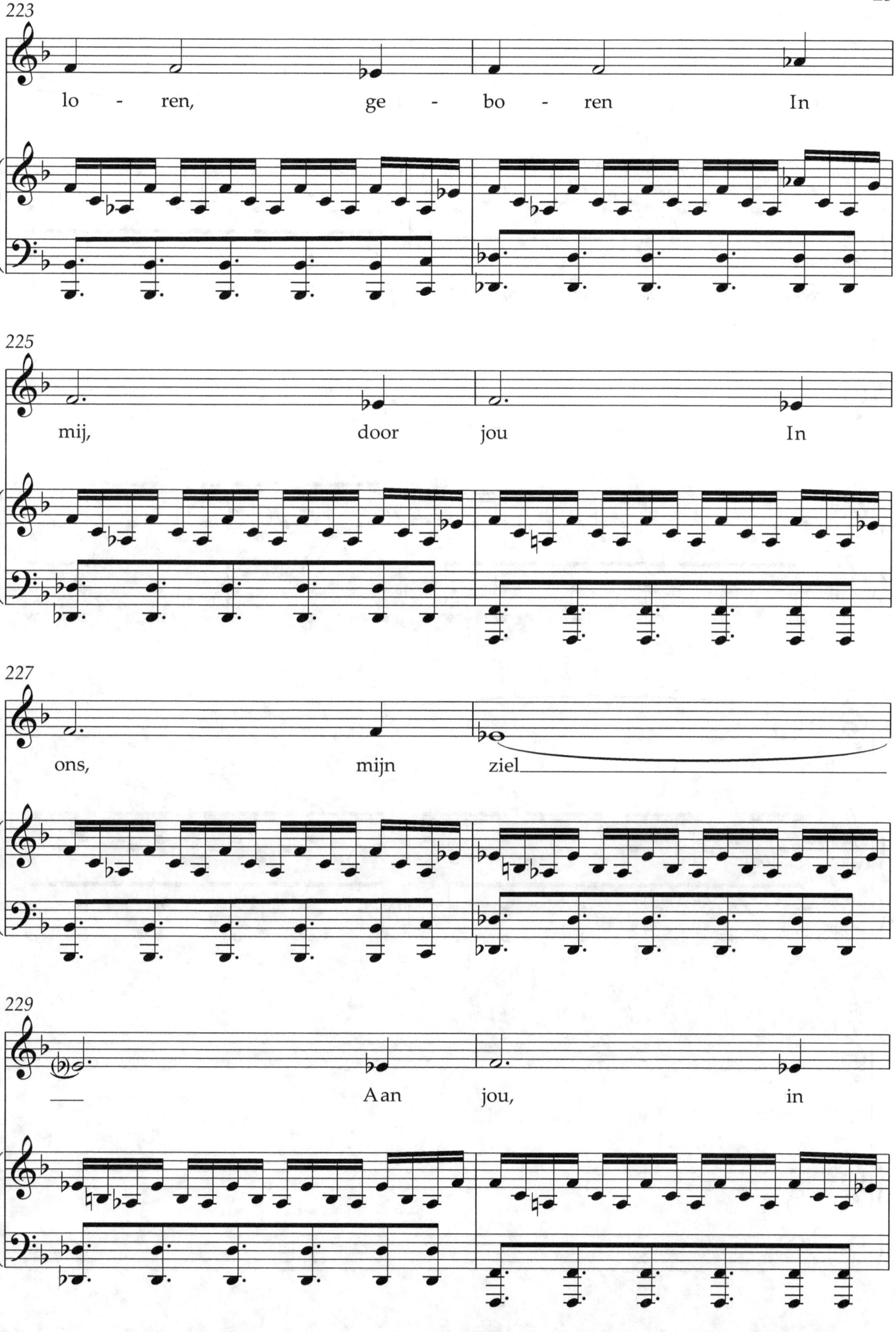

223

lo - ren, ge - bo - ren In

225

mij, door jou In

227

ons, mijn ziel_____

229

_____ Aan jou, in

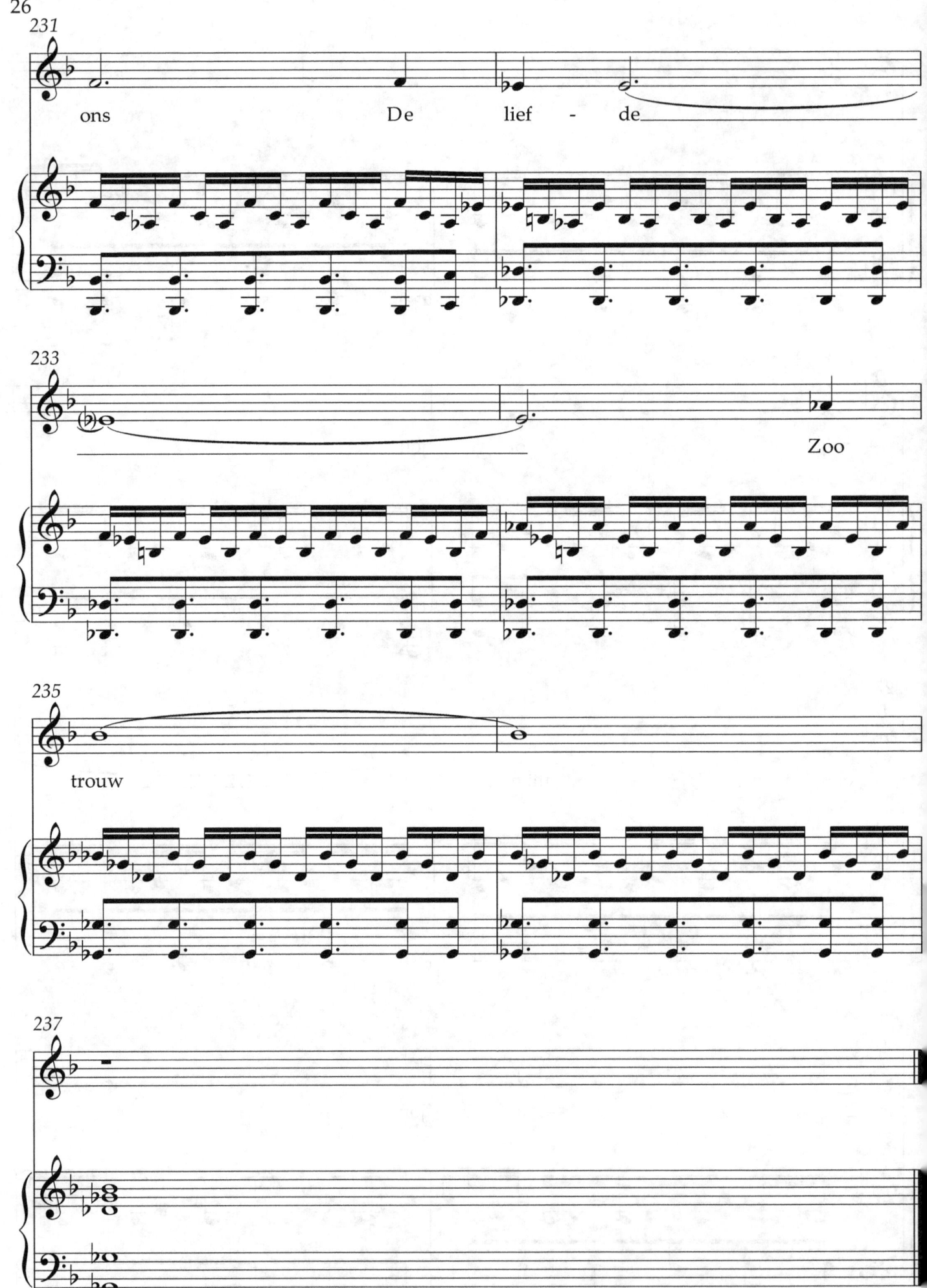

Anton Bakx

Witte Stranden

(26-6-2017)

Witte Stranden

Anton Bakx

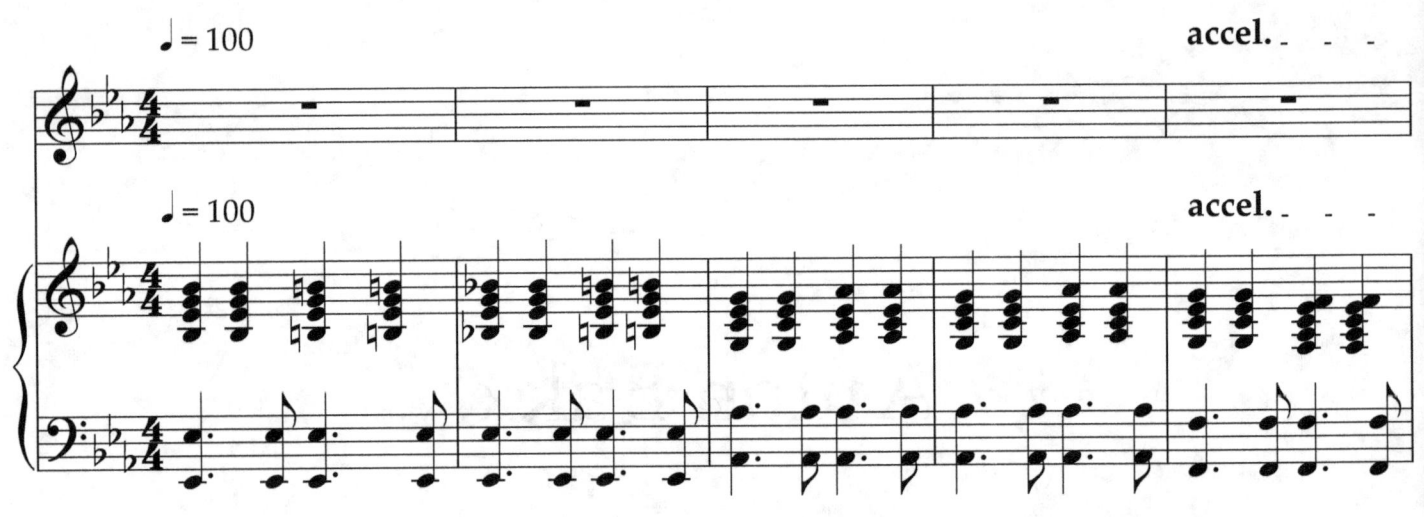

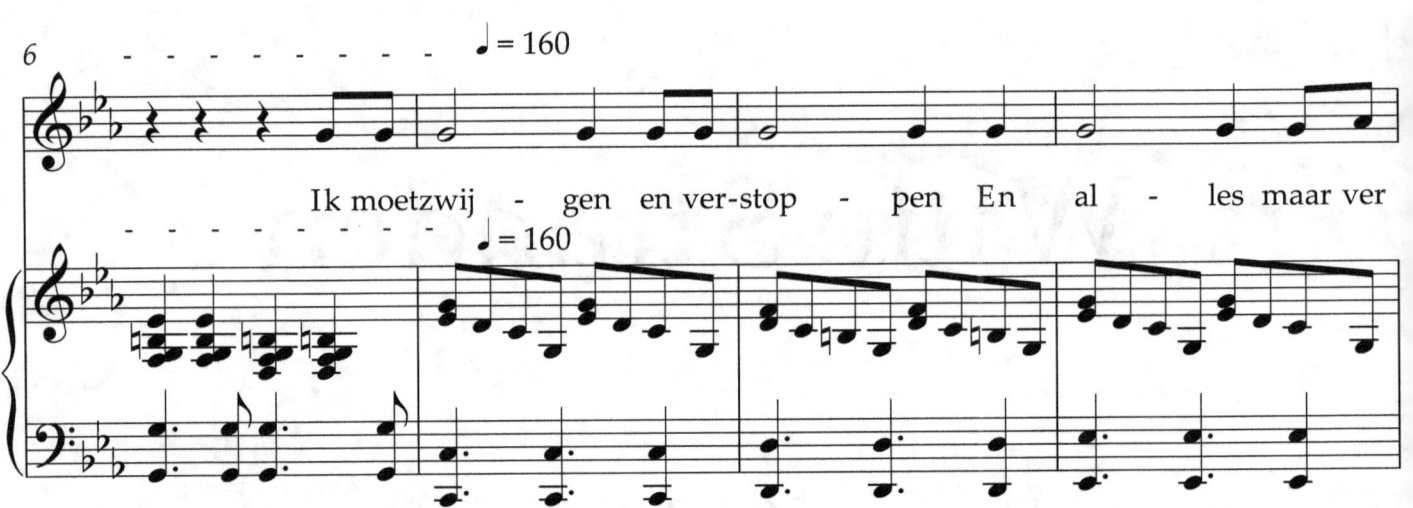

Ik moet zwij - gen en ver-stop - pen En al - les maar ver

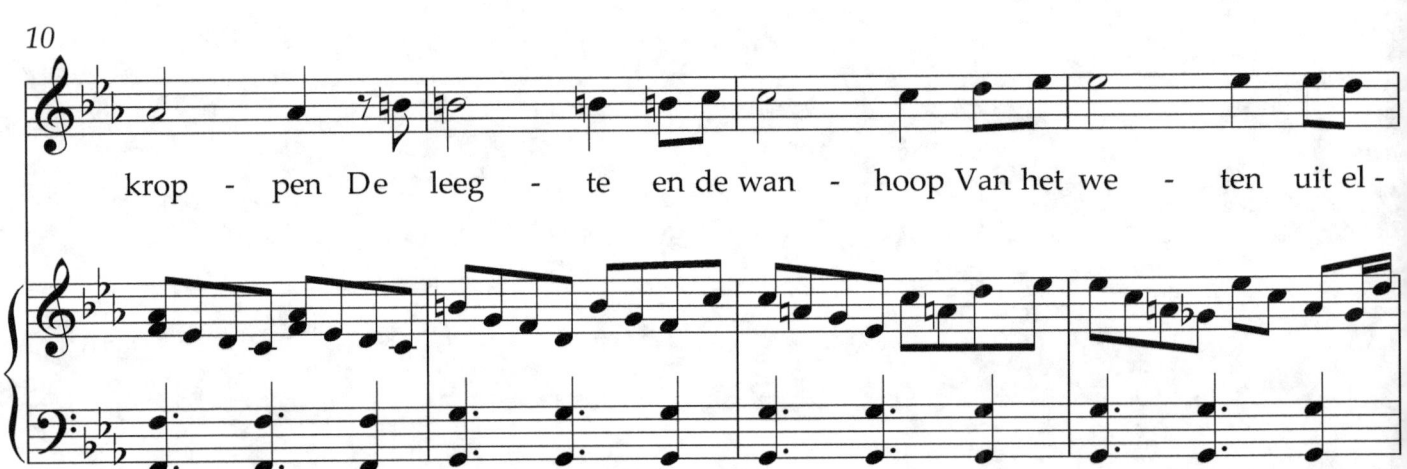

krop - pen De leeg - te en de wan - hoop Van het we - ten uit el -

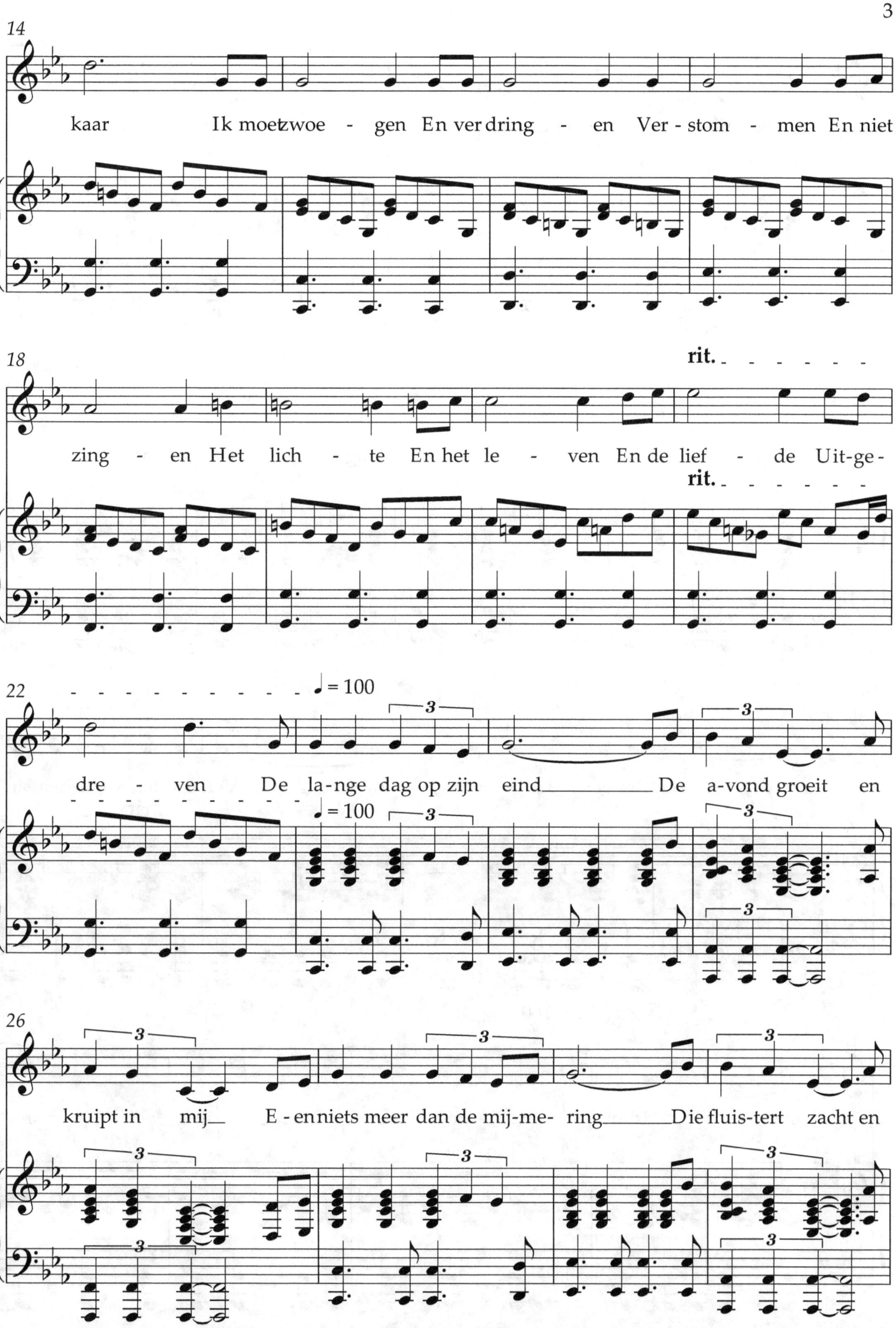

14

kaar   Ik moet zwoe - gen En ver dring - en Ver - stom - men En niet

18

rit. _ _ _ _ _

zing - en Het lich - te En het le - ven En de lief - de Uit ge-

rit. _ _ _ _ _

22

_ _ _ _ _ _ _ _ _ ♩ = 100

dre - ven De la - nge dag op zijn eind_____ De a - vond groeit en

♩ = 100

26

kruipt in mij__ E - en niets meer dan de mij - me- ring_____ Die fluis-tert zacht en

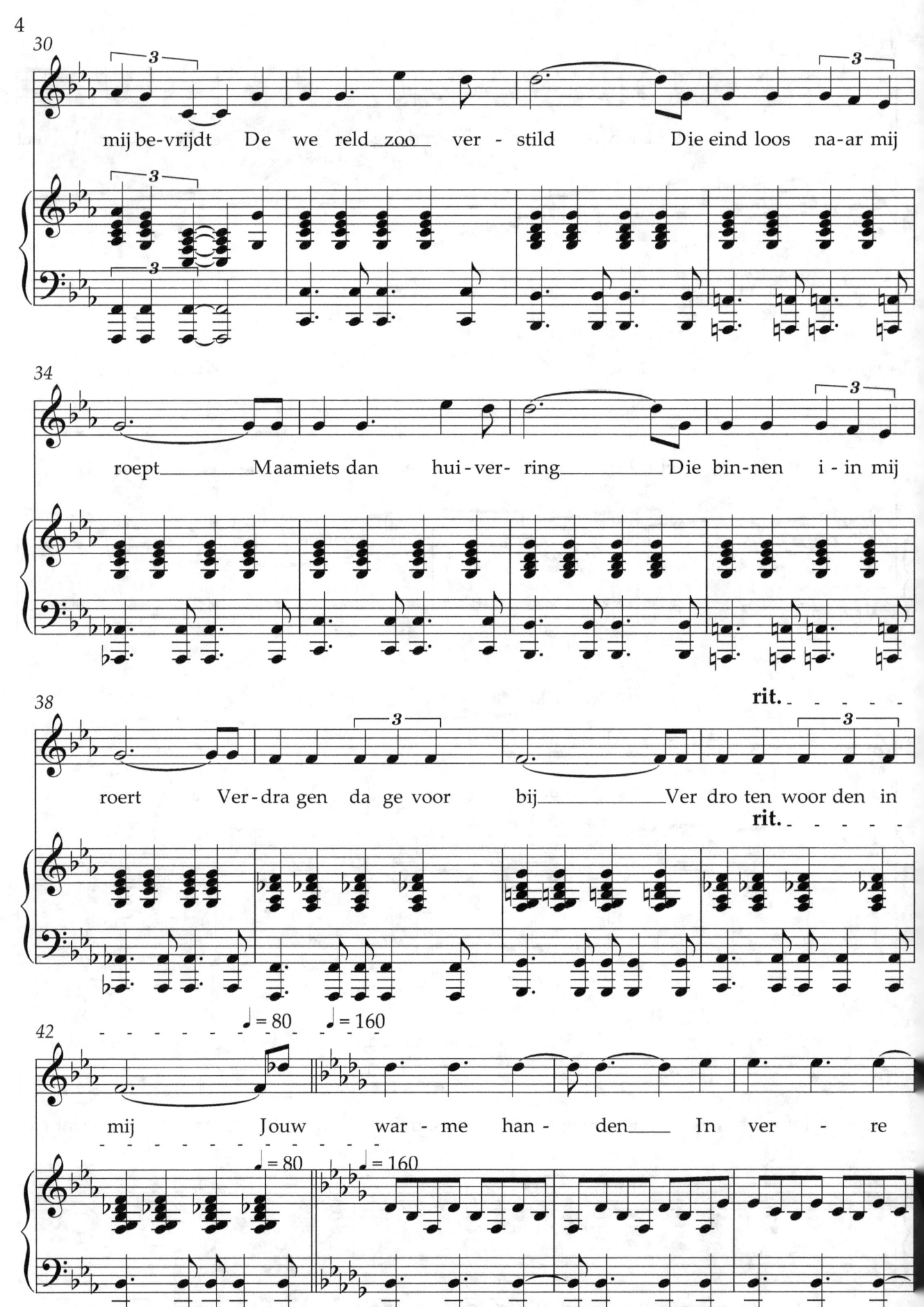

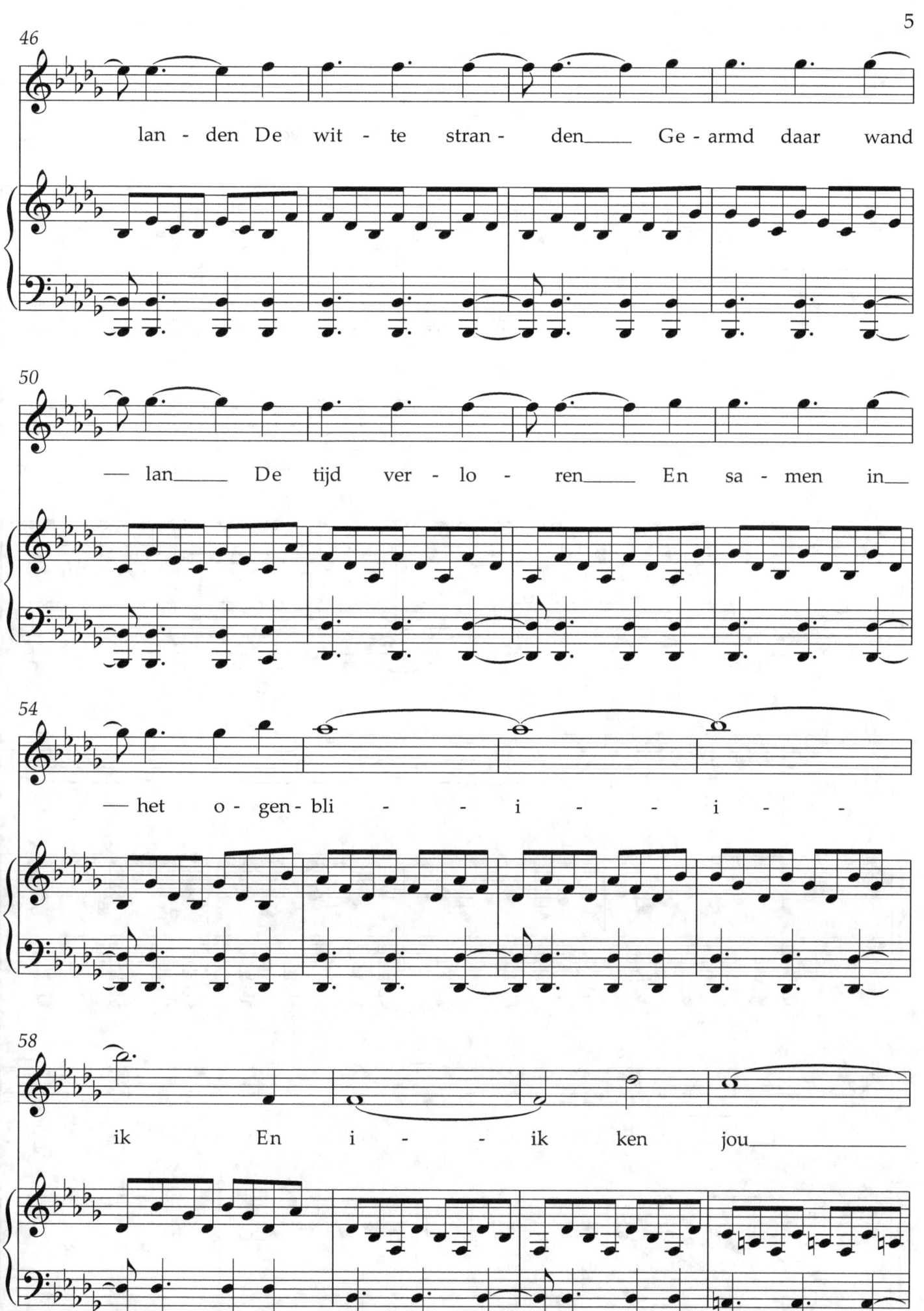

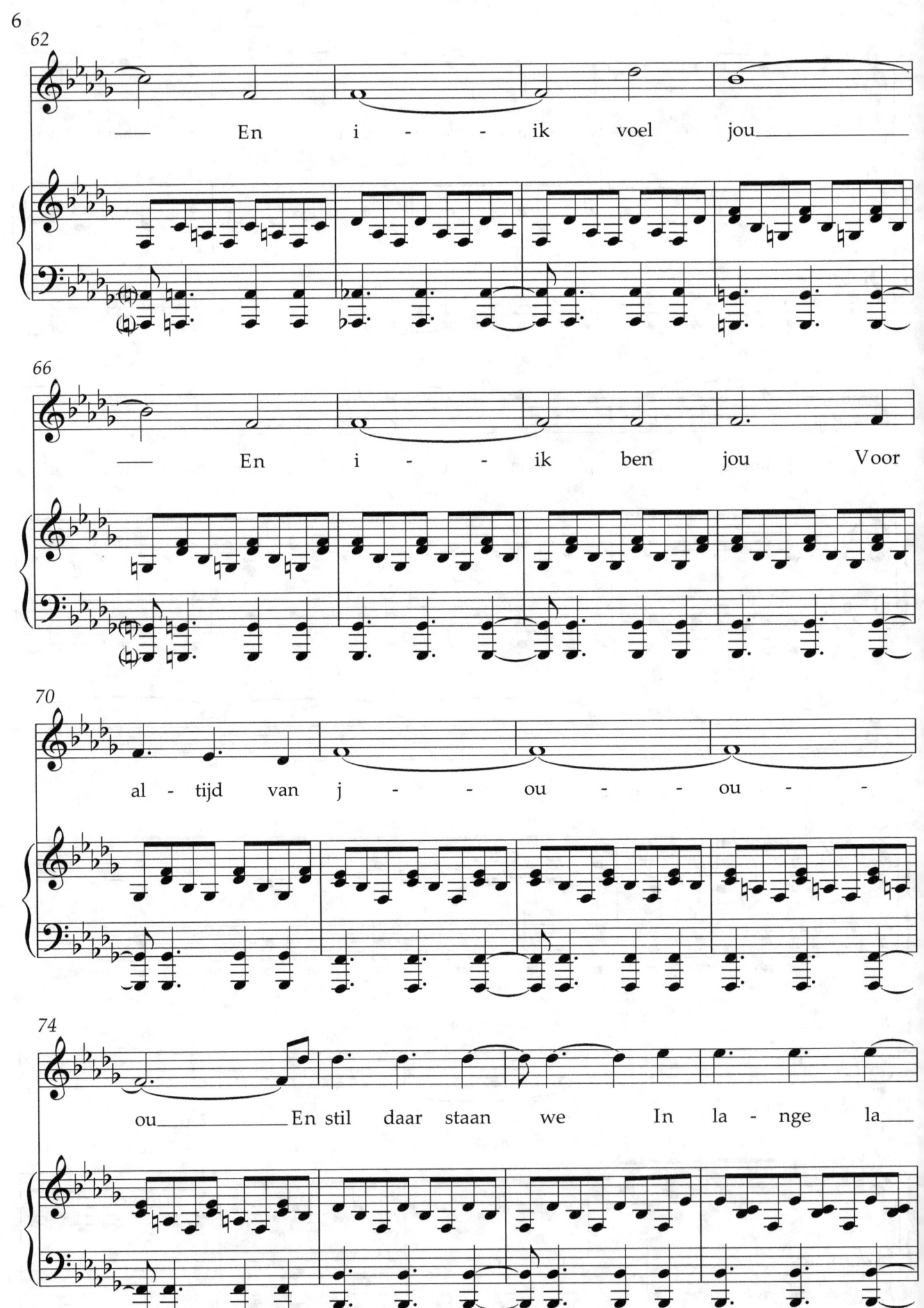

6

En i - - ik voel jou_____

En i - - ik ben jou   Voor

al - tijd van j - - ou - - ou -

ou_____ En stil daar staan we   In la - nge la_____

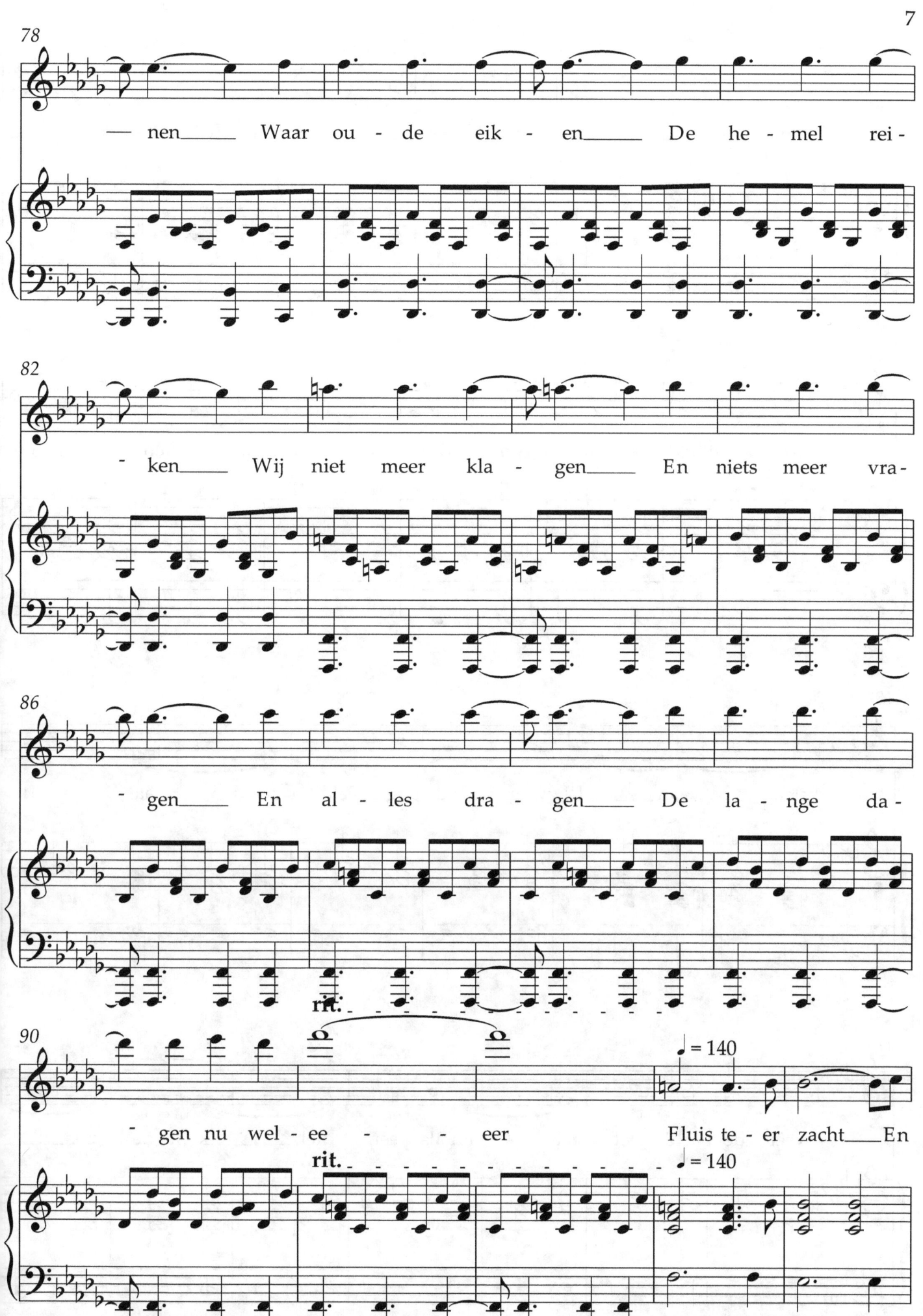

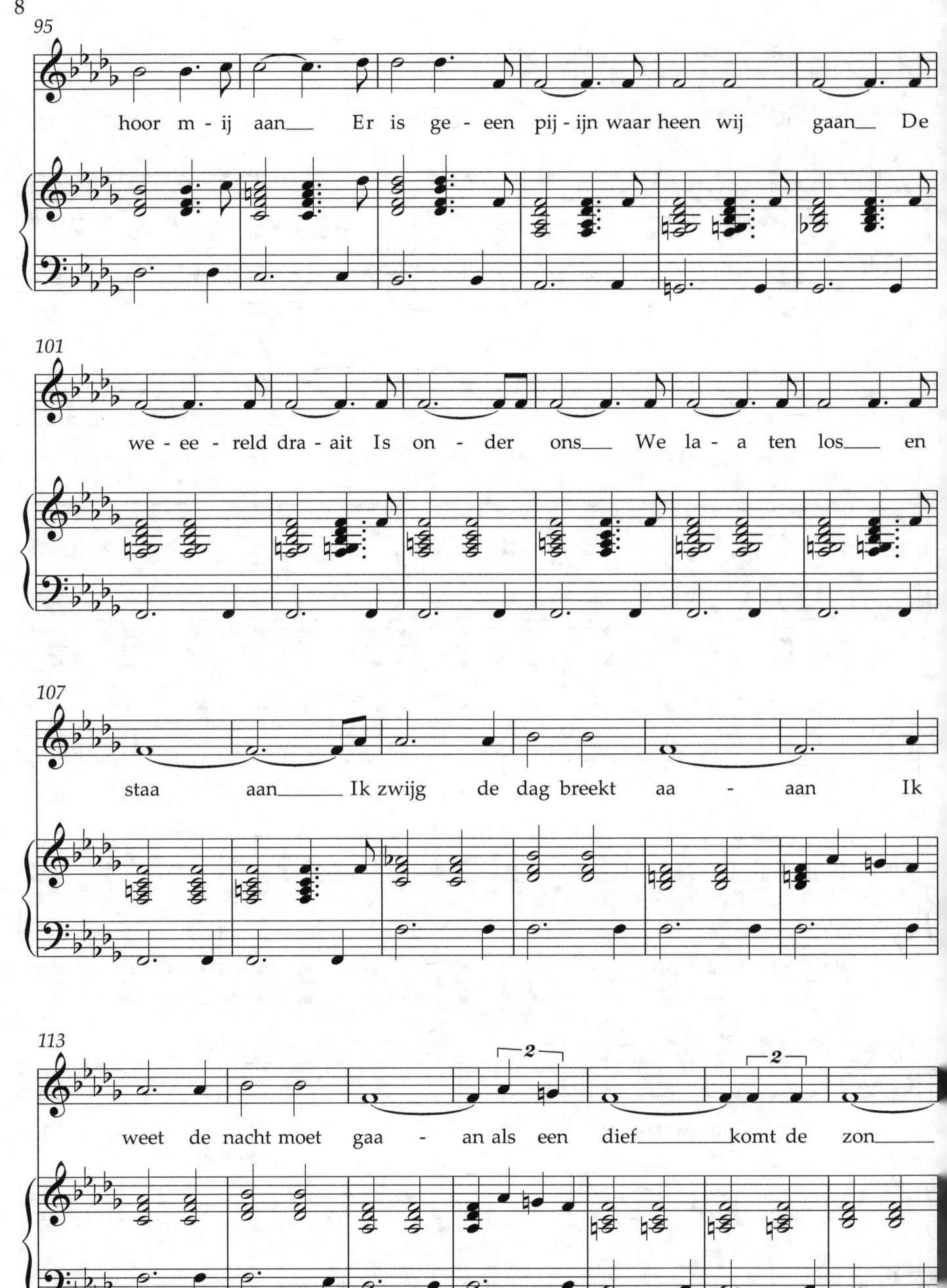

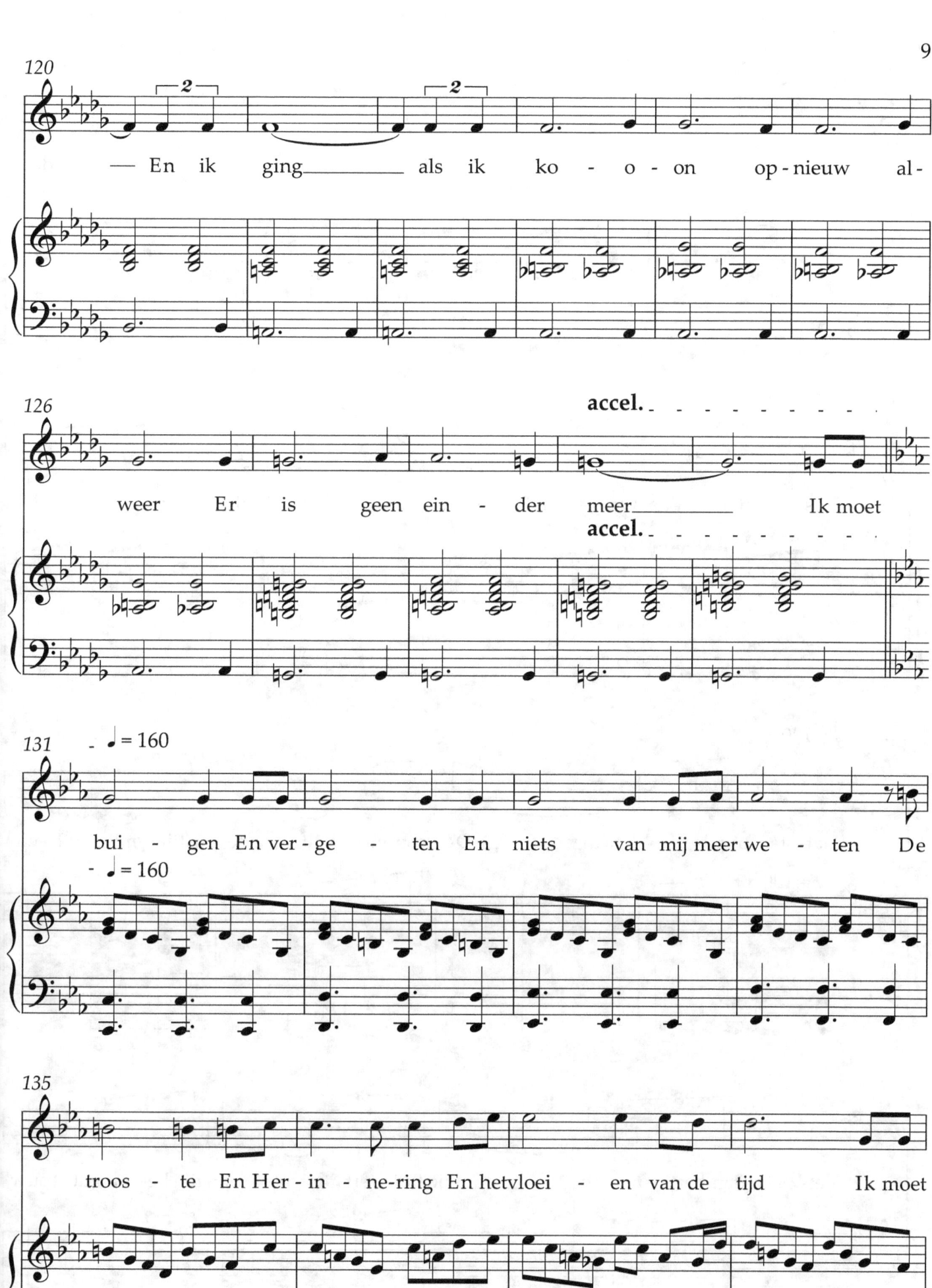

10

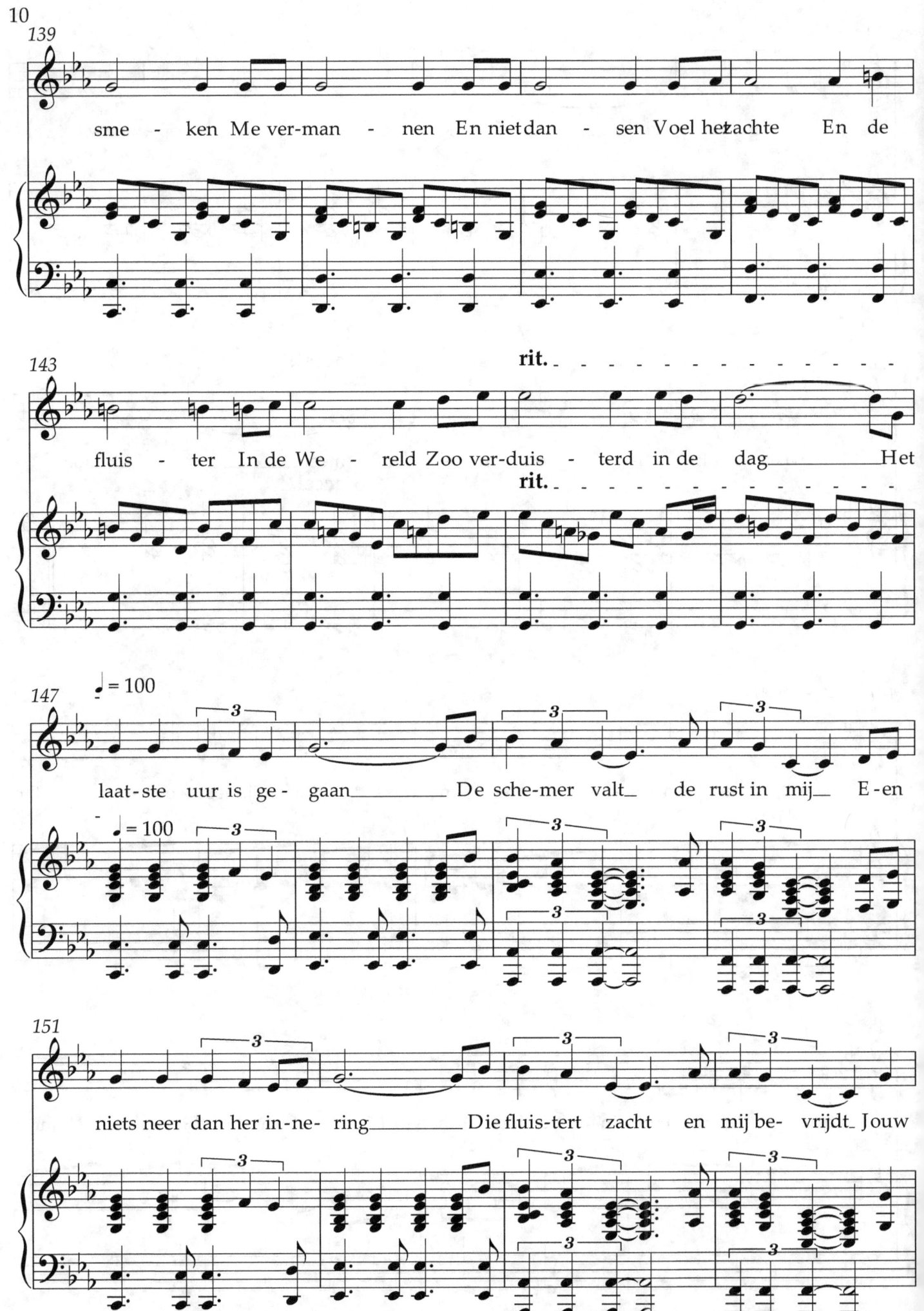

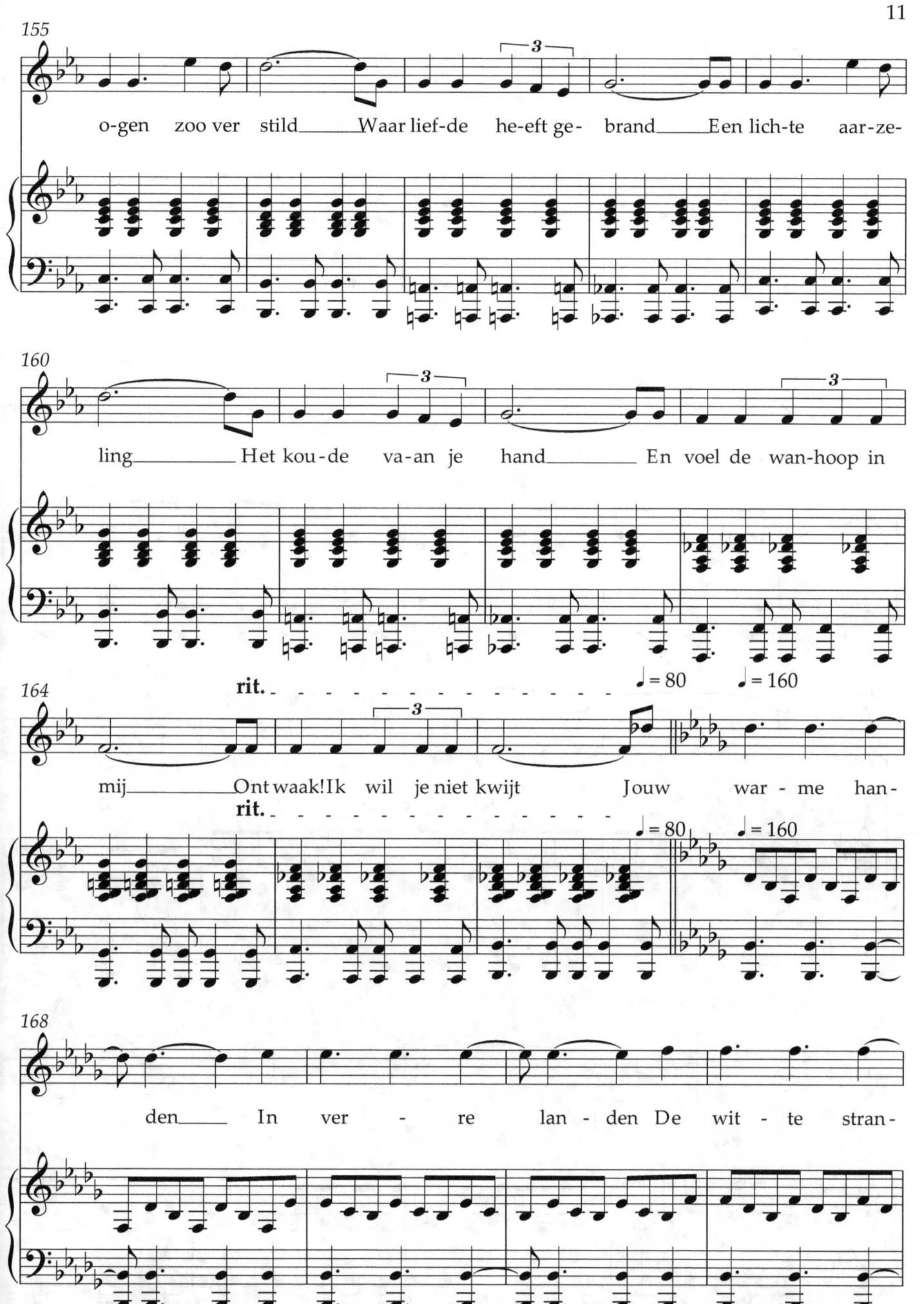

155 o-gen zoo ver stild____ Waar lief-de he-eft ge- brand____ Een lich-te aar-ze-

160 ling_____ Het kou-de va-an je hand_____ En voel de wan-hoop in

164 mij____ Ont waak!Ik wil je niet kwijt Jouw war - me han-

168 den____ In ver - re lan - den De wit - te stran-

12

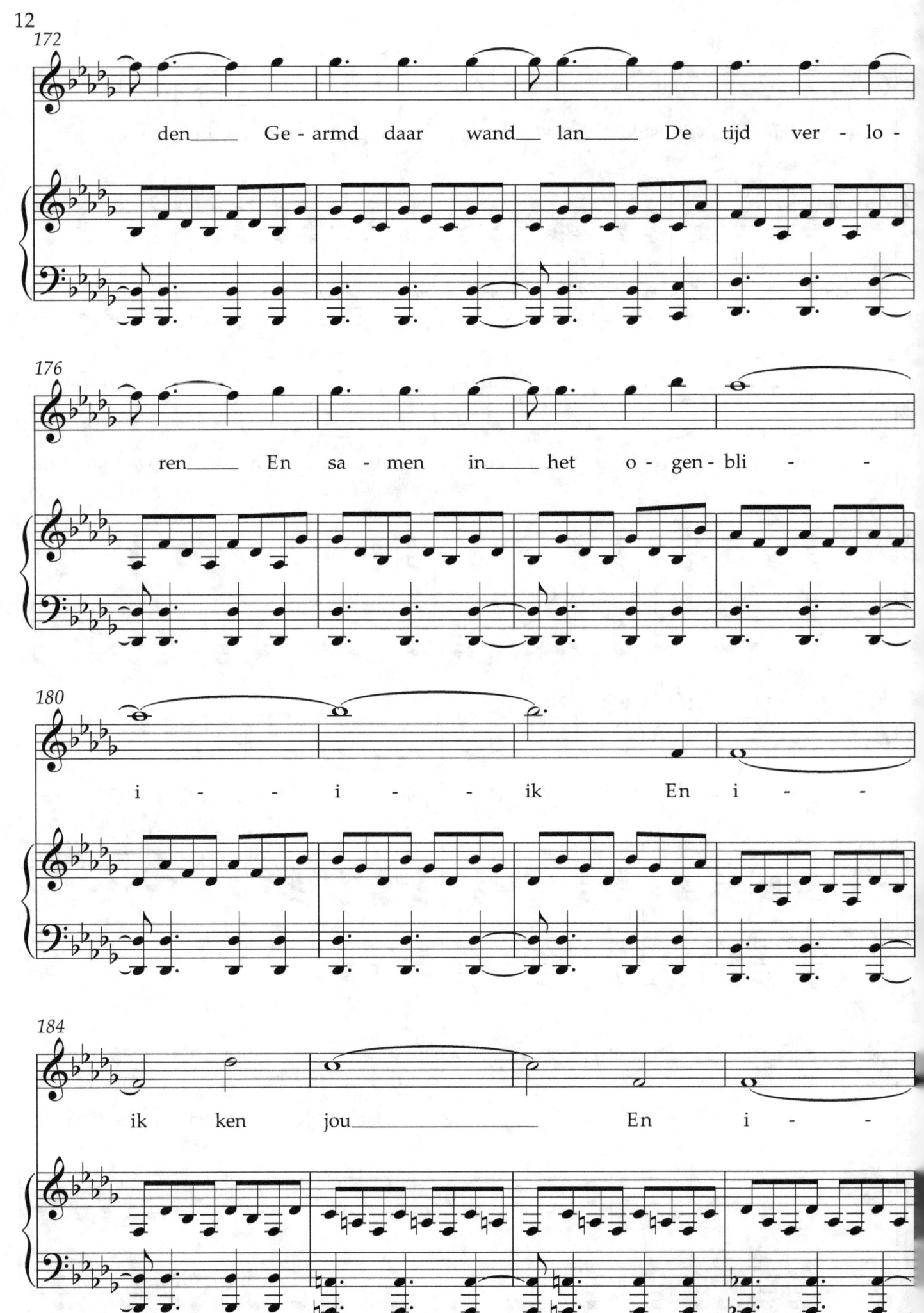

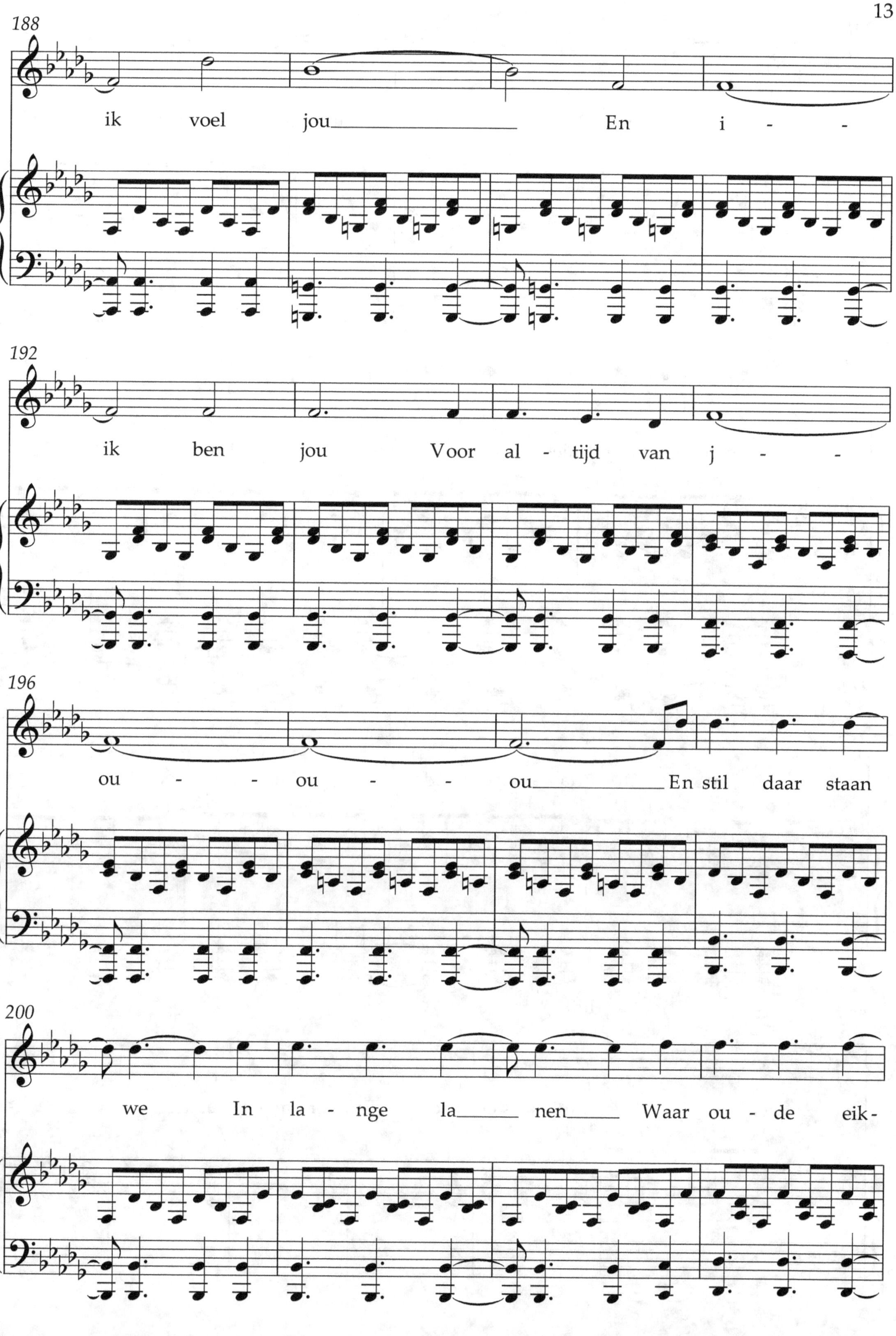

188

ik voel jou_____ En i - -

192

ik ben jou Voor al - tijd van j - -

196

ou - - ou - - ou_____ En stil daar staan

200

we In la - nge la____ nen____ Waar ou - de eik-

14

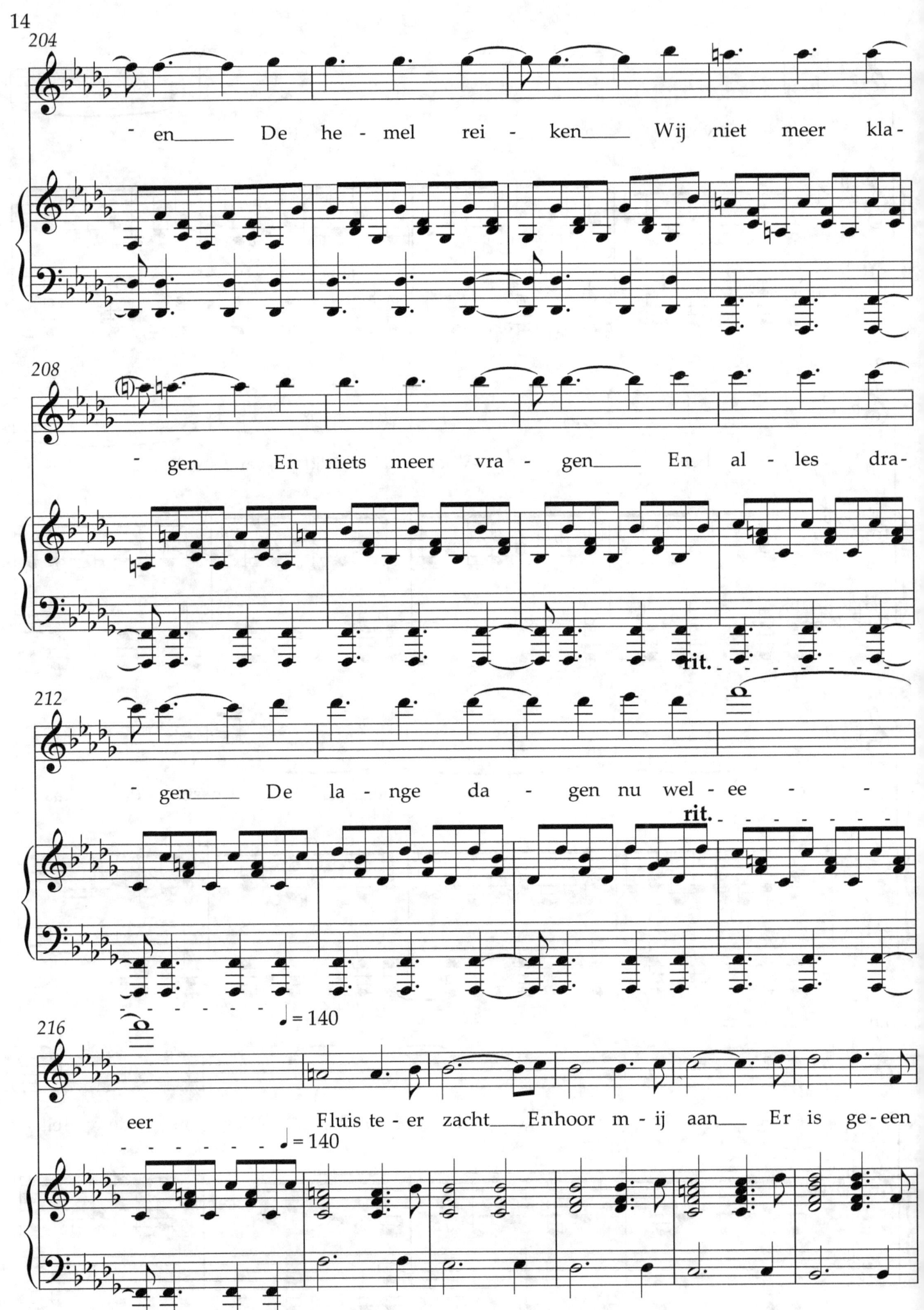

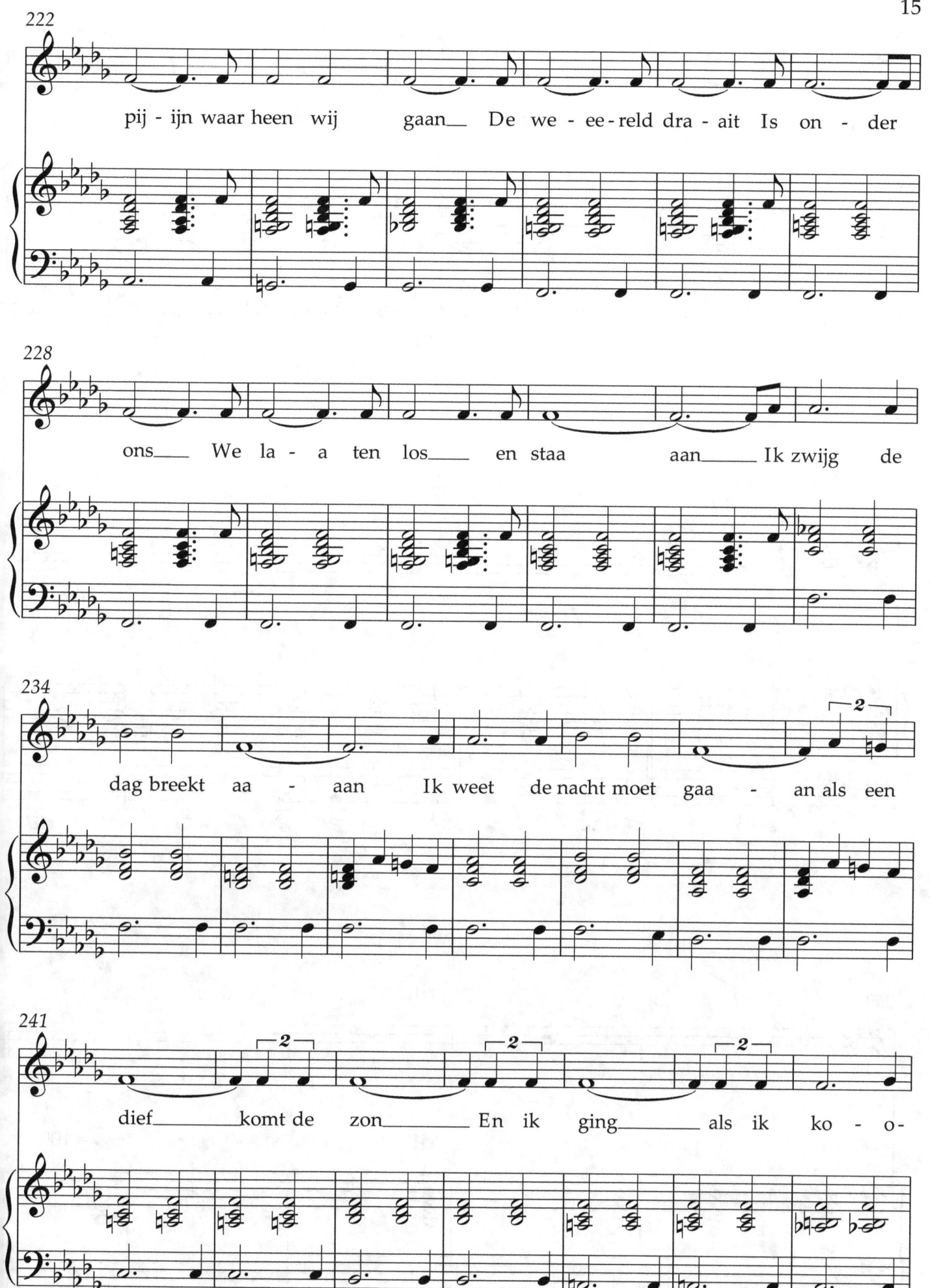

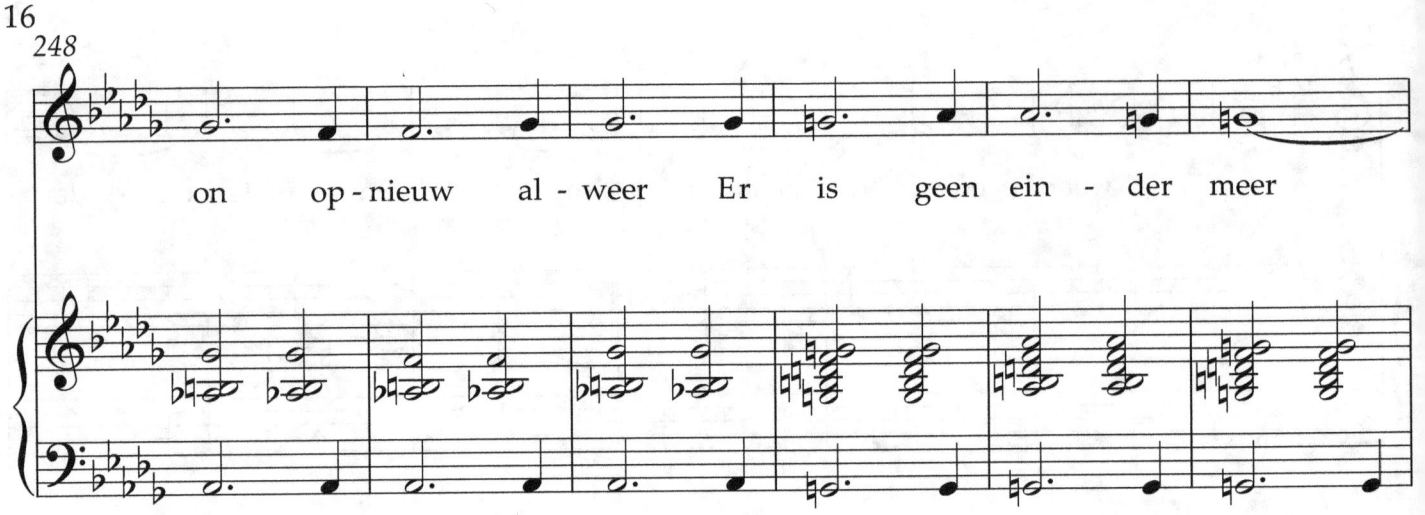

on op - nieuw al - weer Er is geen ein - der meer

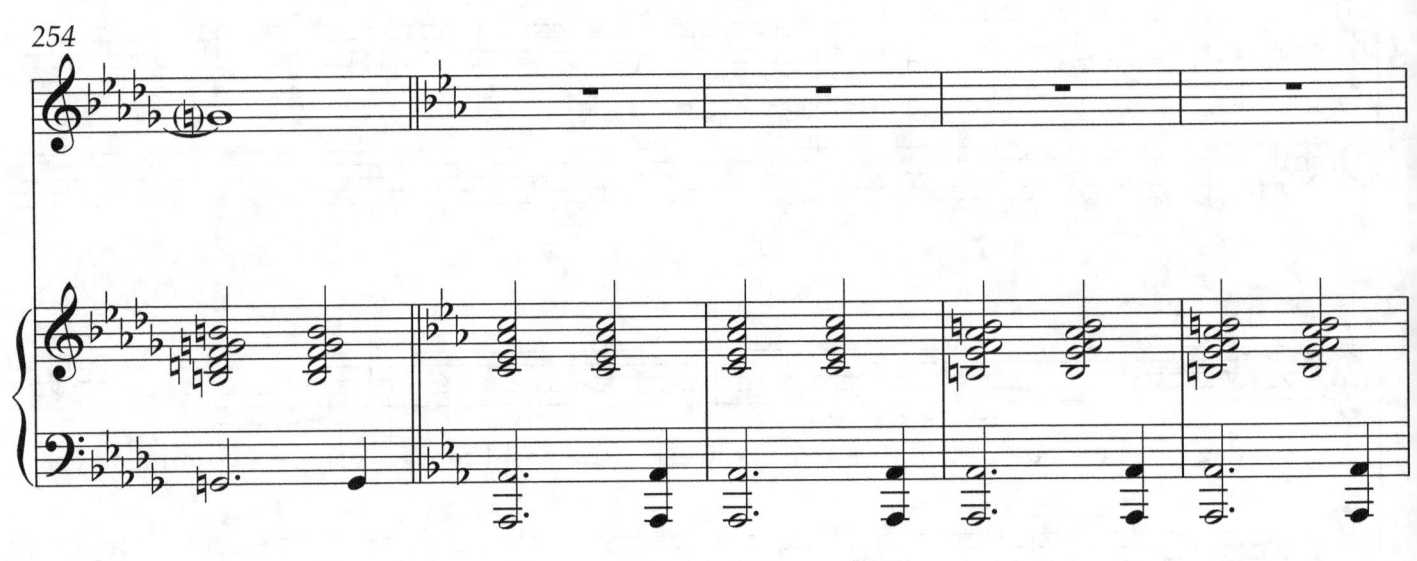

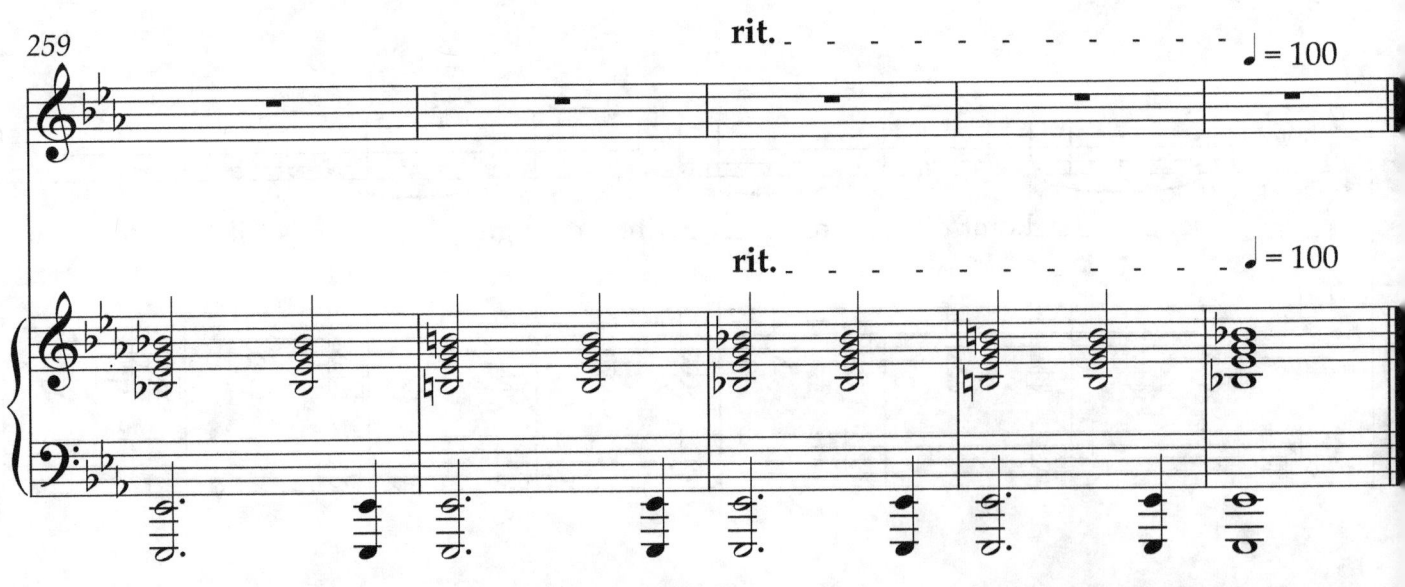

Anton Bakx

De Liefde Zingt

(10-3-2017)

De Liefde Zingt

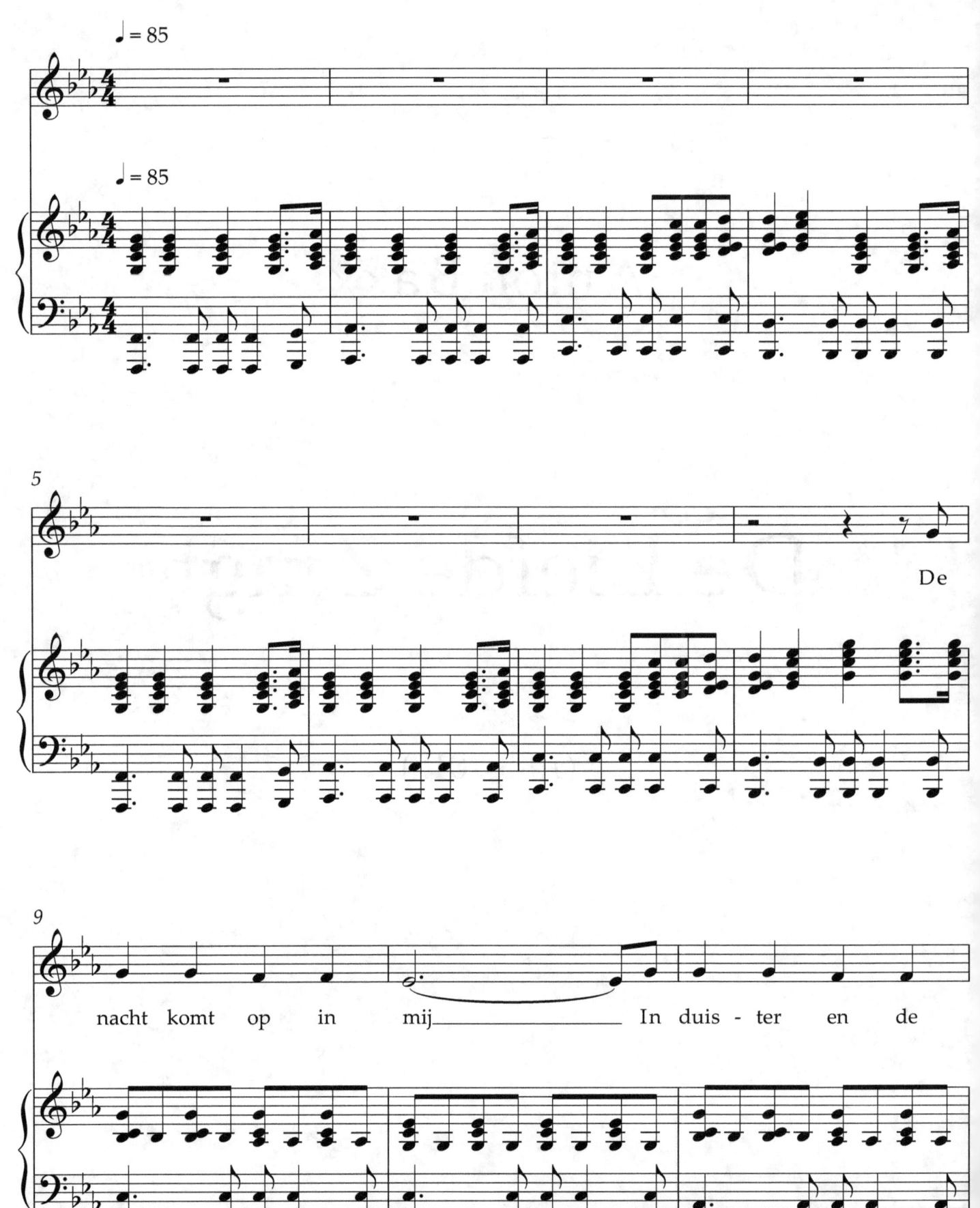

nacht komt op in mij_____ In duis - ter en de

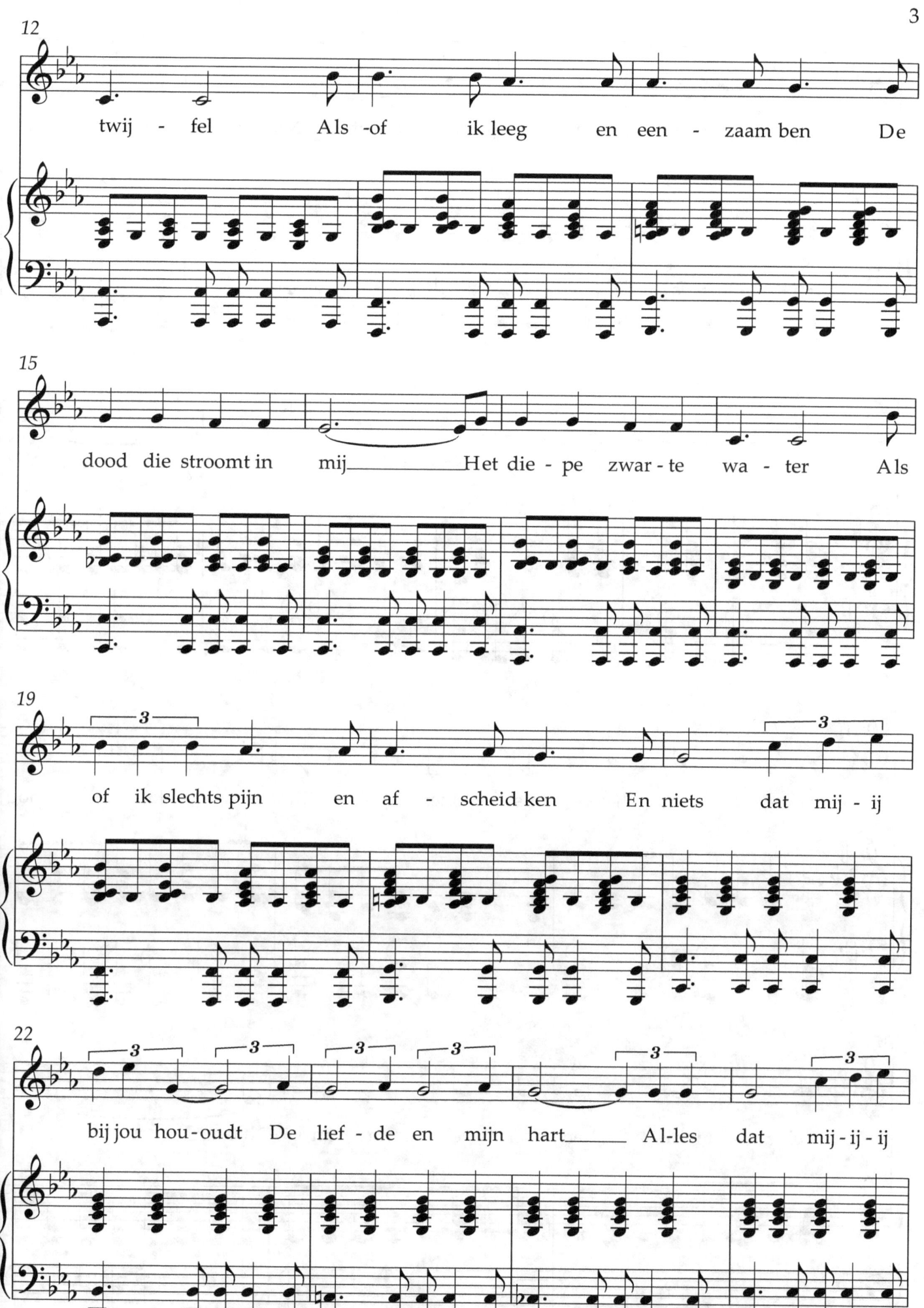

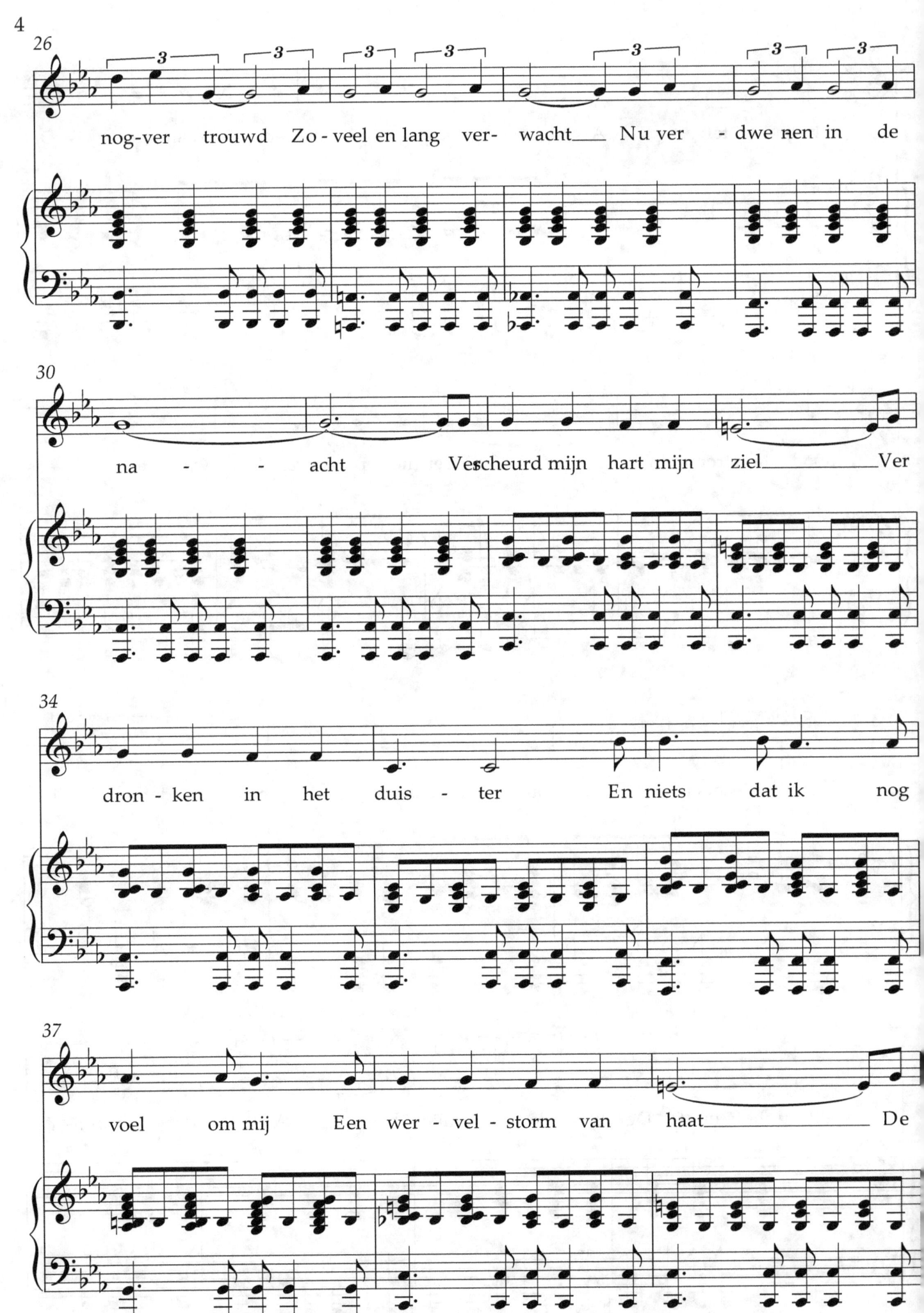

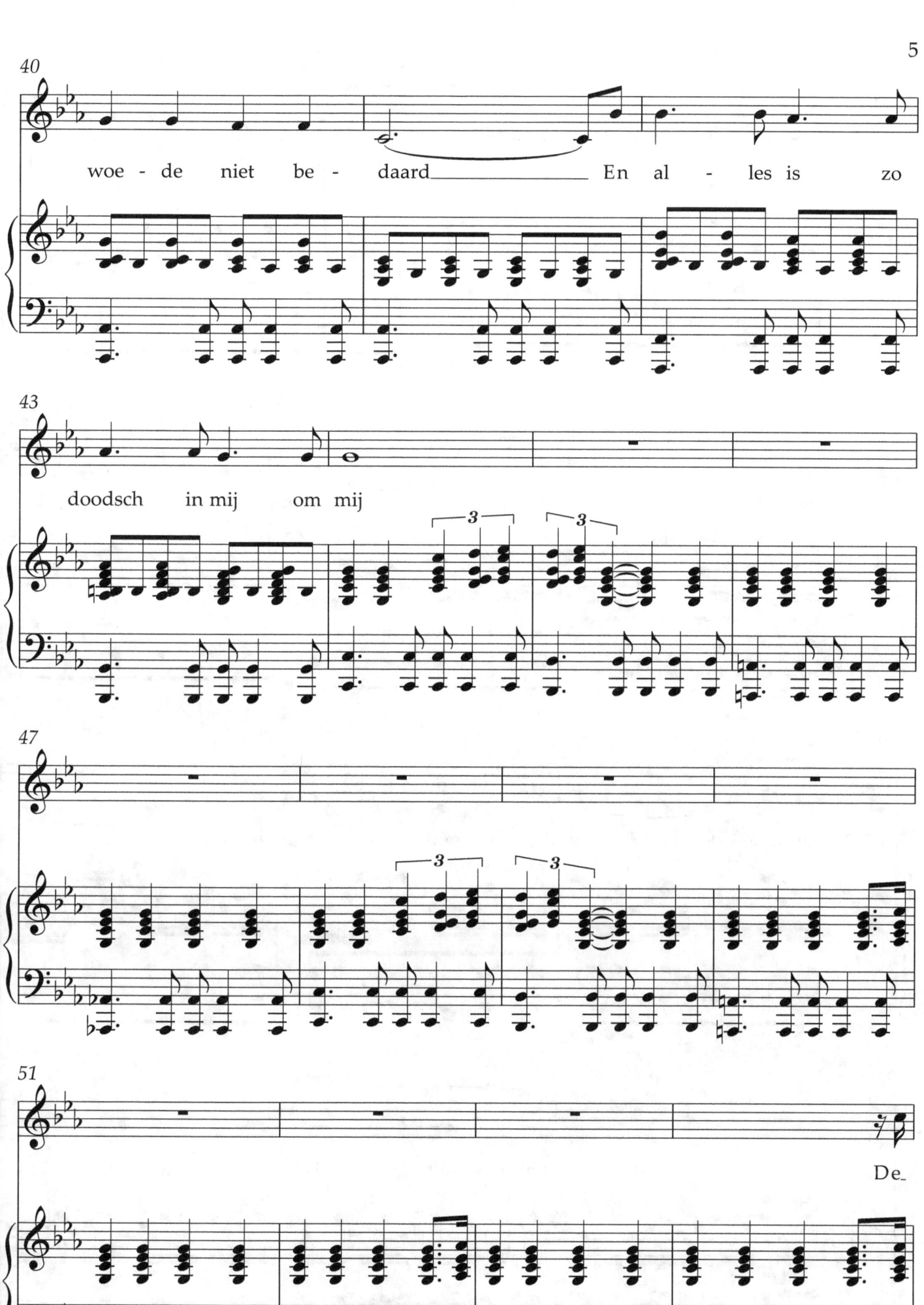

woe - de niet be - daard_____ En al - les is zo

doodsch in mij om mij

De_

6

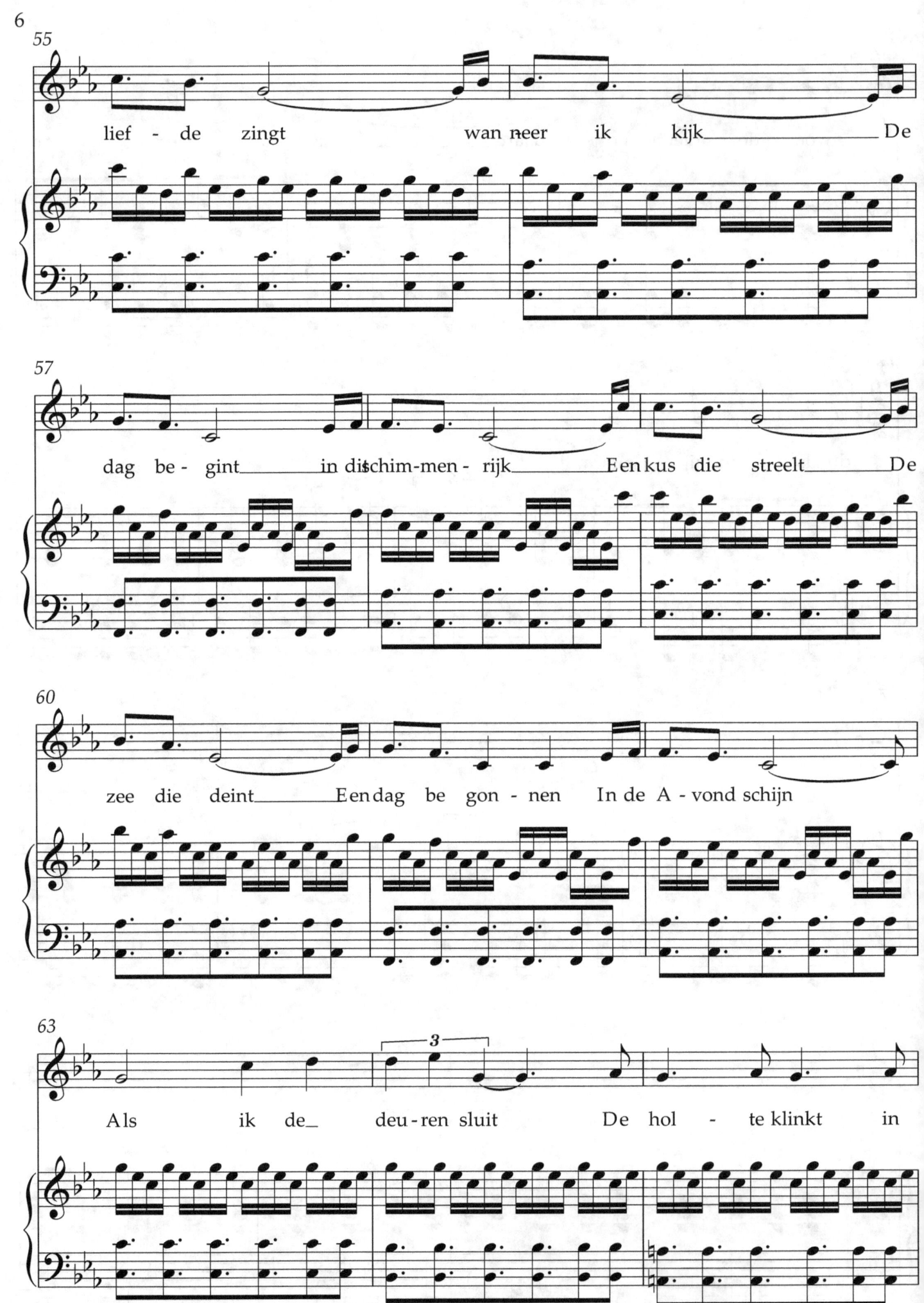

lief - de zingt wan neer ik kijk_____ De
dag be - gint_____ in die schim-men - rijk_____ Een kus die streelt_____ De
zee die deint_____ Een dag be gon - nen In de A - vond schijn
Als ik de_ deu - ren sluit De hol - te klinkt in

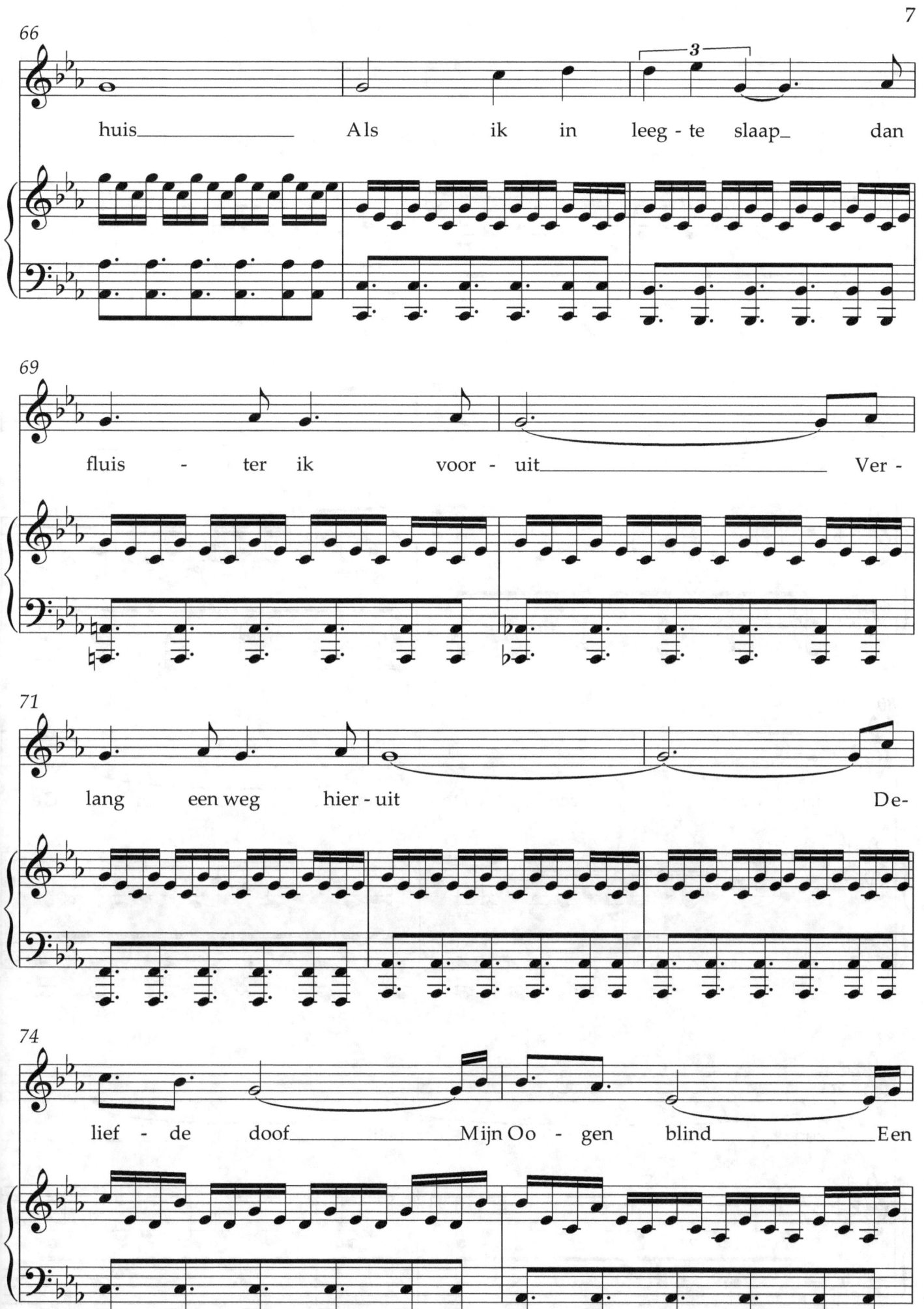

huis_____ Als ik in leeg - te slaap_ dan

fluis - ter ik voor - uit_____ Ver -

lang een weg hier - uit De-

lief - de doof_____ Mijn Oo - gen blind_____Een

8

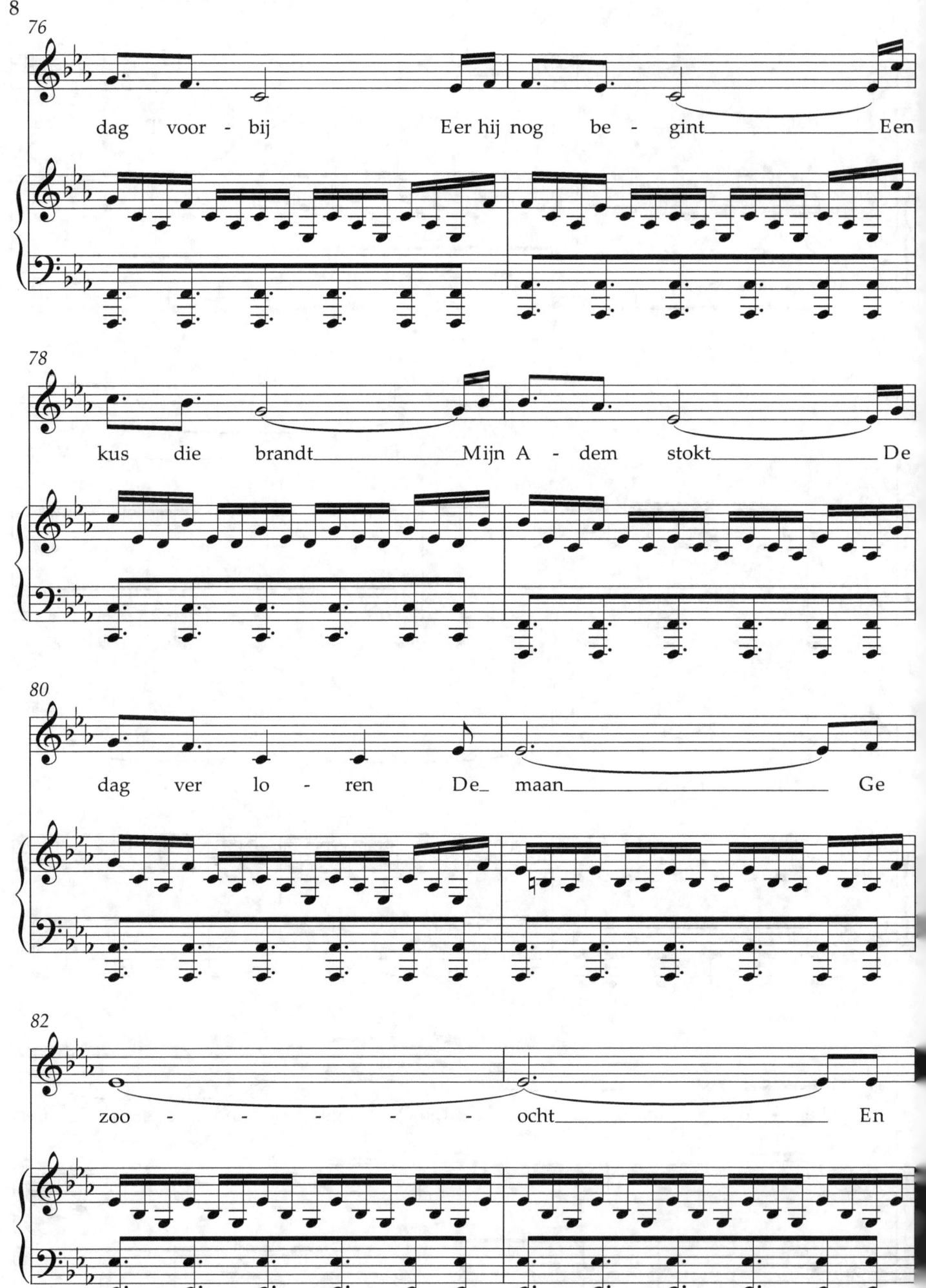

dag voor - bij   Eer hij nog be - gint_____Een

kus die brandt_____Mijn A - dem stokt_____De

dag ver lo - ren   De_ maan_____ Ge

zoo - - - - - - ocht_____ En

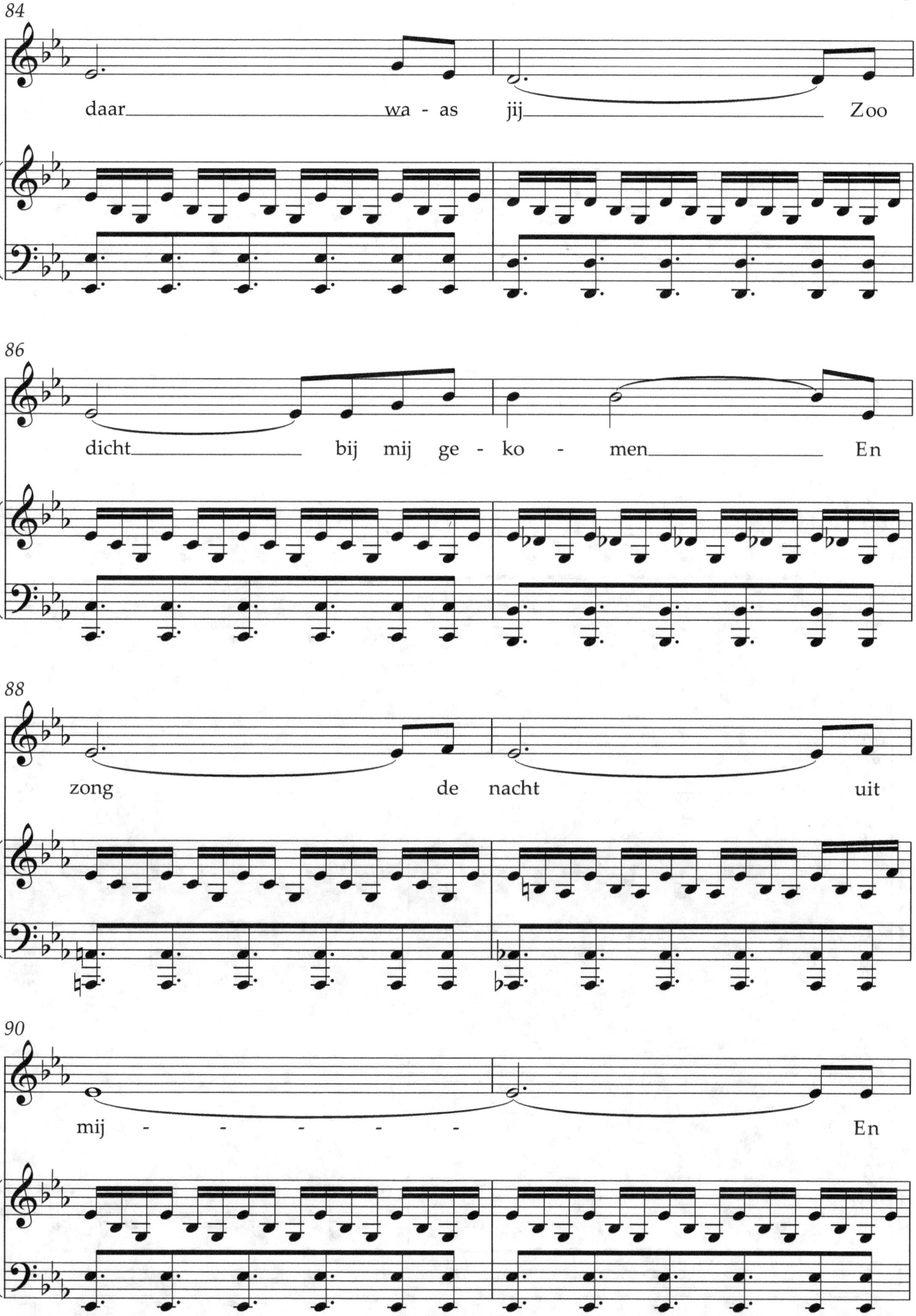

84

daar_____ wa - as jij_____ Zoo

86

dicht_____ bij mij ge - ko - men_____ En

88

zong _____ de nacht _____ uit

90

mij - - - - - En

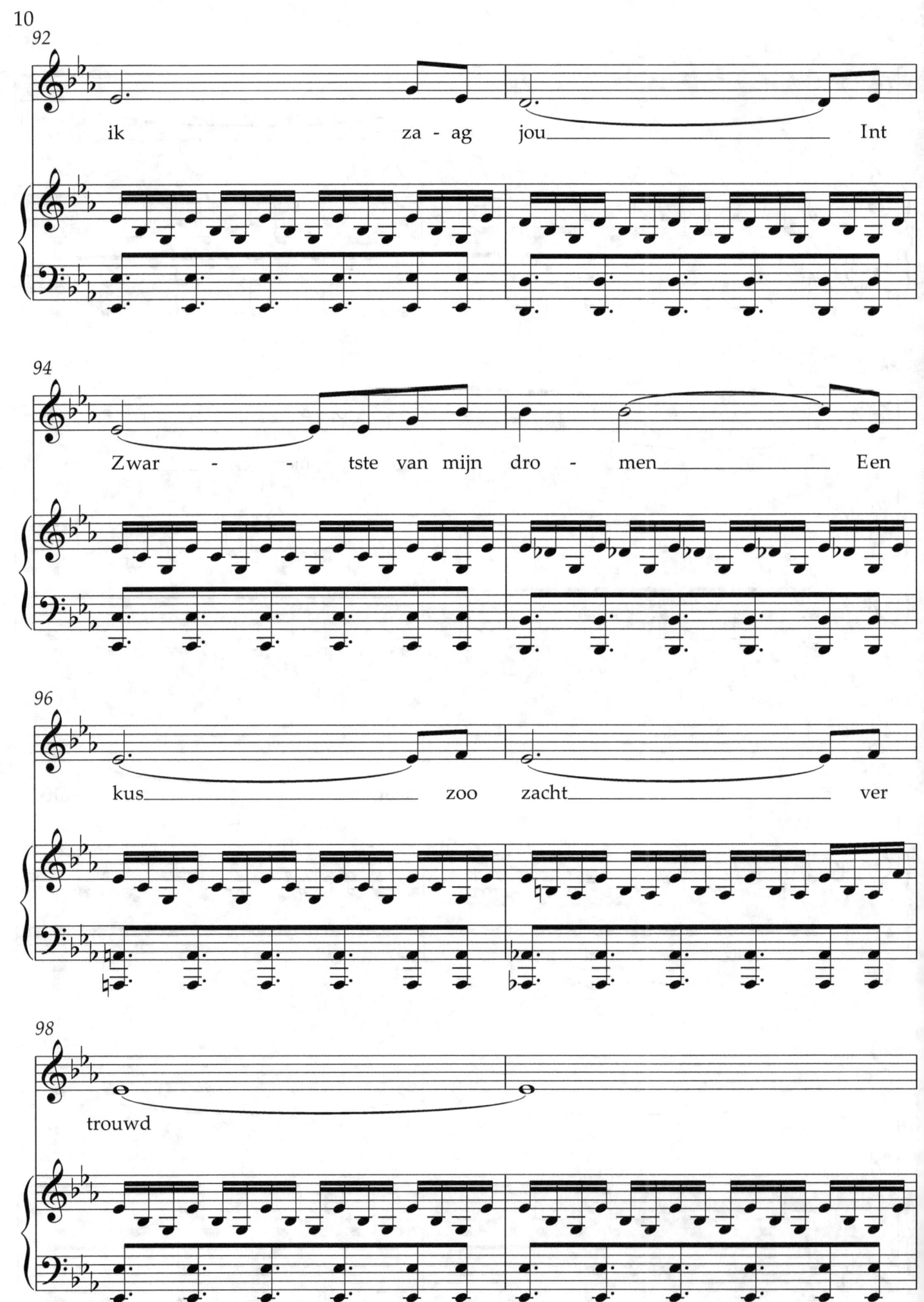

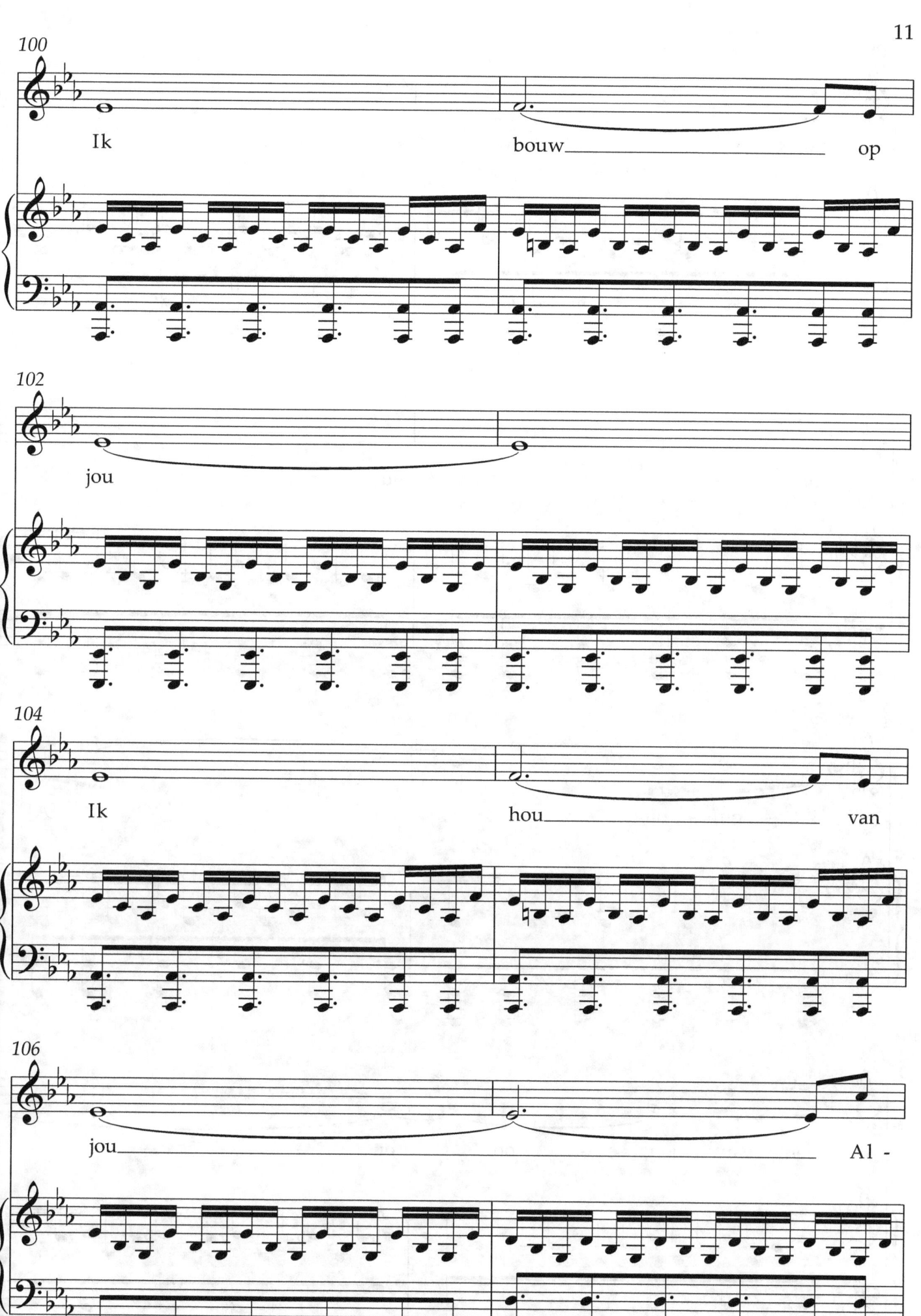

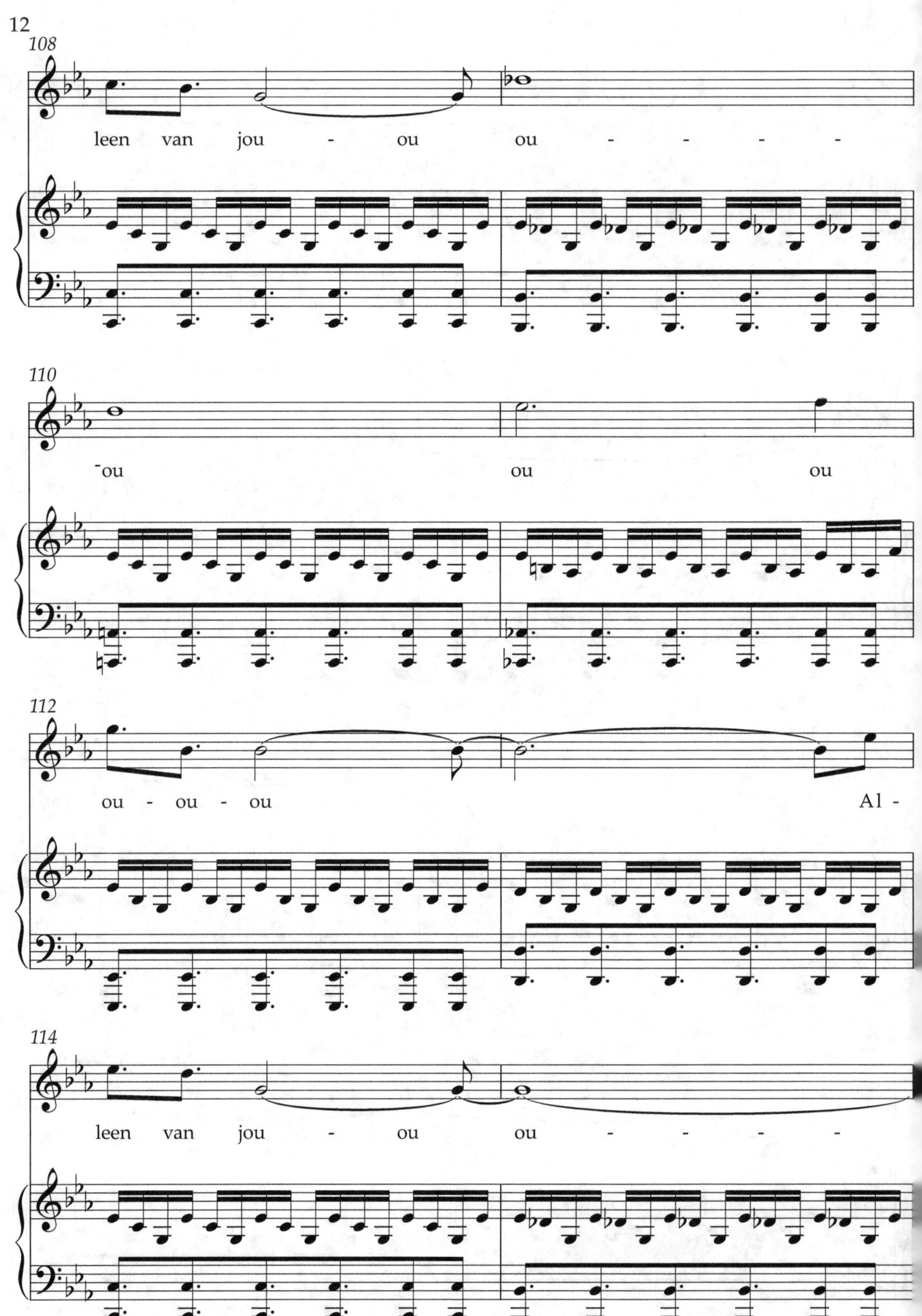

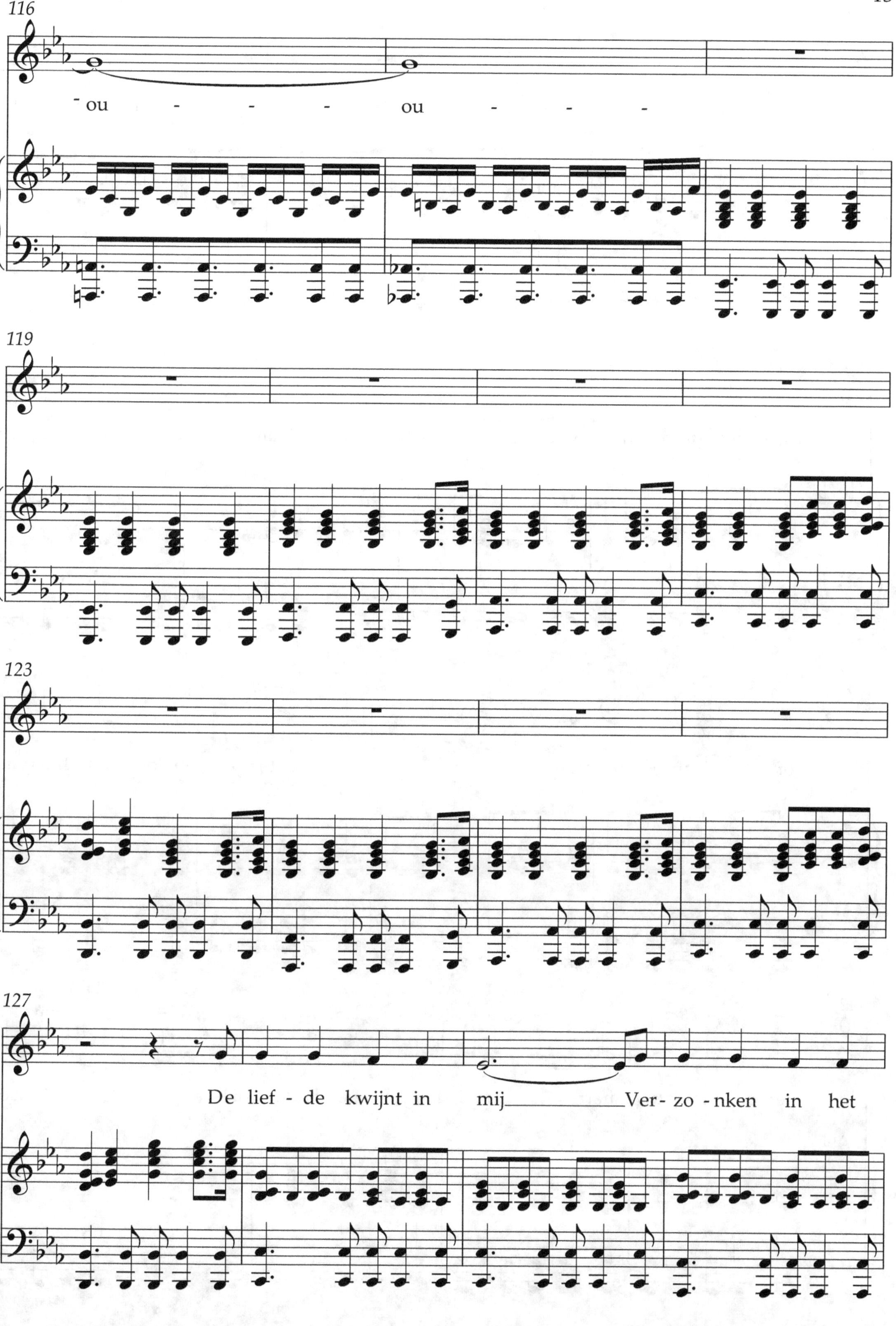

116

-ou - - - ou - - -

119

123

127

De lief - de kwijnt in mij_____ Ver - zo - nken in het

14

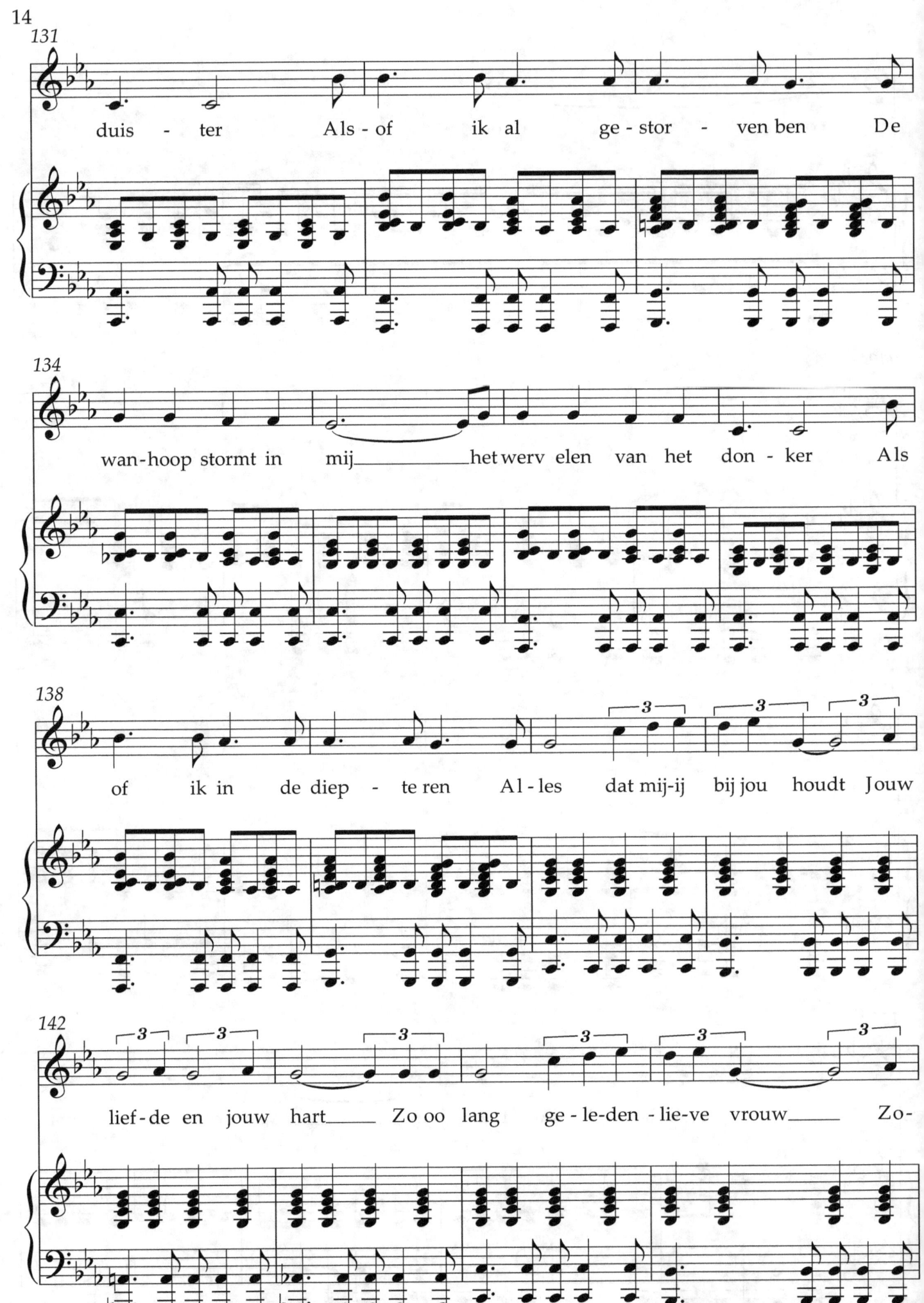

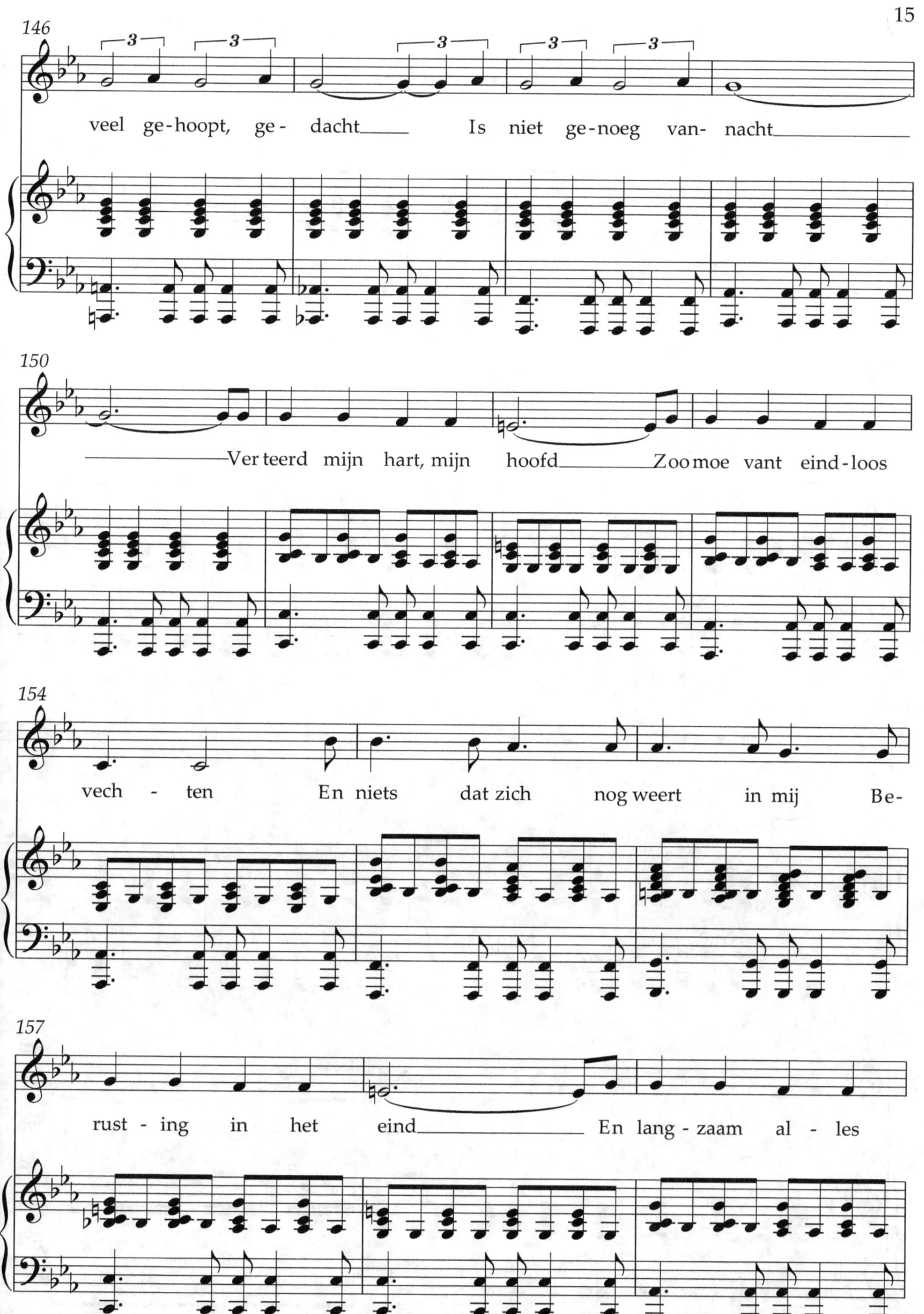

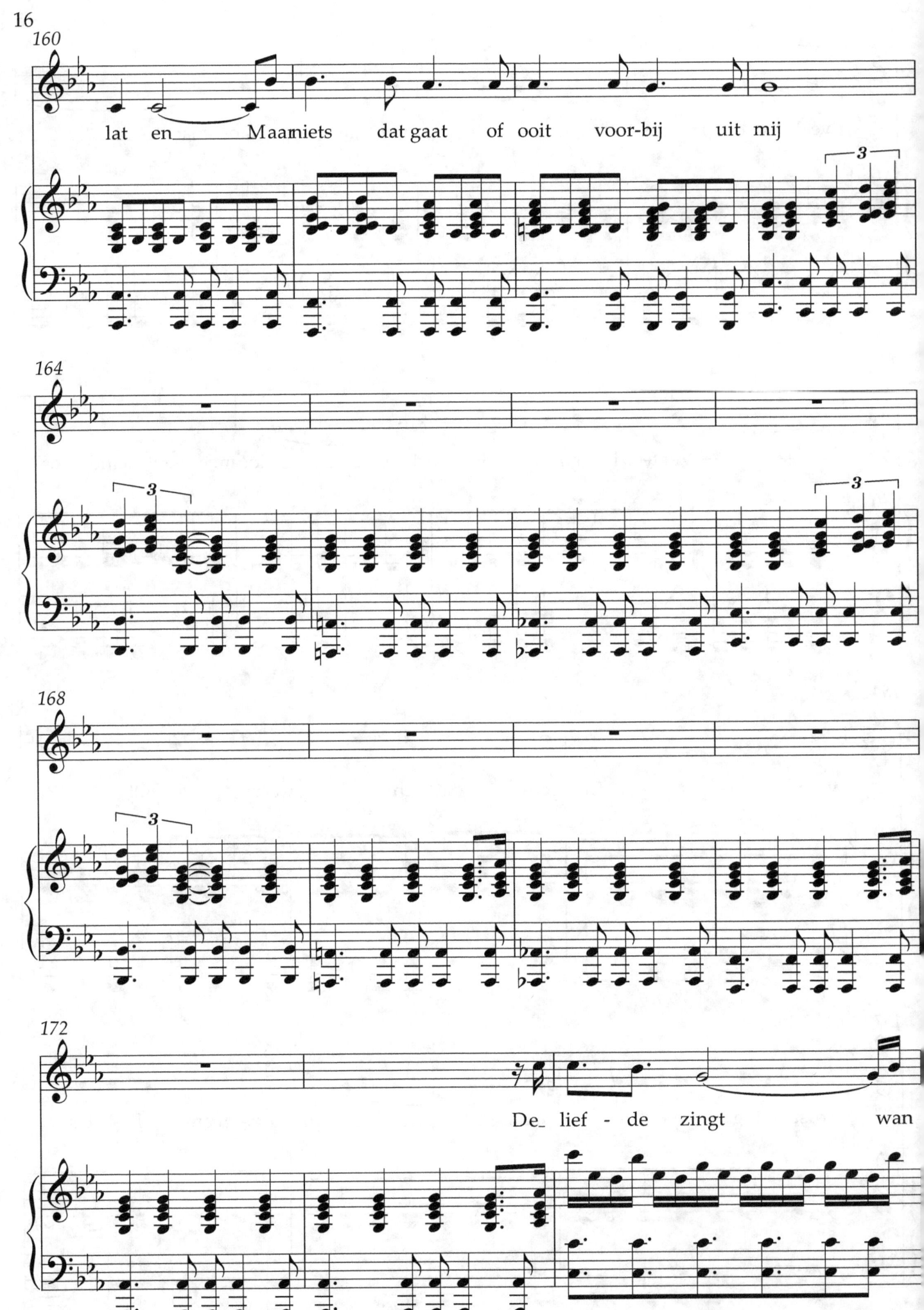

lat en____ Maarniets dat gaat of ooit voor-bij uit mij

De_ lief - de zingt wan

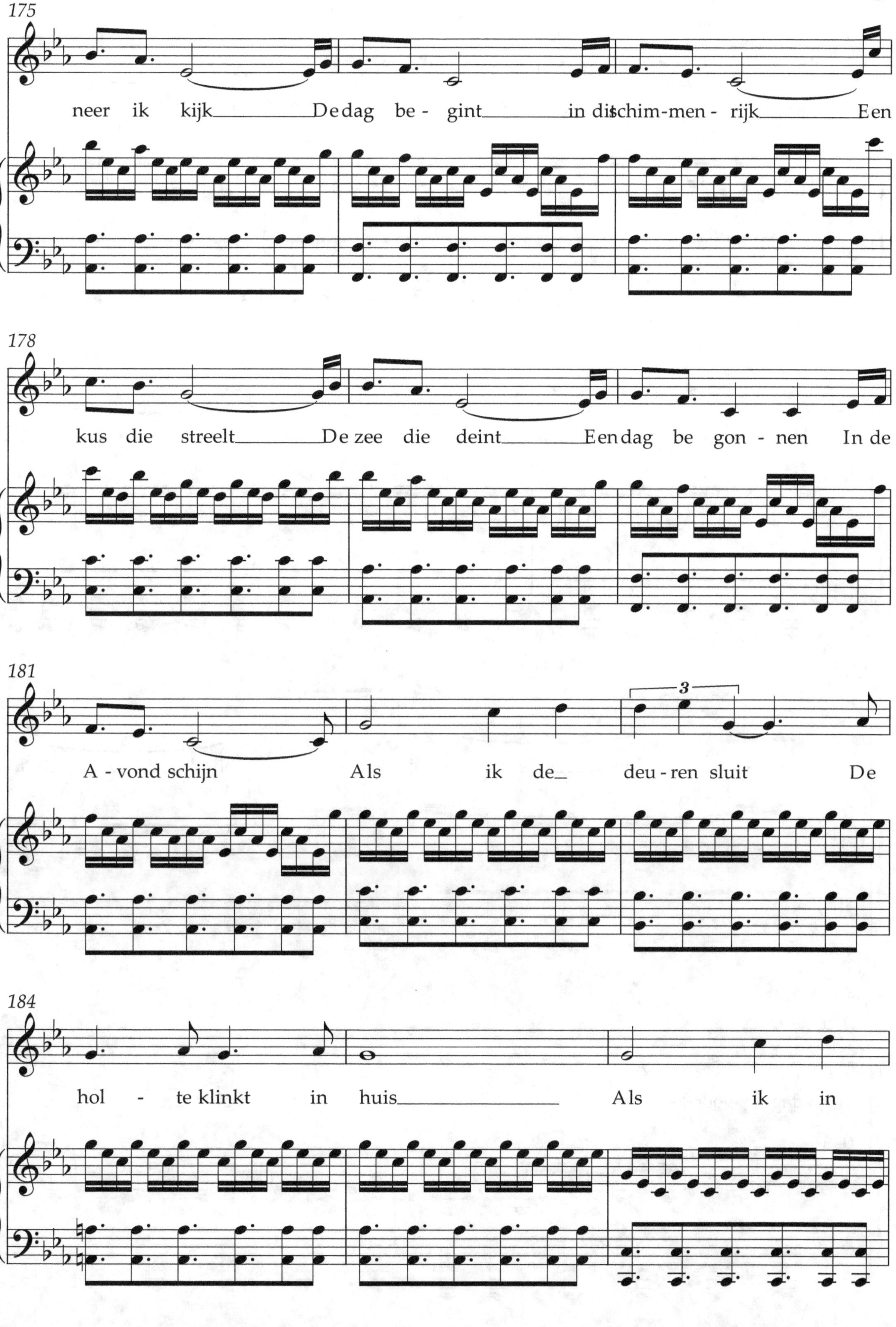

175

neer ik kijk____ De dag be - gint____ in di schim-men - rijk____ Een

178

kus die streelt____ De zee die deint____ Een dag be gon - nen In de

181

A - vond schijn   Als   ik de_ deu - ren sluit   De

184

hol - te klinkt   in   huis_____ Als   ik in

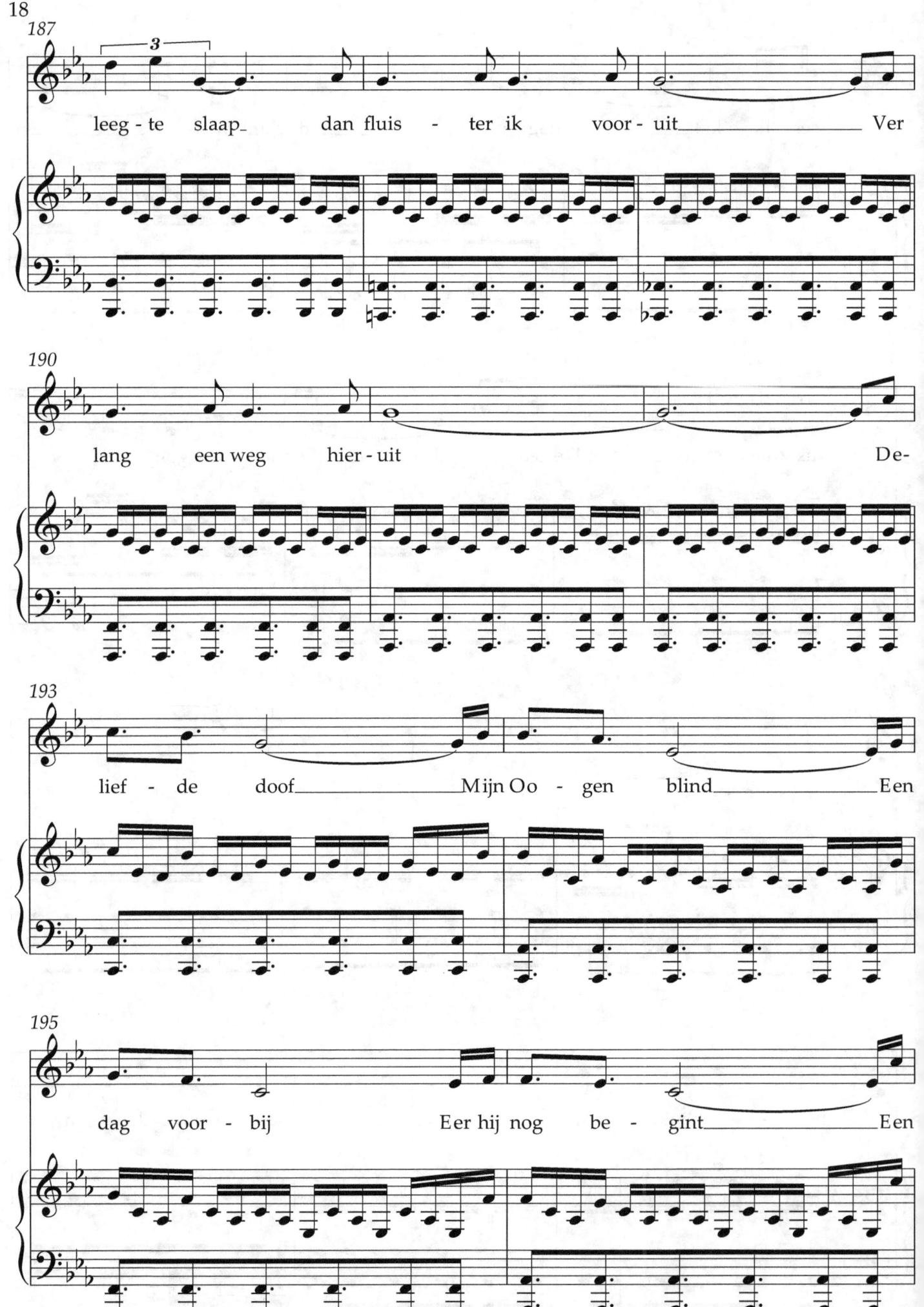

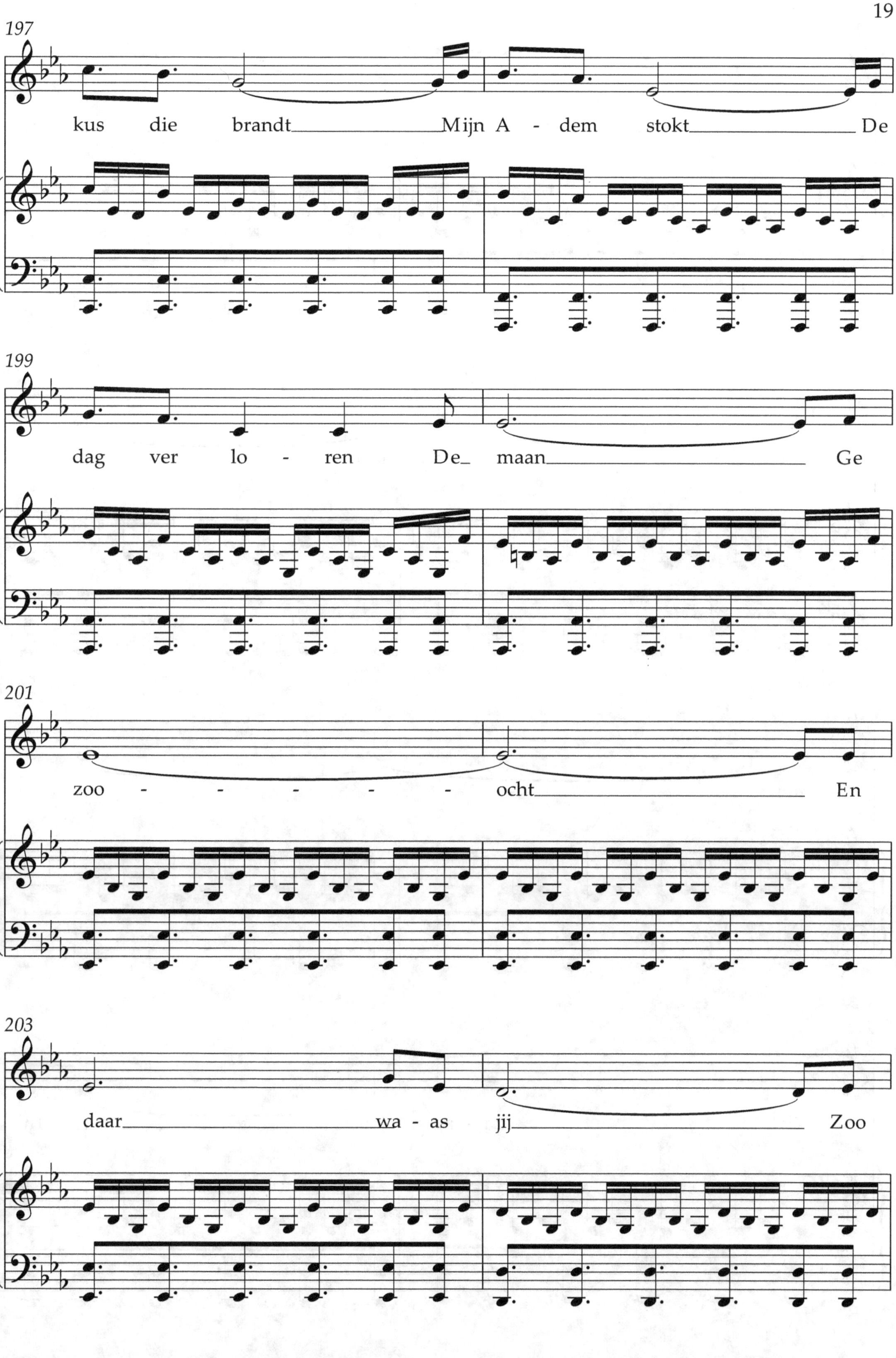

197

kus   die   brandt_____ Mijn A - dem   stokt_____ De

199

dag   ver   lo - ren   De_ maan_____ Ge

201

zoo - - - - - ocht_____ En

203

daar_____ wa - as   jij_____ Zoo

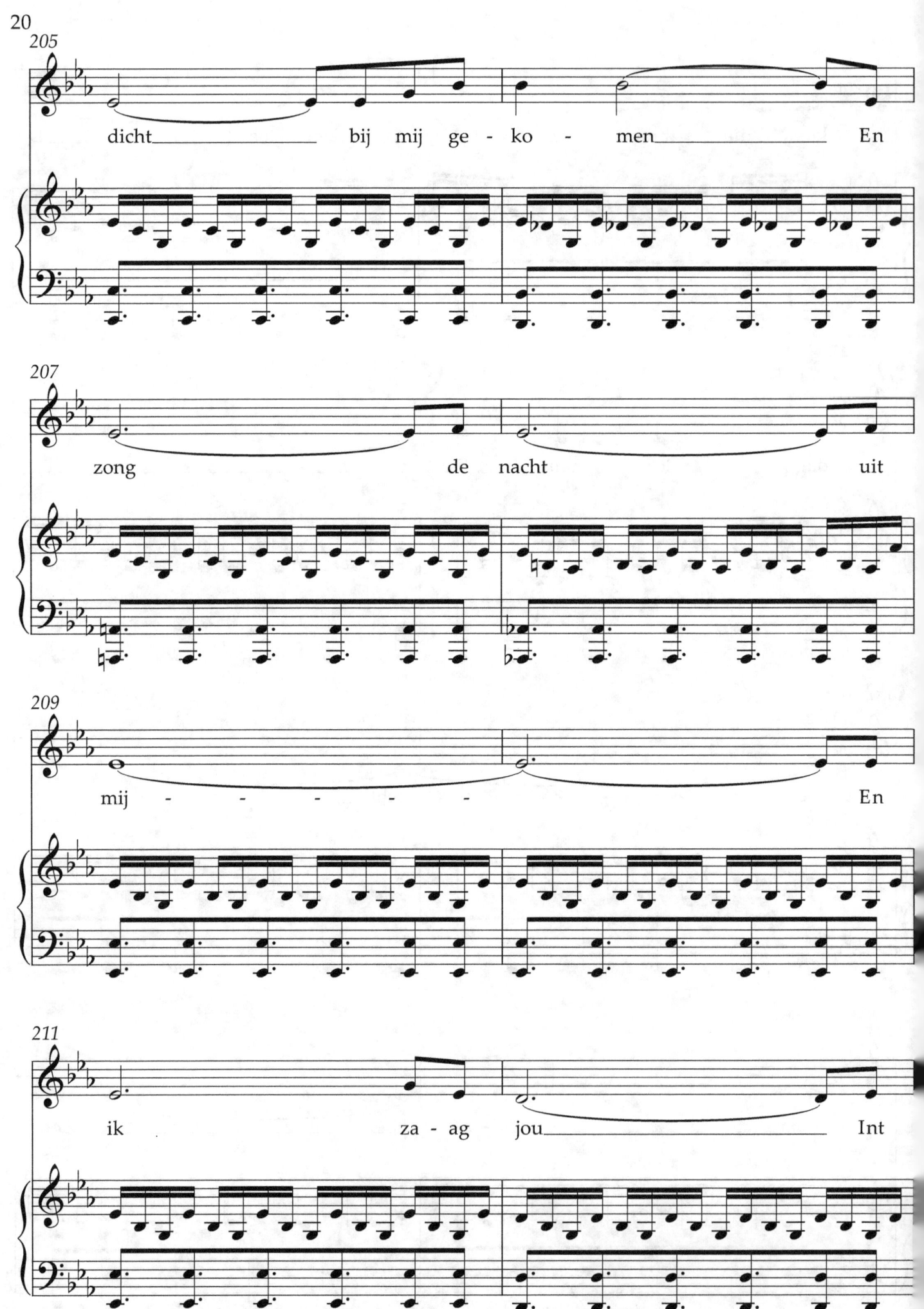

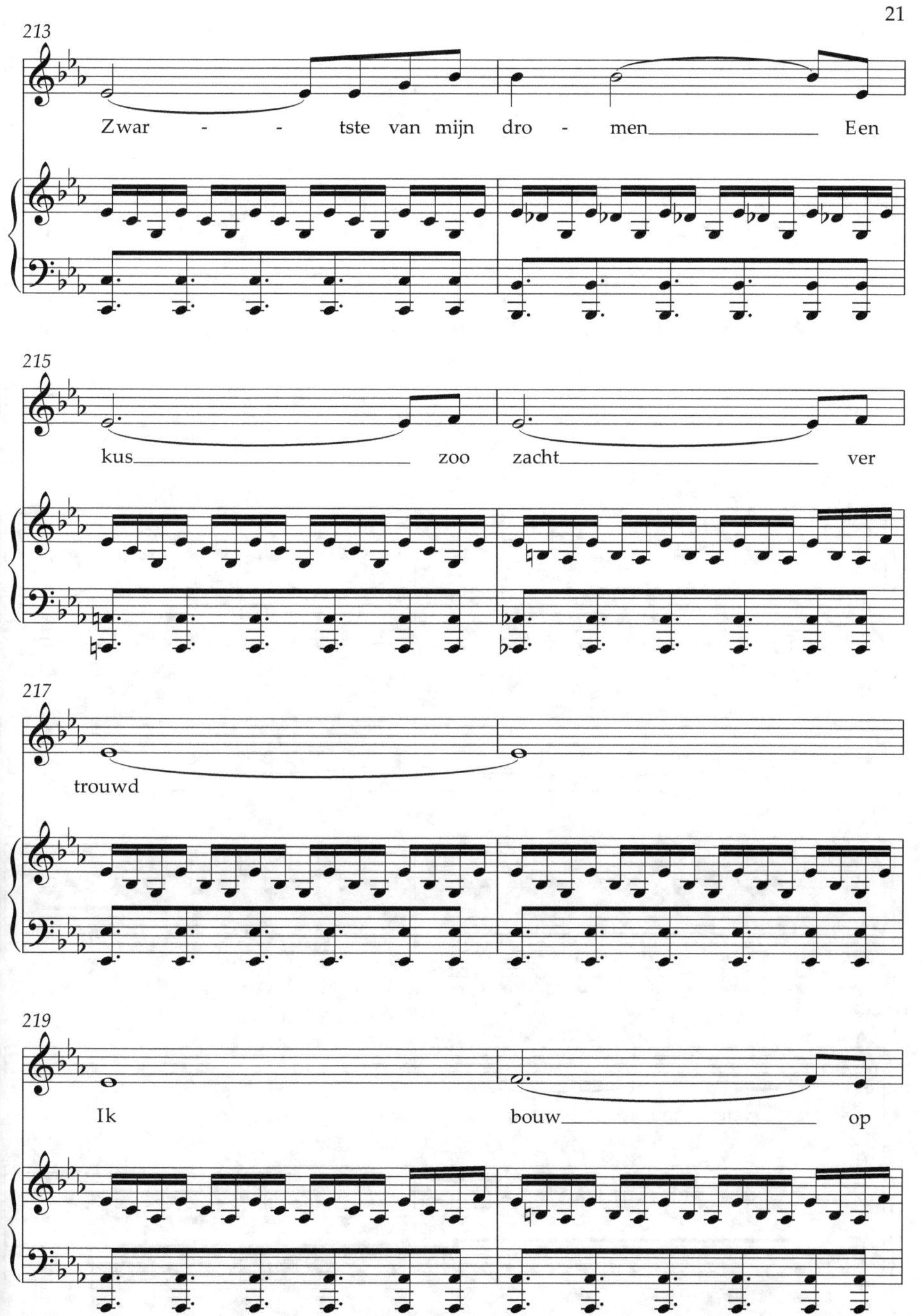

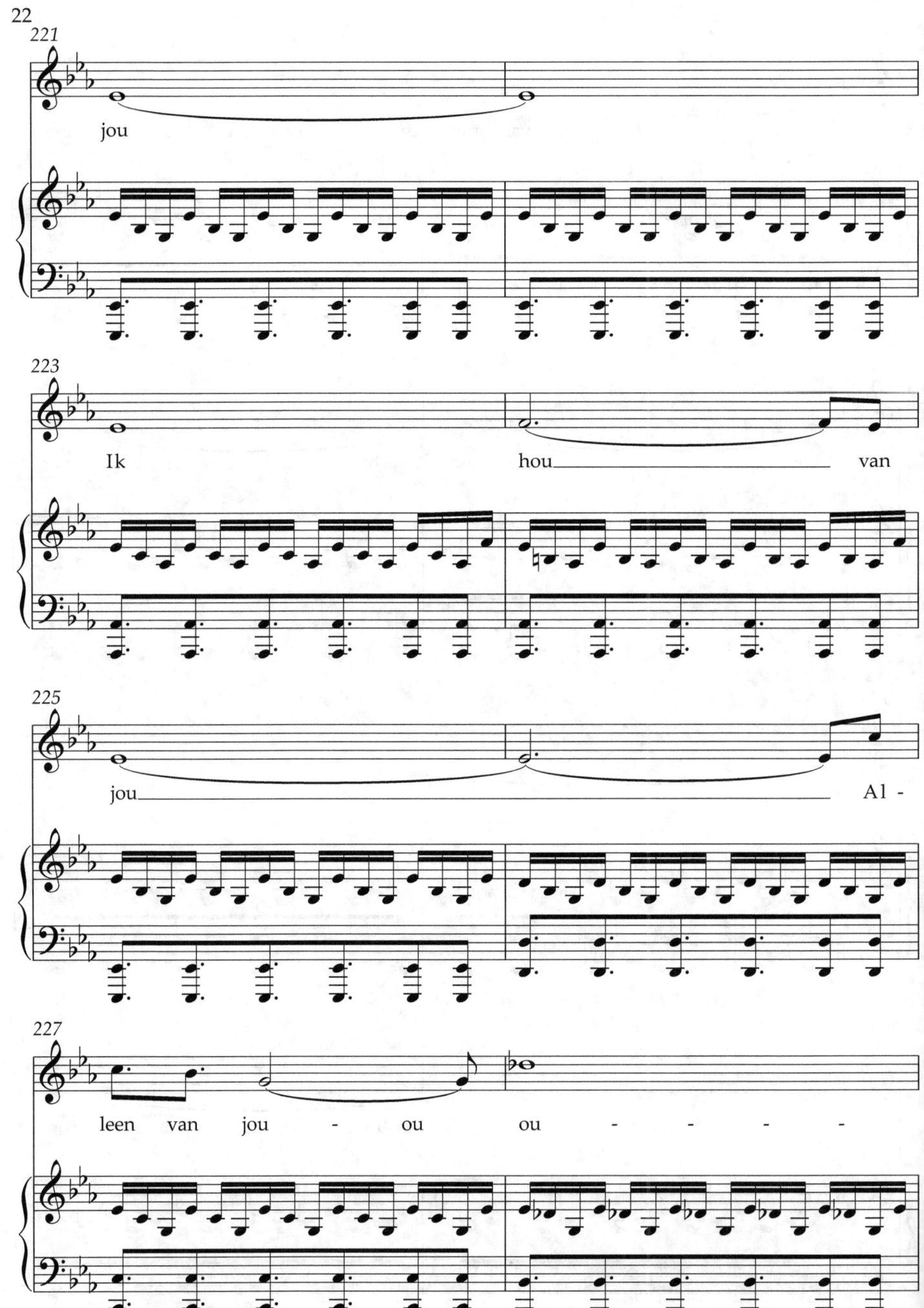

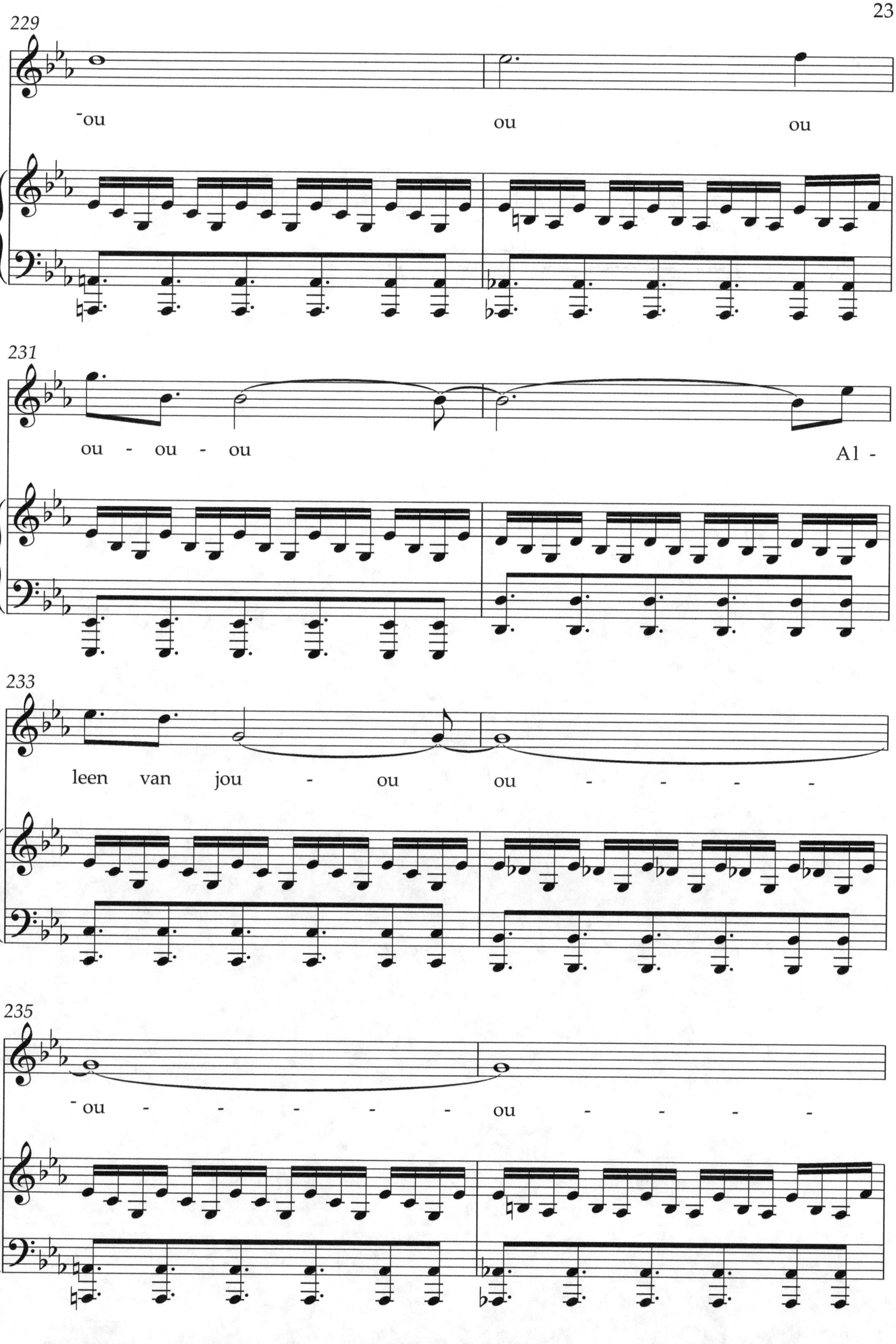

229

-ou   ou   ou

231

ou   -   ou   -   ou   Al -

233

leen   van   jou   -   ou   ou   -   -   -   -

235

-ou   -   -   -   -   ou   -   -   -   -

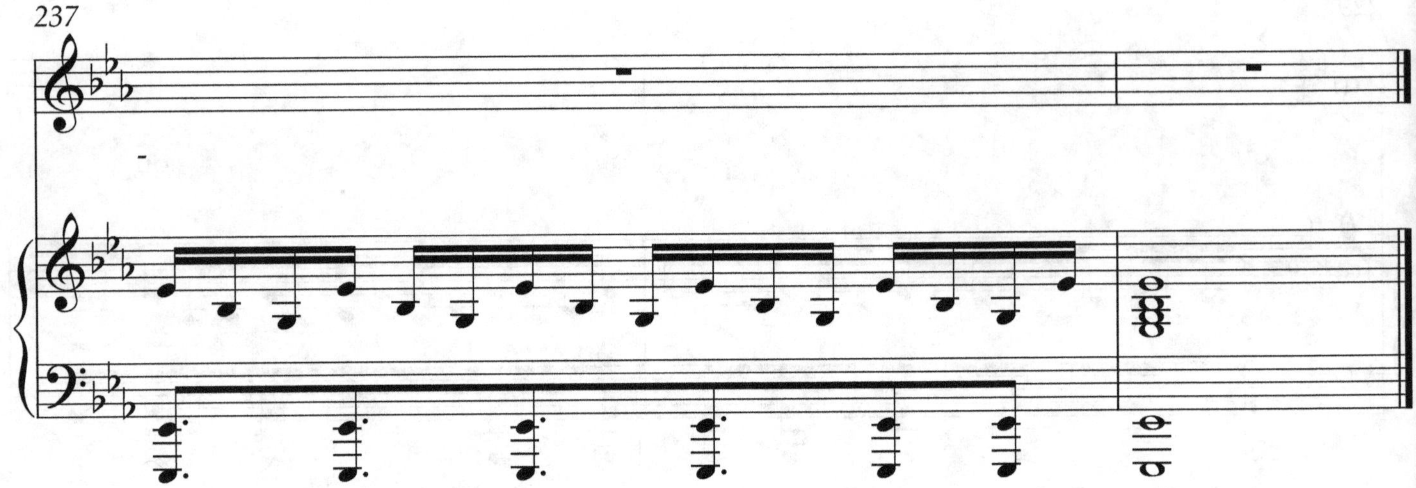
237

Anton Bakx

Kerstavond

(3-1-2017)

Kerstavond

Anton Bakx

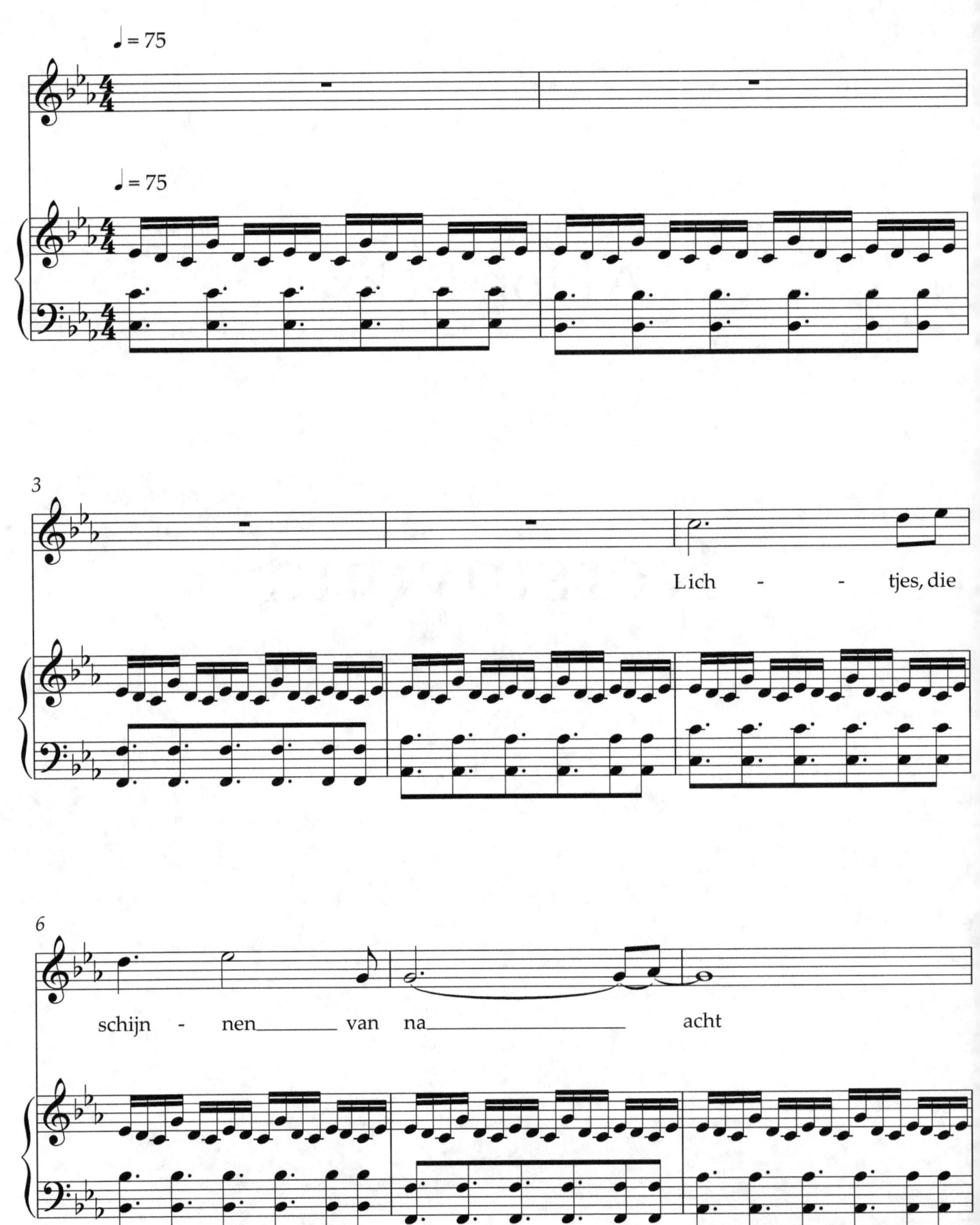

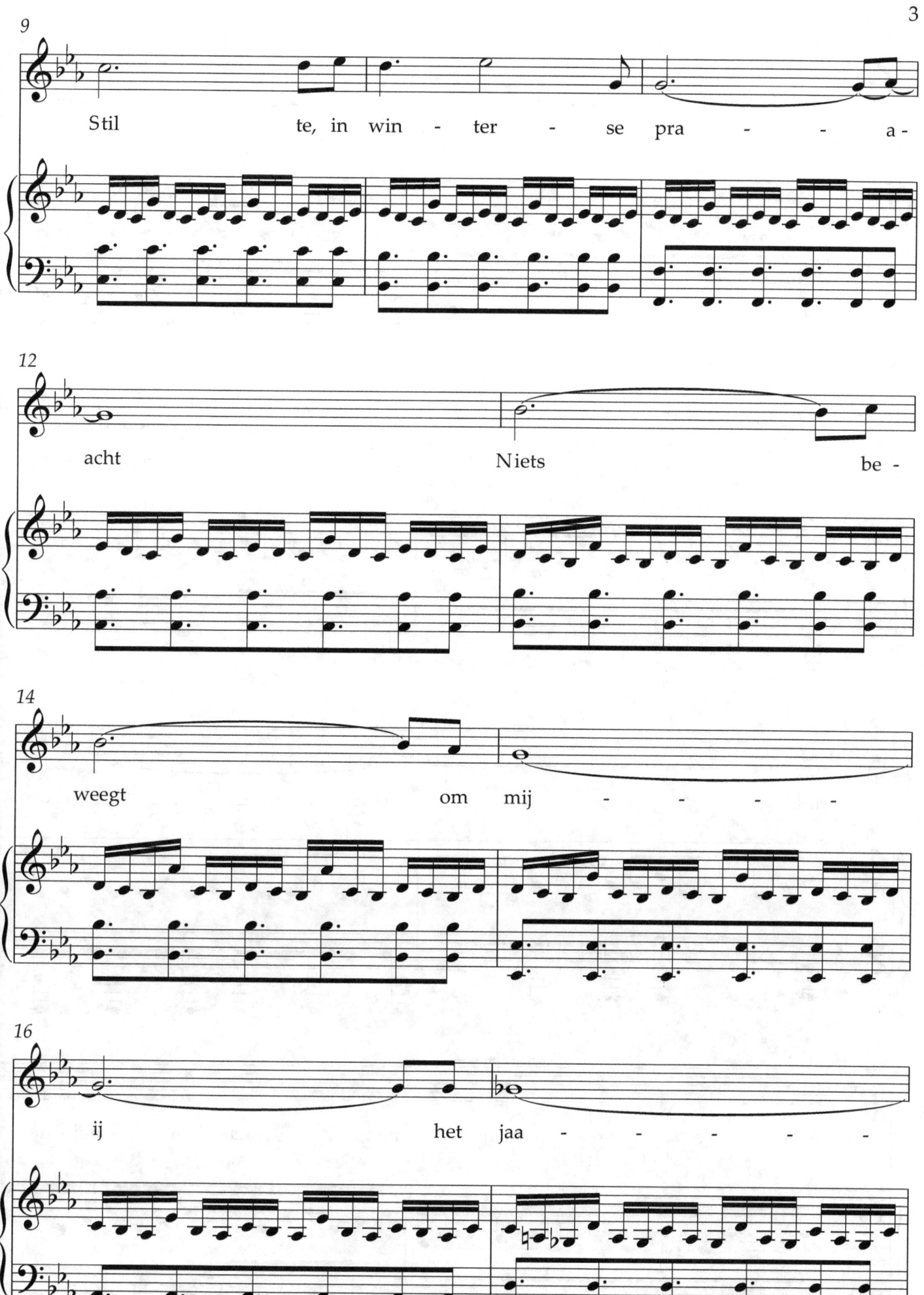

4

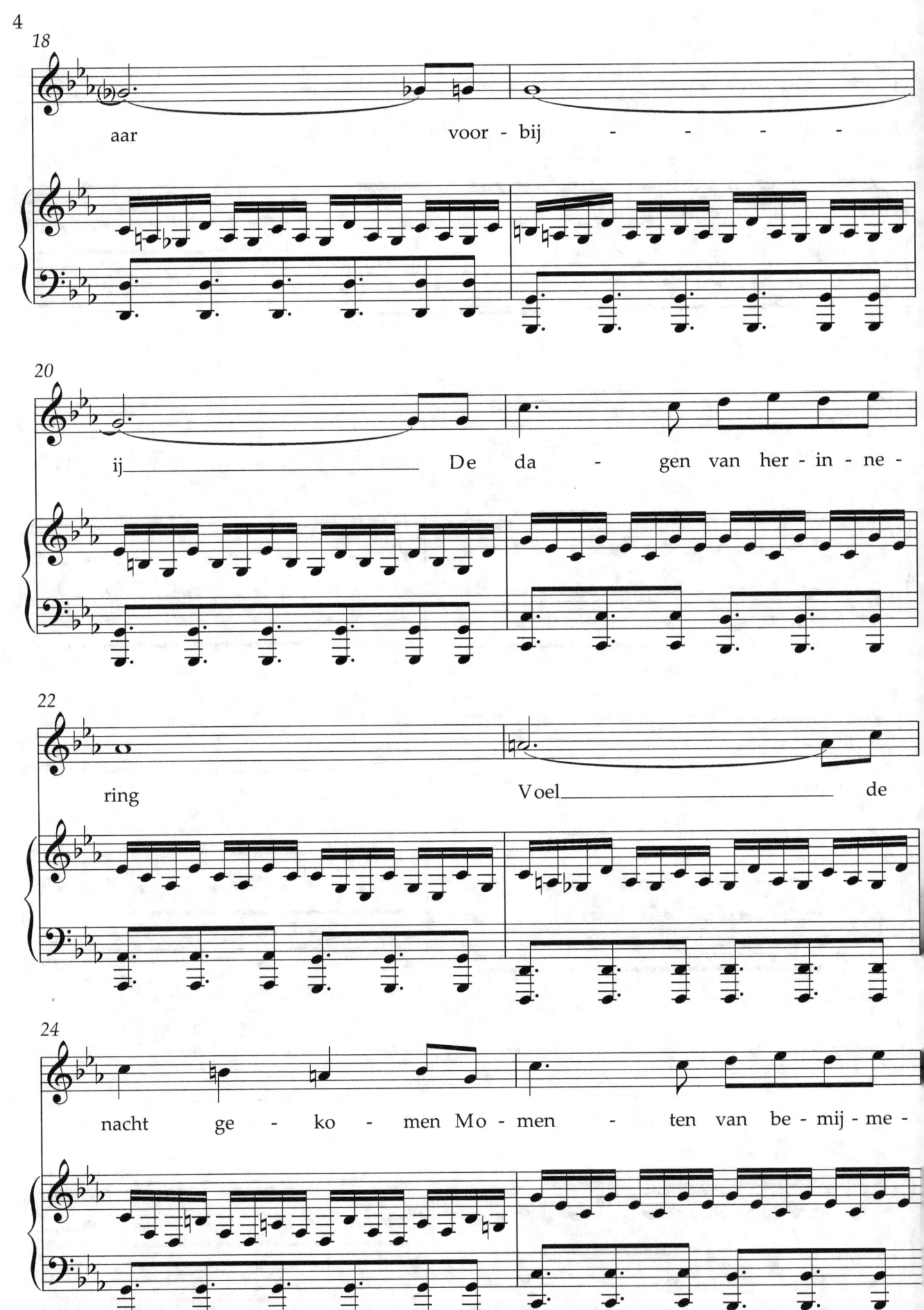

aar   voor - bij

ij_____ De da - gen van her - in - ne -

ring   Voel_____ de

nacht ge - ko - men Mo - men - ten van be - mij - me -

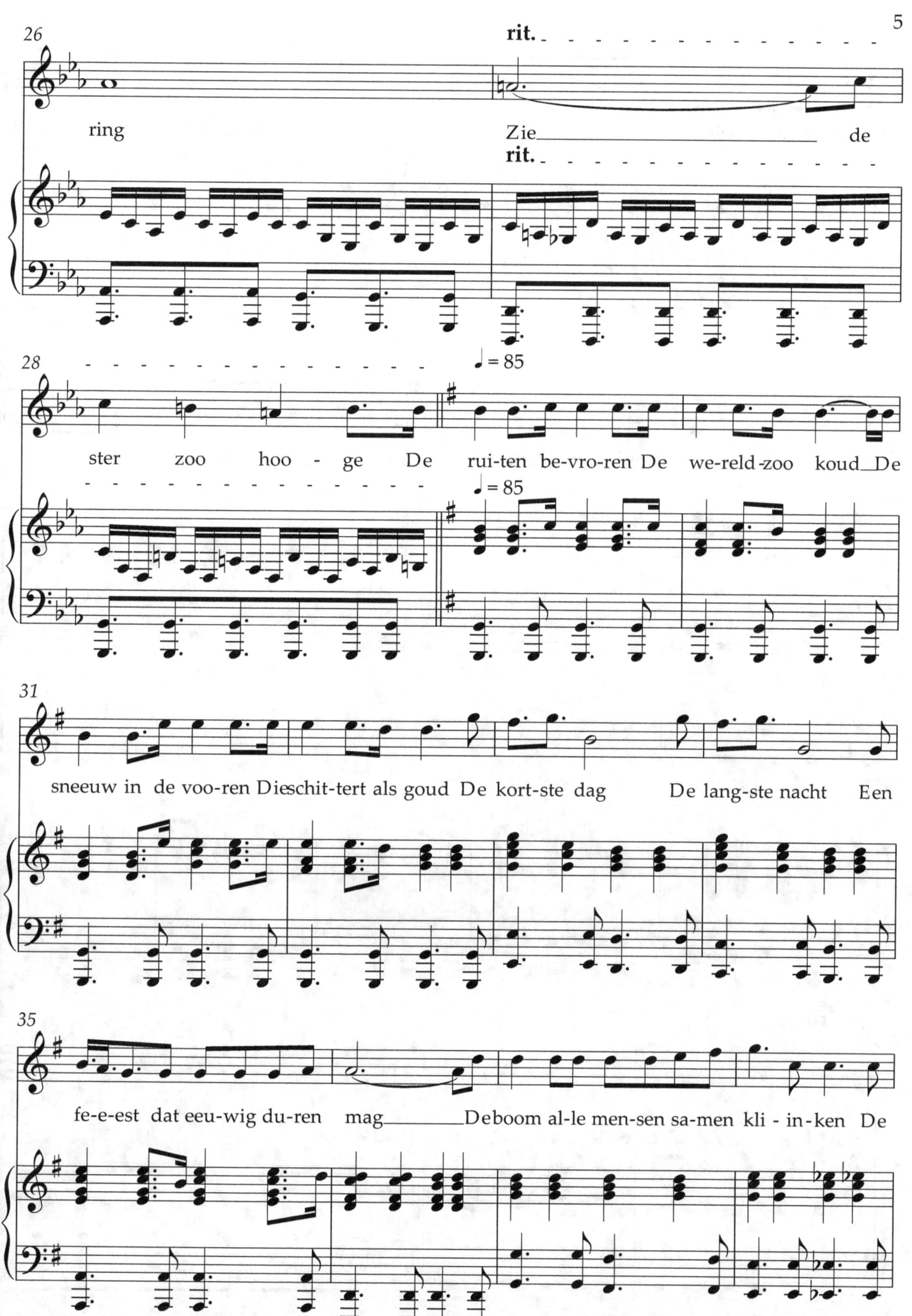

ring

Zie_____ de

ster   zoo   hoo - ge   De   rui-ten be-vro-ren De we-reld-zoo koud_De

sneeuw in de voo-ren Dieschit-tert als goud De kort-ste dag   De lang-ste nacht   Een

fe-e-est dat eeu-wig du-ren mag_____De boom al-le men-sen sa-men kli - in-ken De

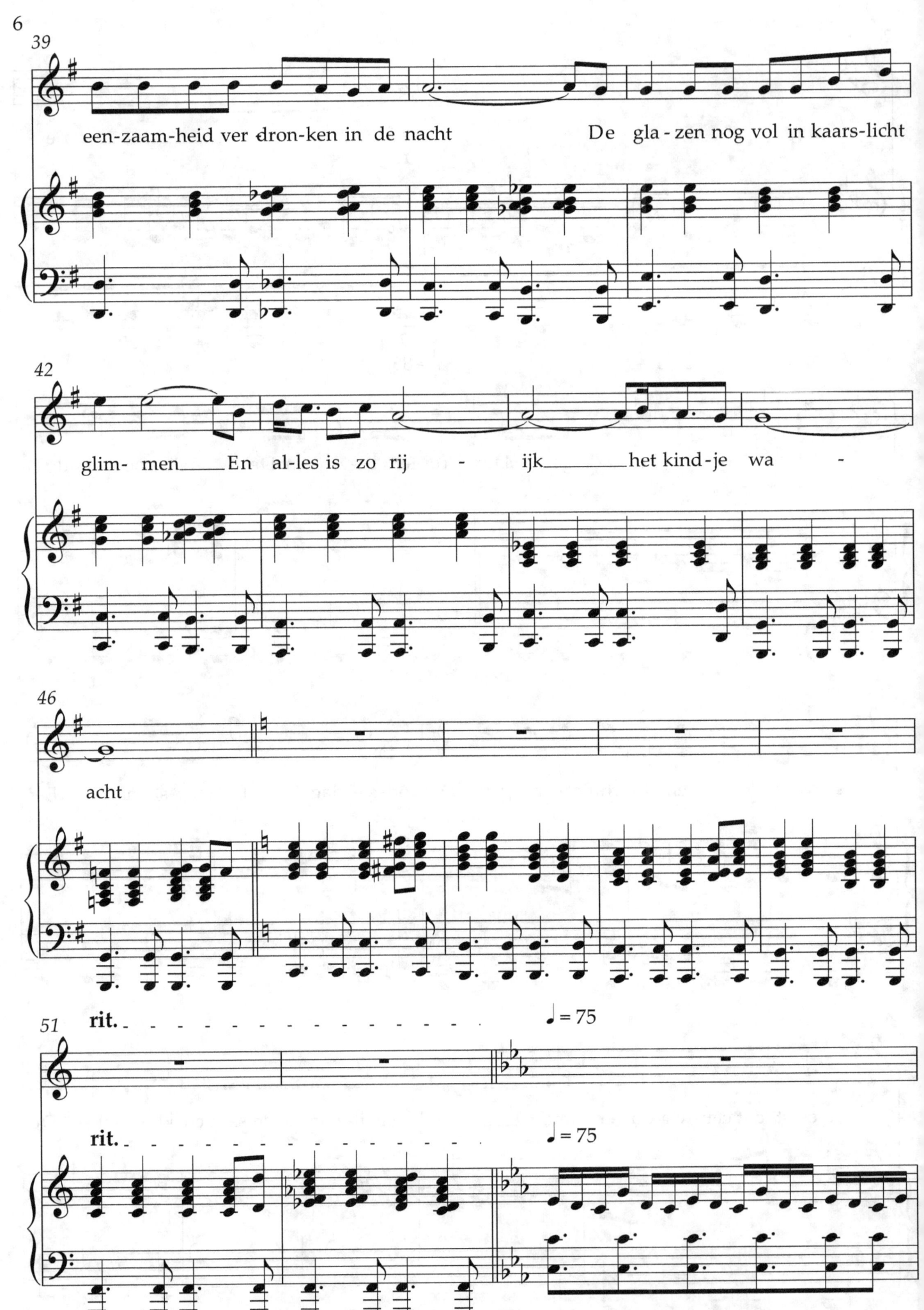

een-zaam-heid ver dron-ken in de nacht De gla - zen nog vol in kaars-licht

glim- men___ En al-les is zo rij - ijk_____het kind-je wa -

acht

rit. _   ♩ = 75

rit. _ _ _ _ _ _ _ _ _ _ _ _ _ _   ♩ = 75

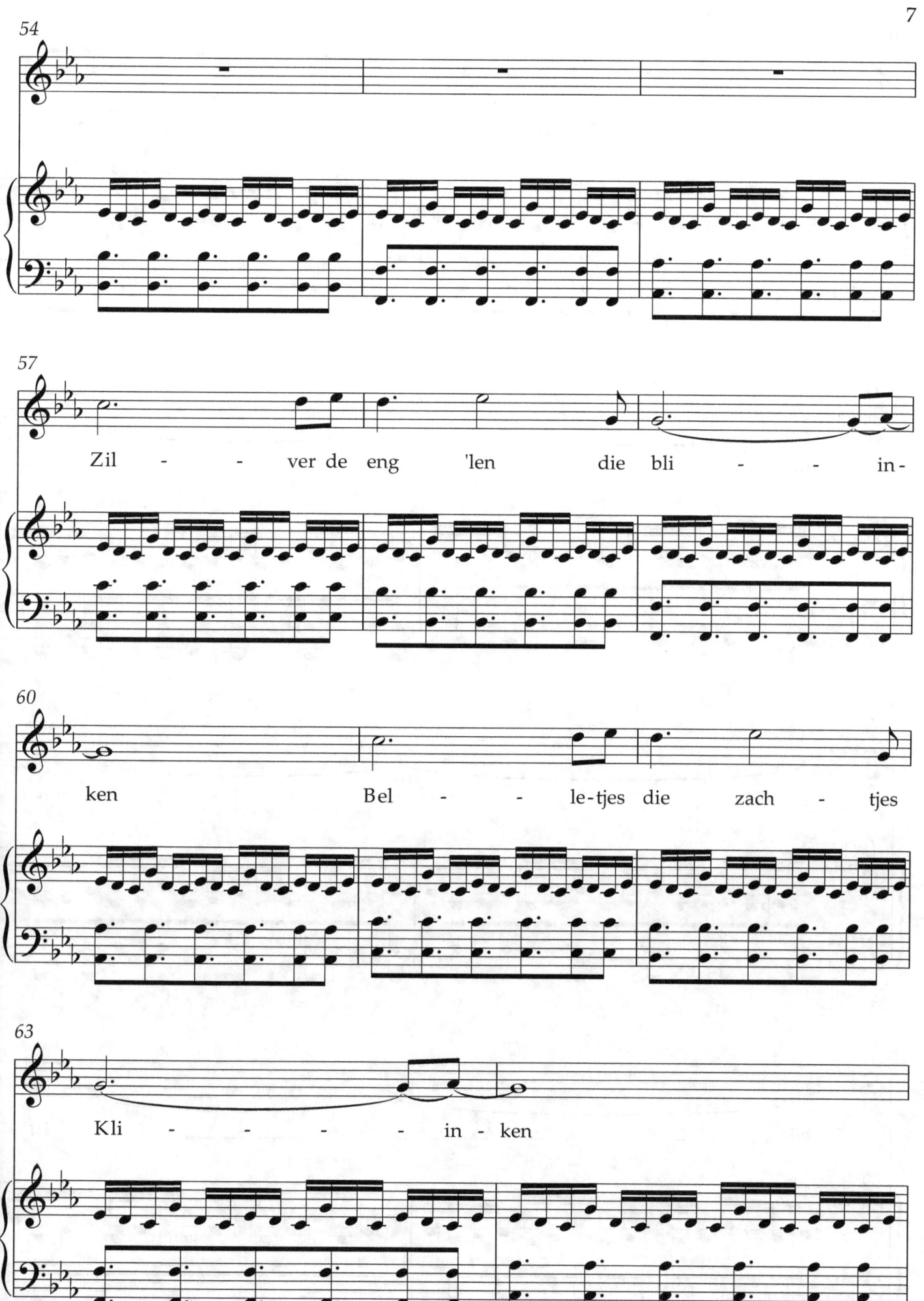

54

57

Zil - - ver de eng 'len die bli - - in-

60

ken Bel - - le-tjes die zach - tjes

63

Kli - - - - in - ken

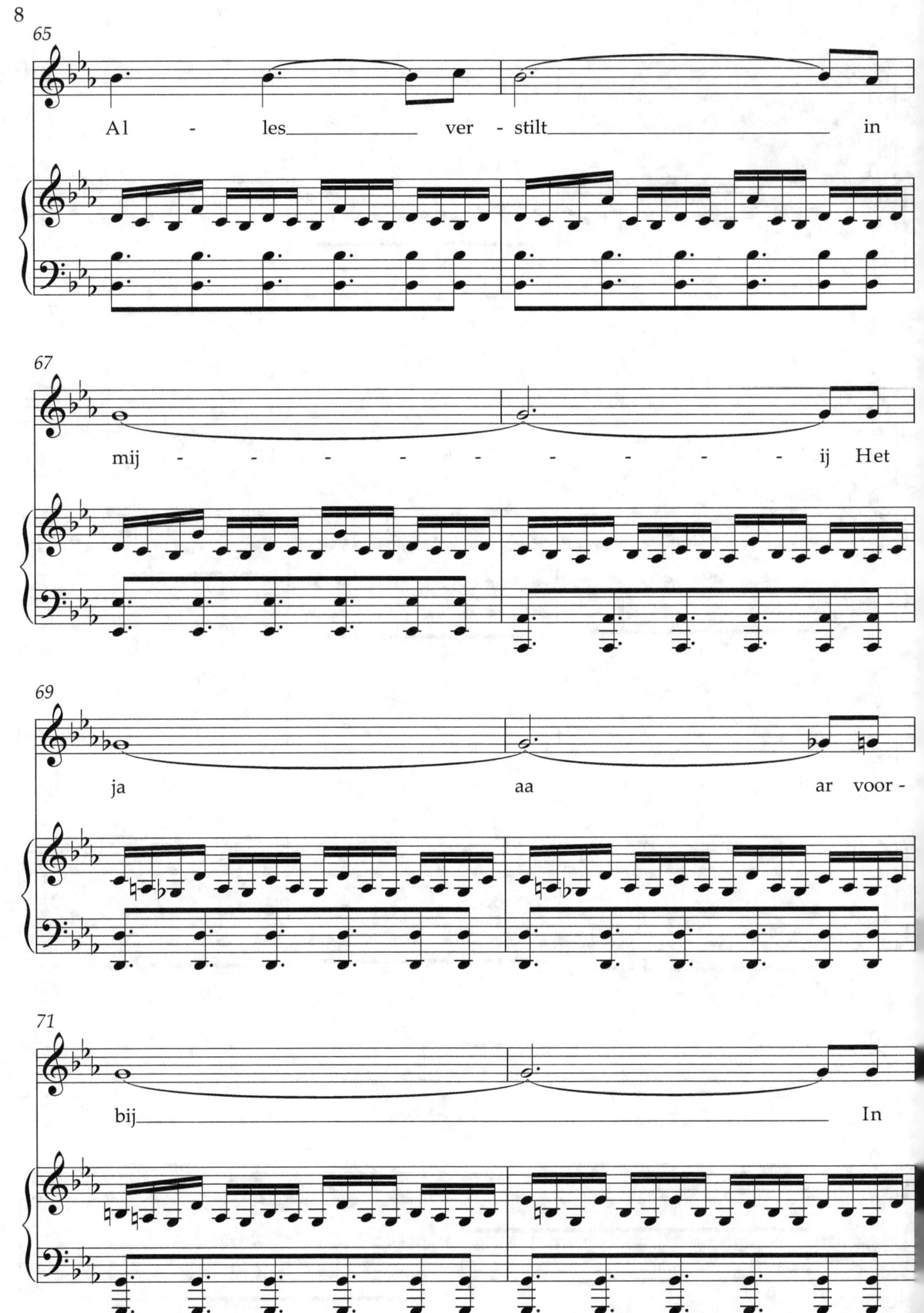

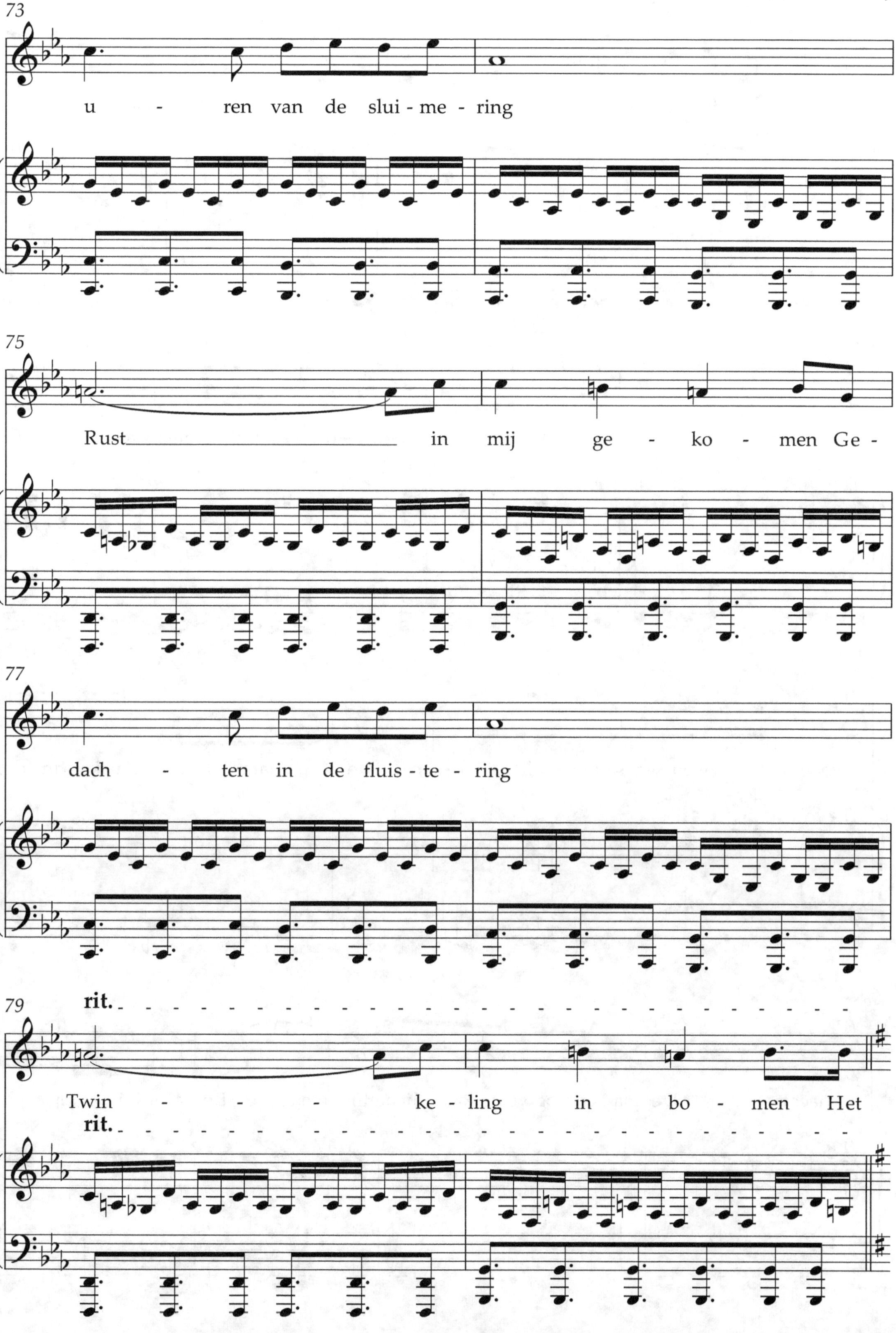

73

u - ren van de slui - me - ring

75

Rust_____ in mij ge - ko - men Ge -

77

dach - ten in de fluis - te - ring

79 **rit.** _ _ _ _ _ _ _ _ _ _ _ _ _ _ _ _

Twin - - - - ke - ling in bo - men Het

rit. _ _ _ _ _ _ _ _ _ _ _

10

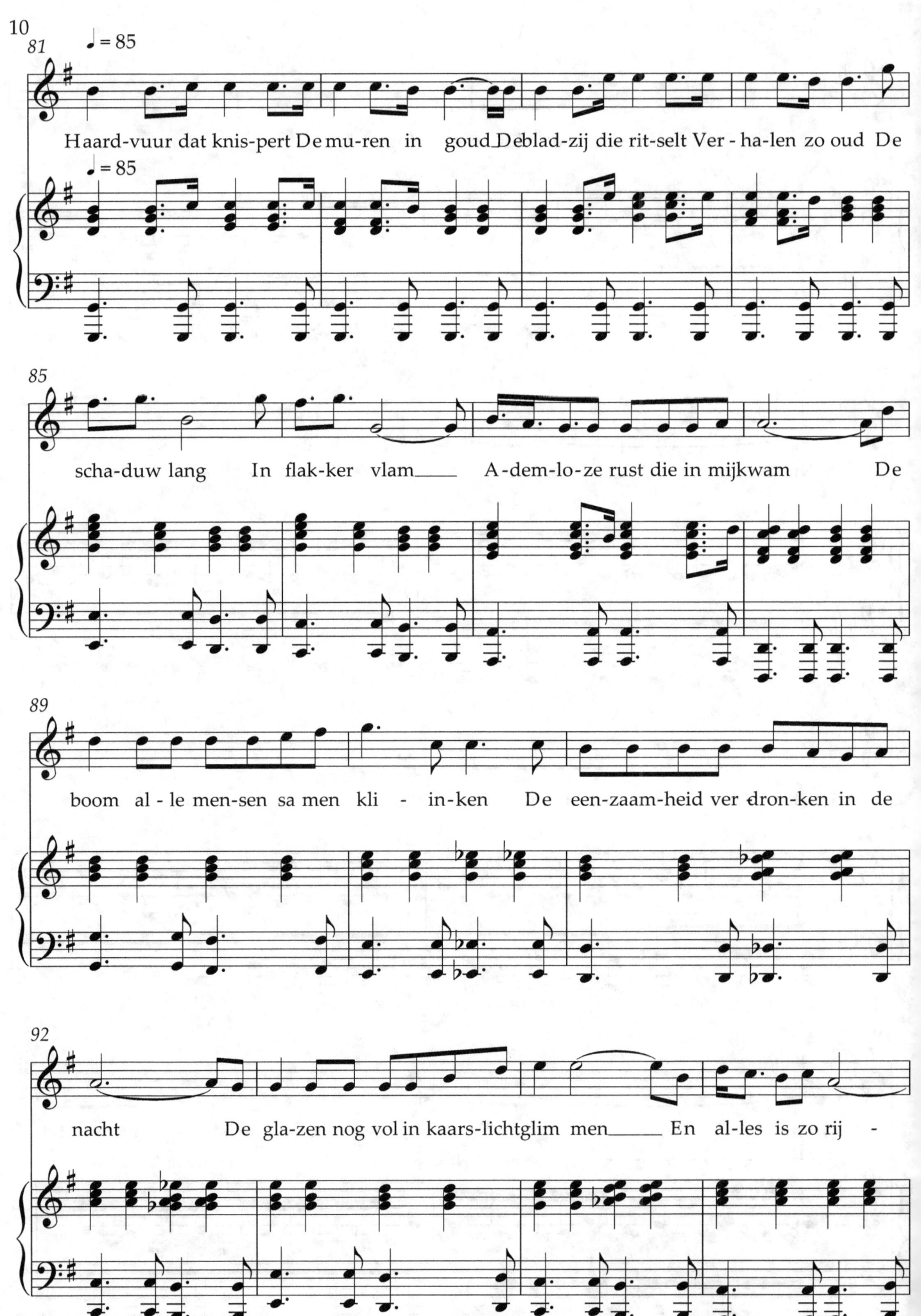

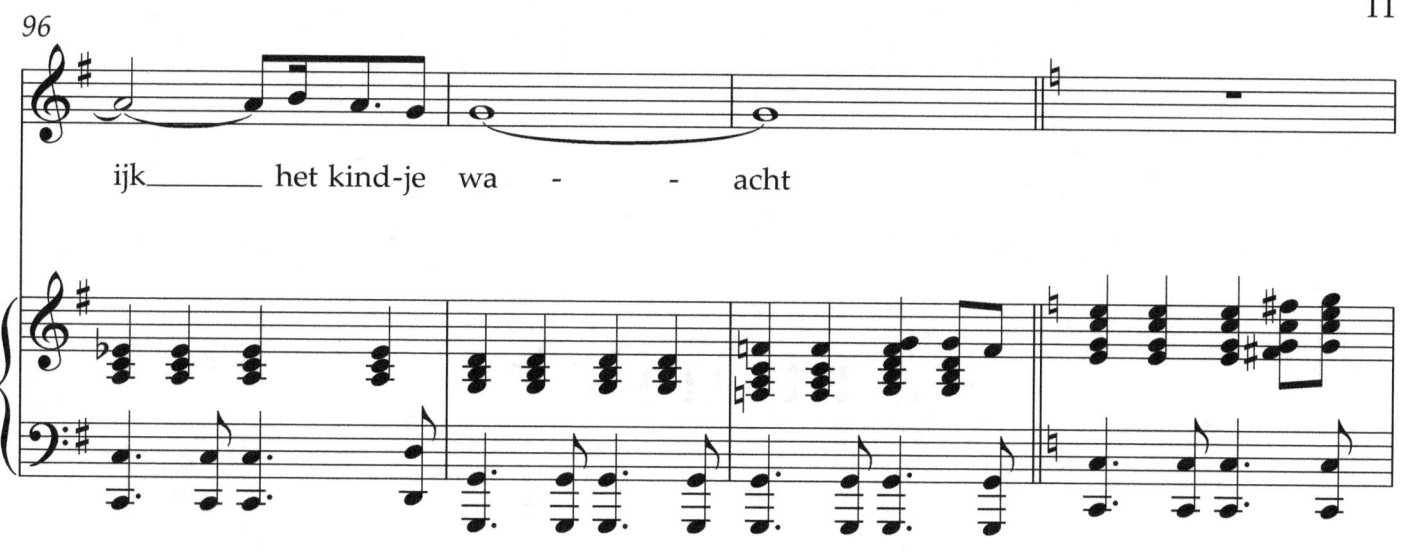

ijk_____ het kind-je wa - - acht

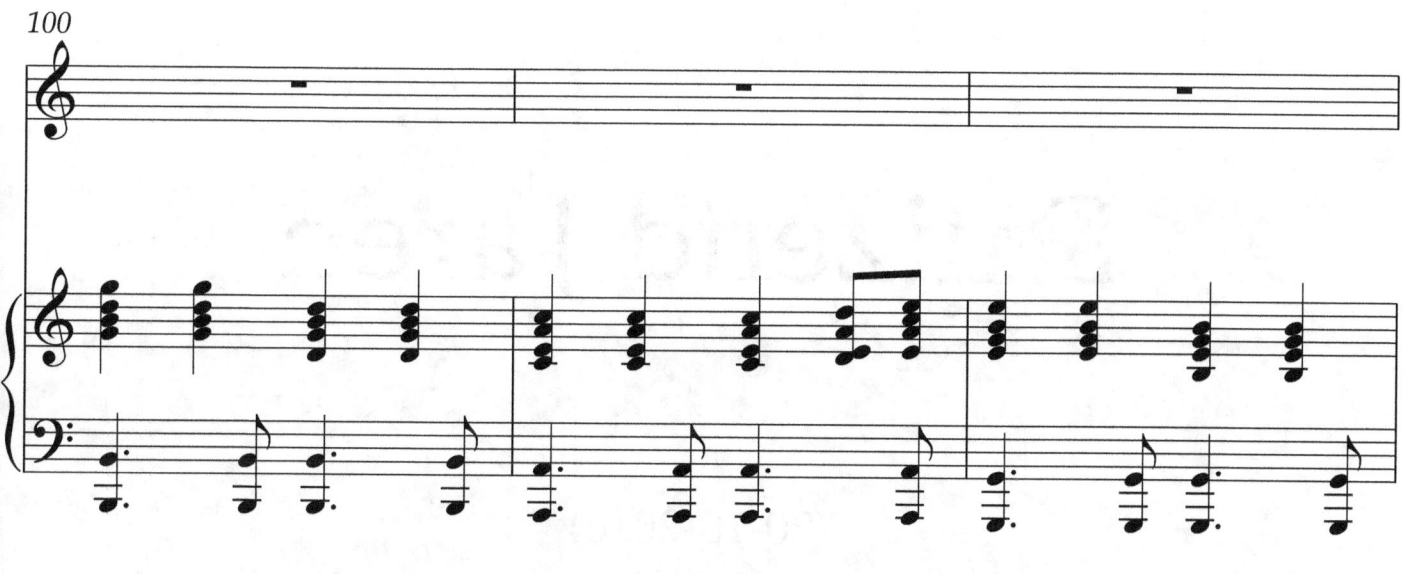

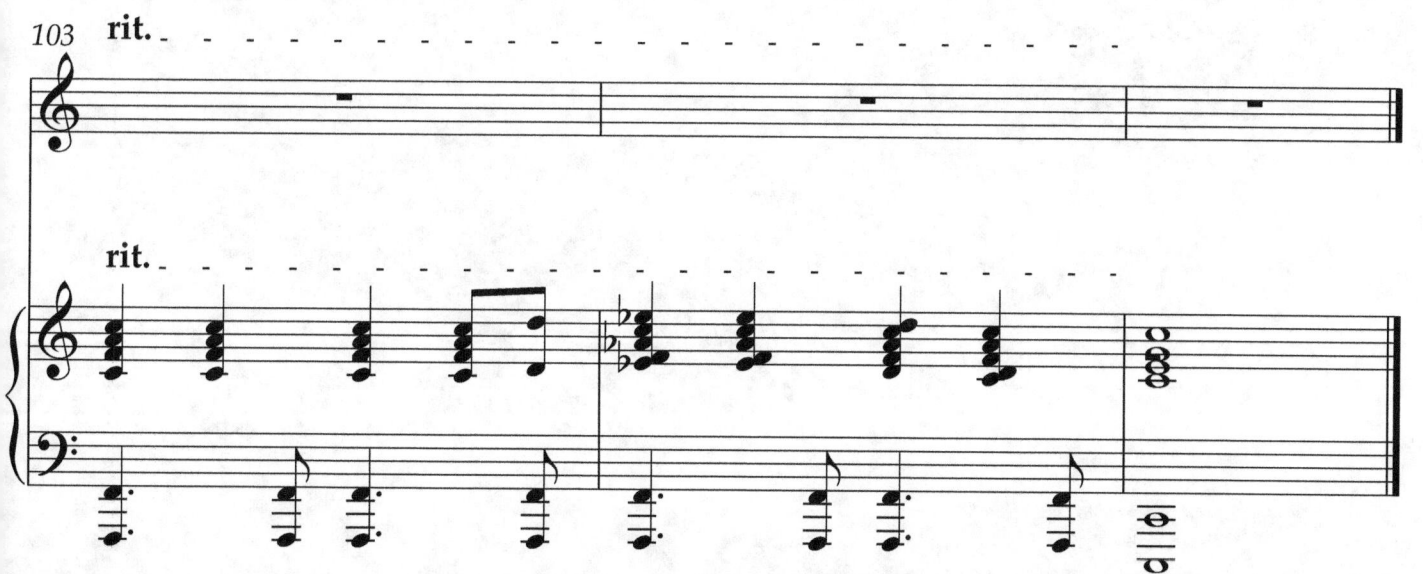

Anton Bakx

Duizend Jaren

(20-10-2016)

Duizend Jaren

Anton Bakx

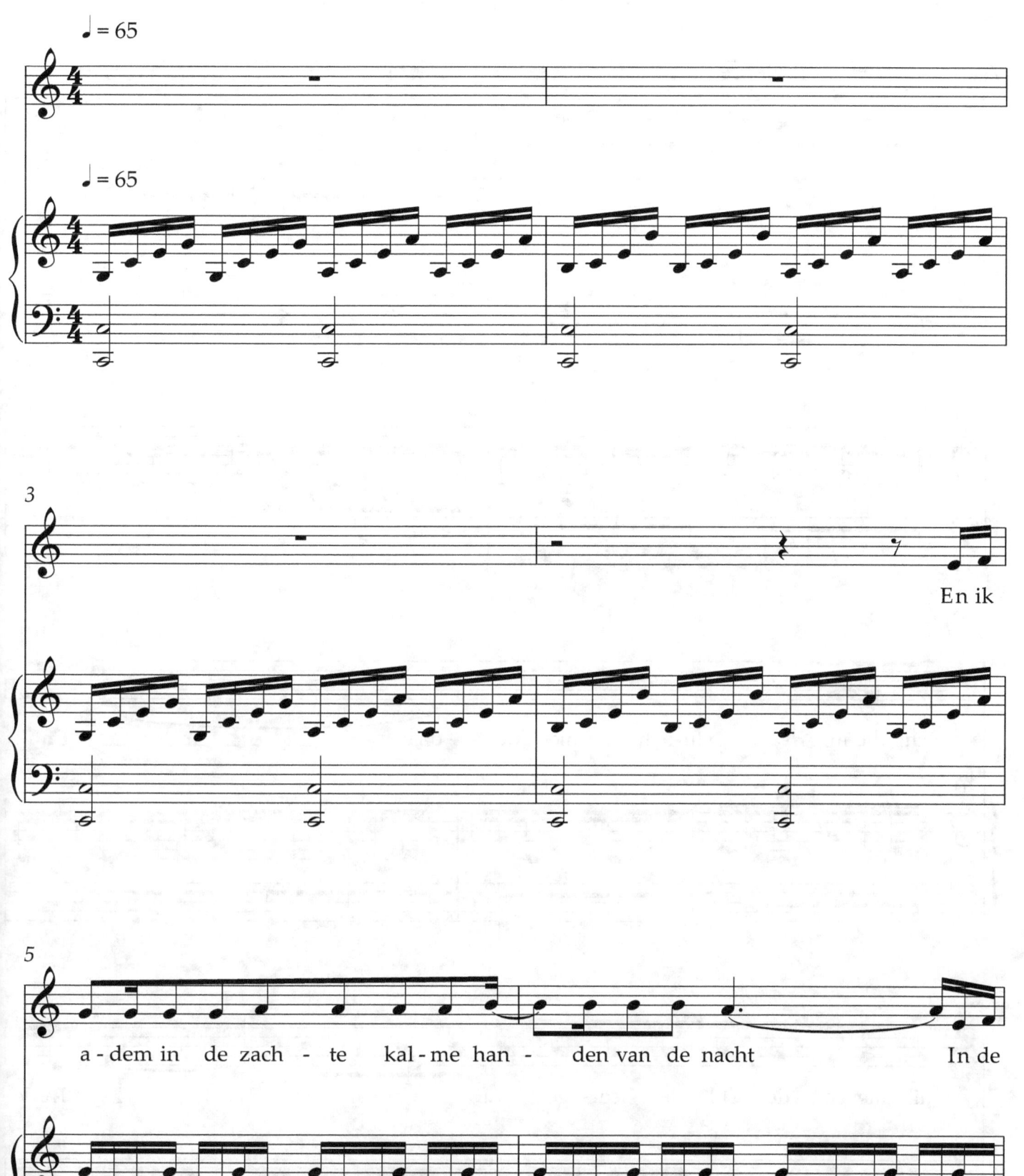

En ik

a - dem in de zach - te kal - me han - den van de nacht   In de

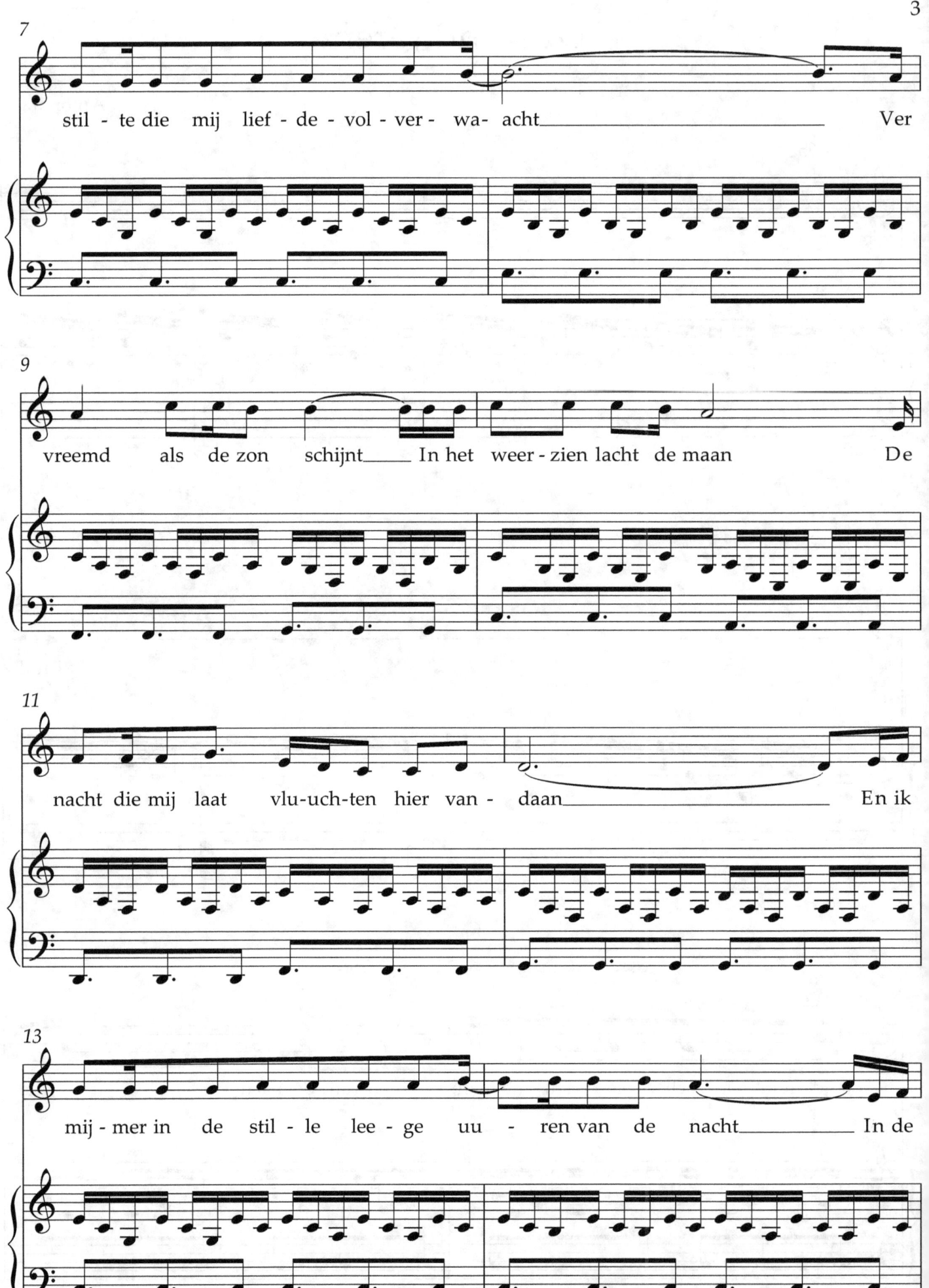

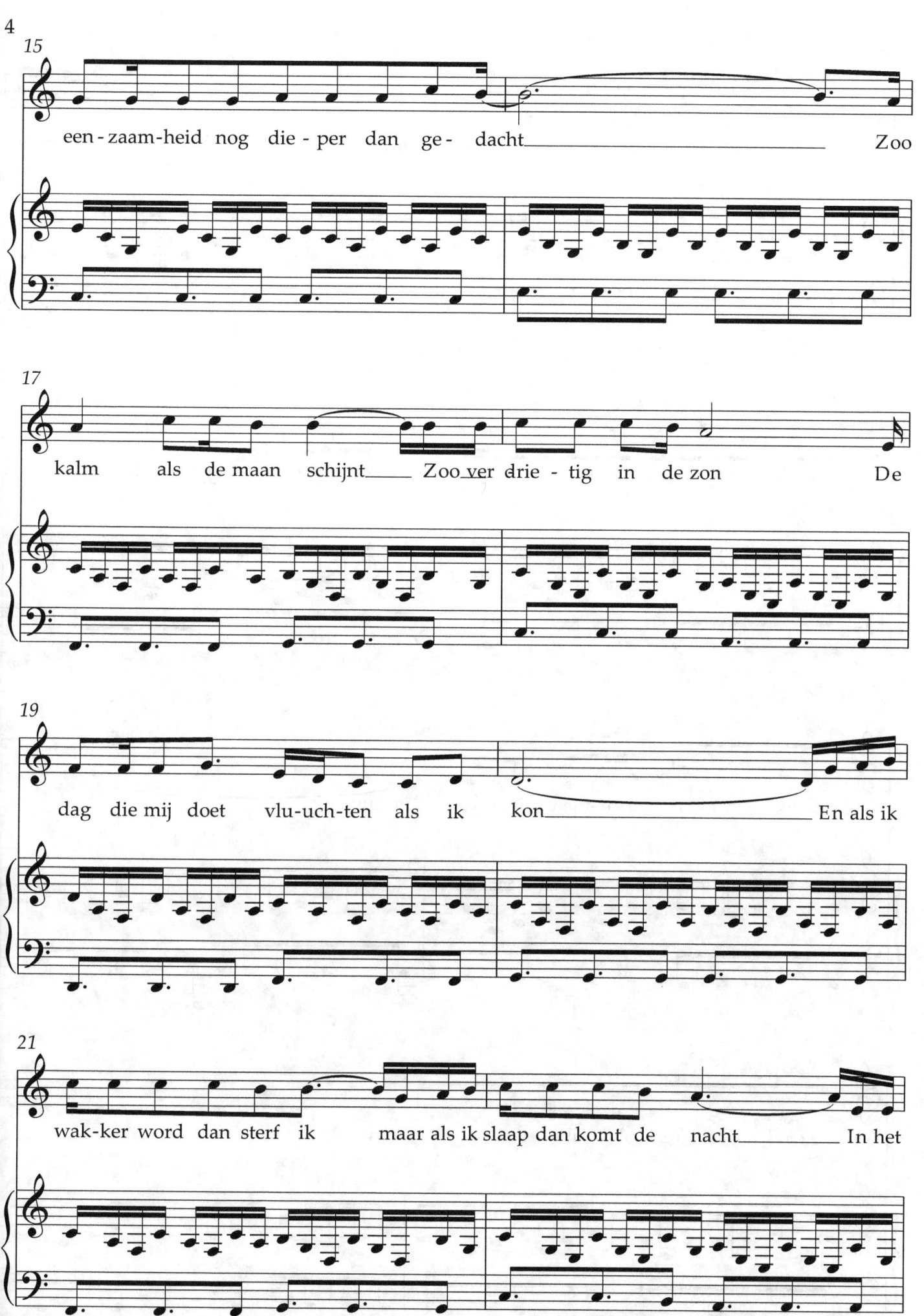

een - zaam-heid nog die - per dan ge - dacht_____ Zoo

kalm als de maan schijnt_____ Zoo ver drie - tig in de zon De

dag die mij doet vlu-uch-ten als ik kon_____ En als ik

wak-ker word dan sterf ik maar als ik slaap dan komt de nacht_____ In het duis - ter kan ik le - e - ven zon - der jou_____ En als de

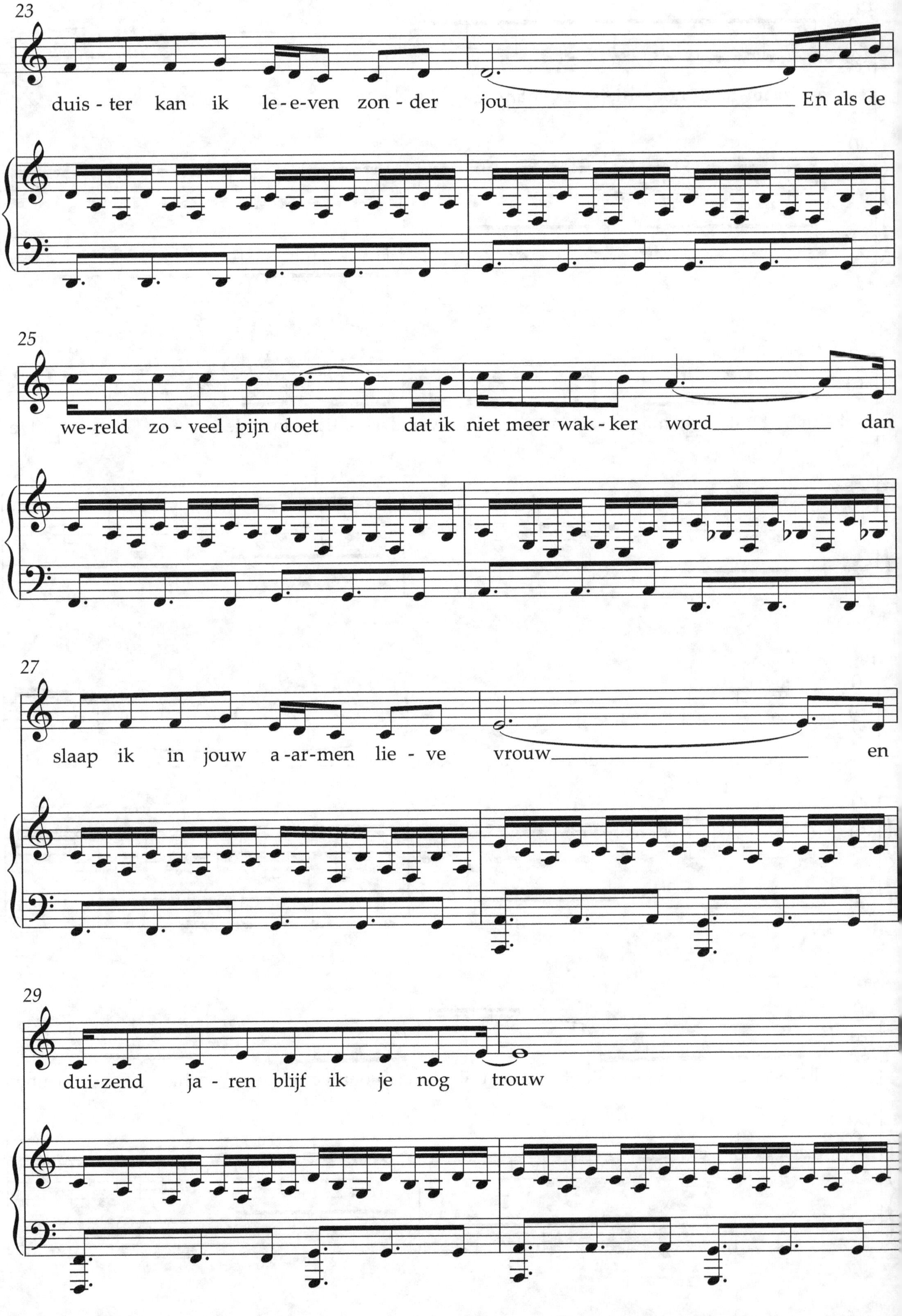

we - reld zo - veel pijn doet dat ik niet meer wak - ker word_____ dan

slaap ik in jouw a -ar-men lie - ve vrouw_____ en

dui - zend ja - ren blijf ik je nog trouw

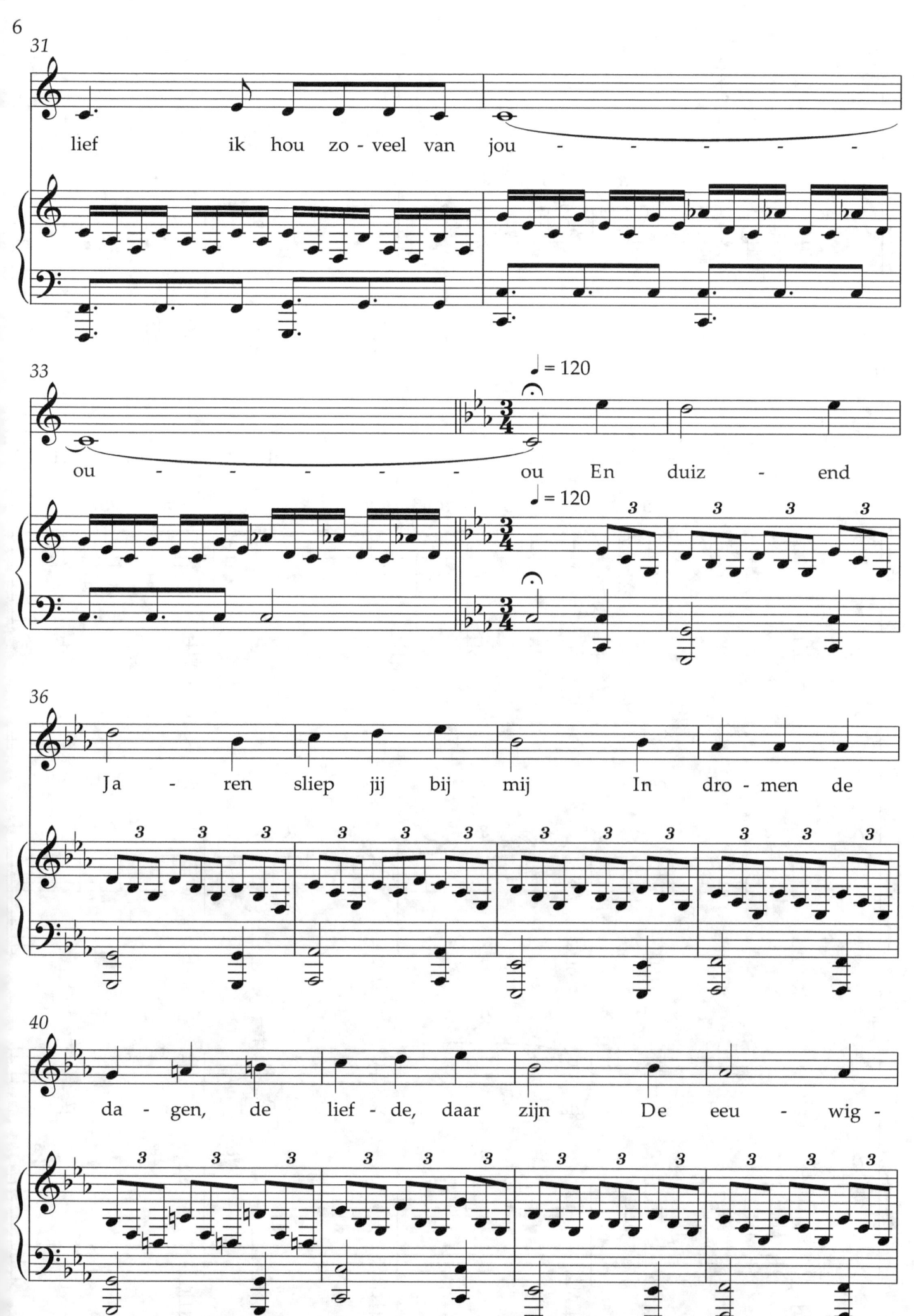

lief ik hou zo - veel van jou - - - - -

ou - - - - - ou En duiz - end

Ja - ren sliep jij bij mij In dro - men de

da - gen, de lief - de, daar zijn De eeu - wig -

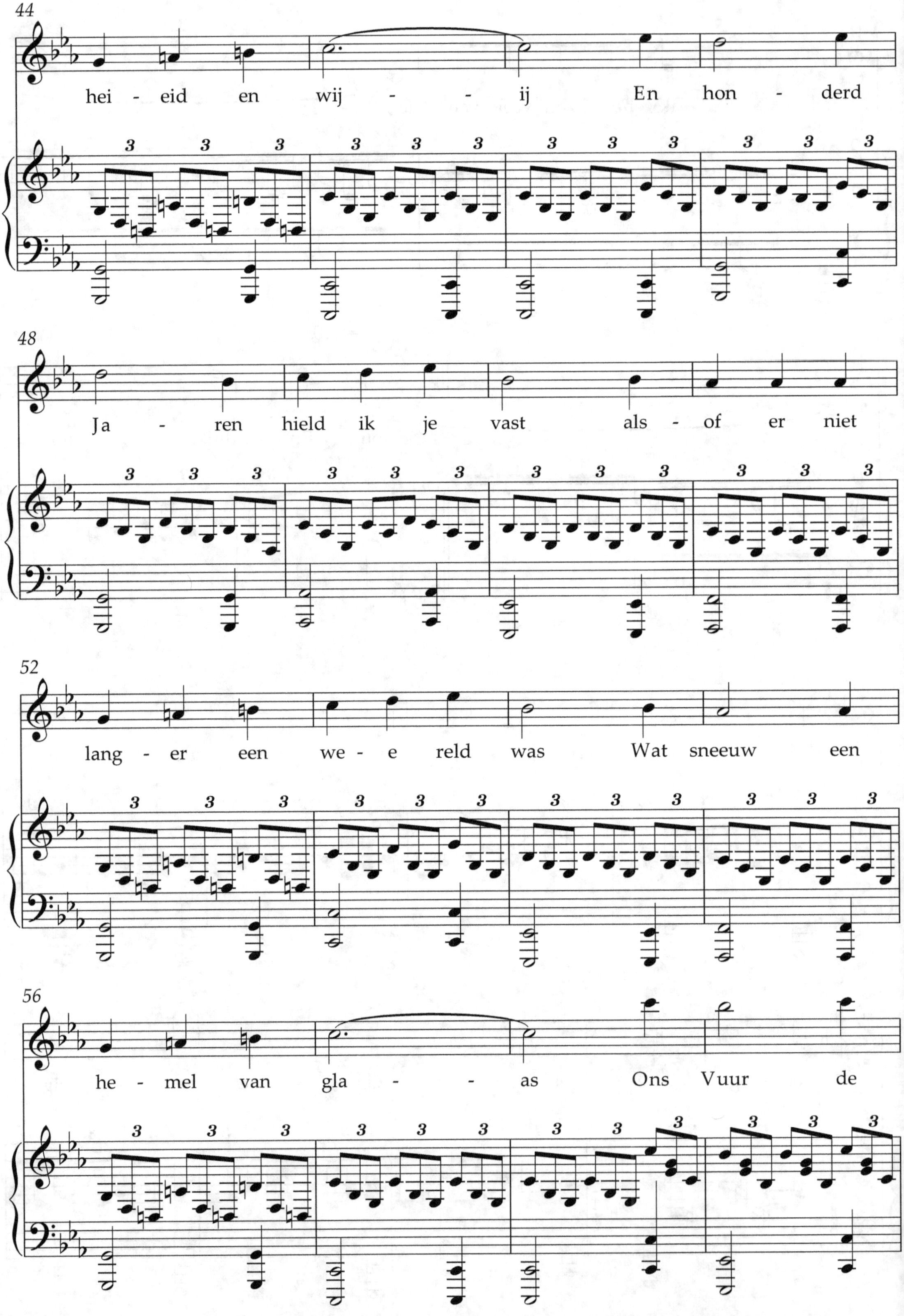

44

hei - eid en wij - - ij En hon - derd

48

Ja - ren hield ik je vast als - of er niet

52

lang - er een we - e reld was Wat sneeuw een

56

he - mel van gla - - as Ons Vuur de

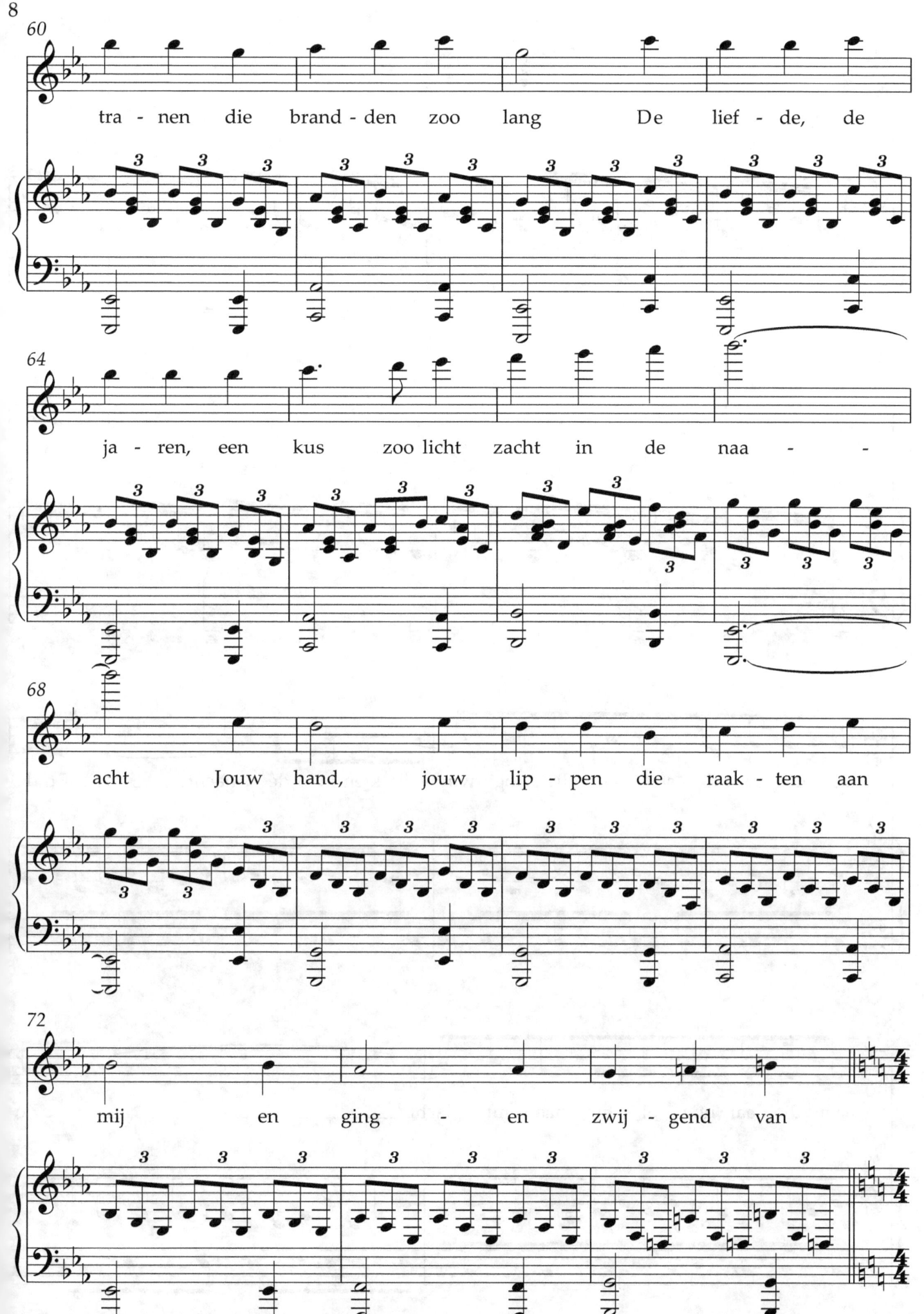

tra - nen die brand - den zoo lang De lief - de, de

ja - ren, een kus zoo licht zacht in de naa - -

acht Jouw hand, jouw lip - pen die raak - ten aan

mij en ging - en zwij - gend van

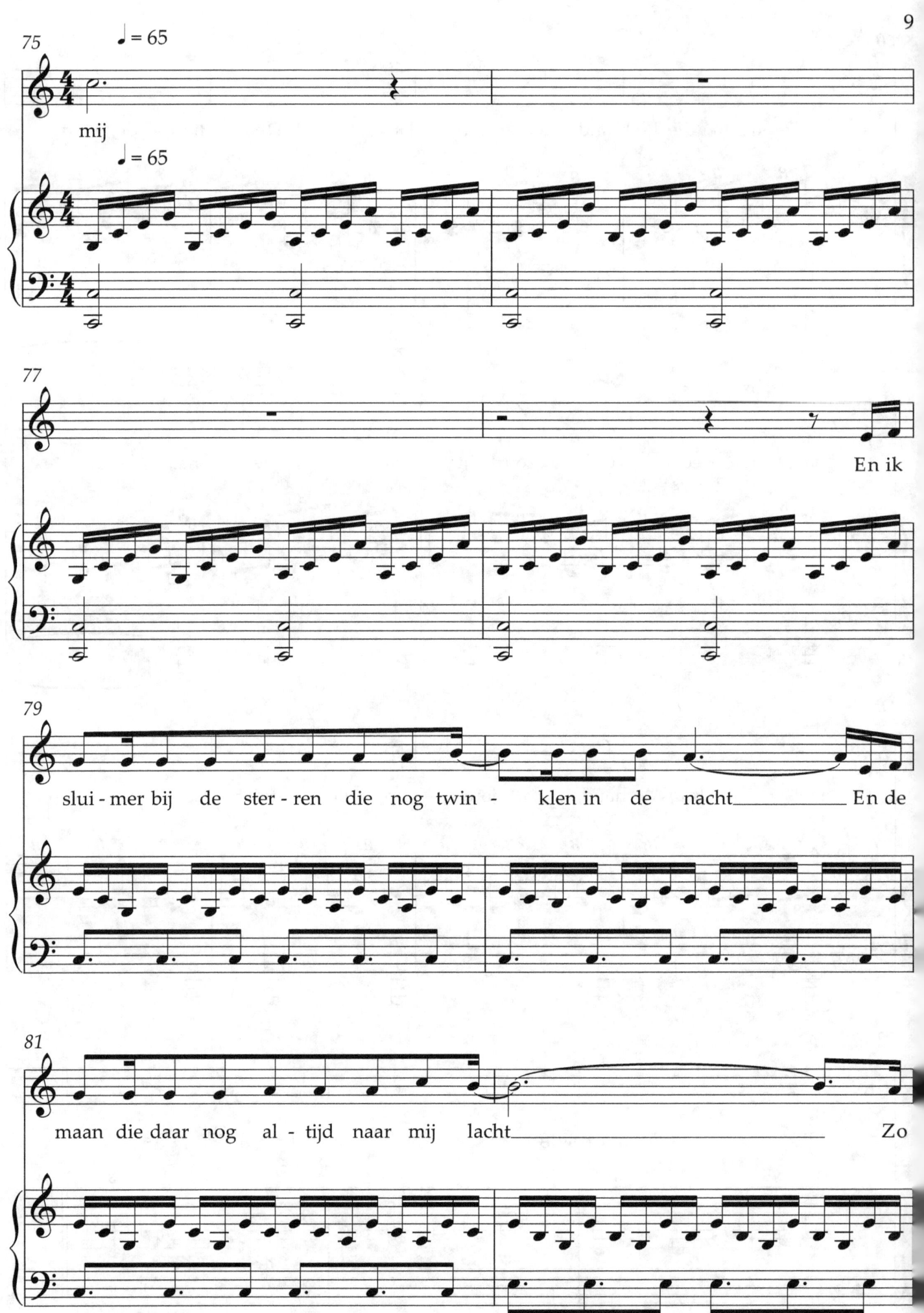

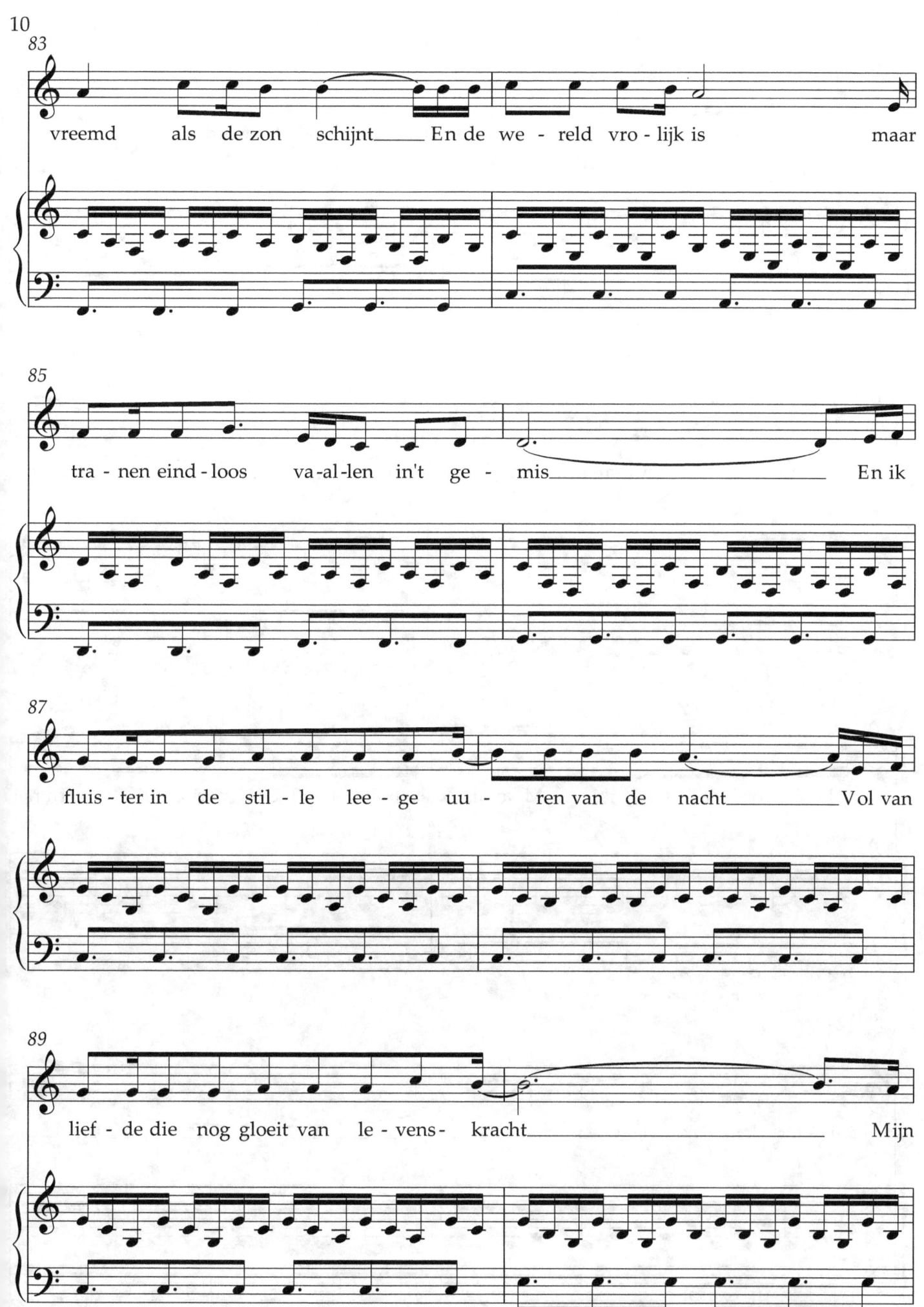

83

vreemd   als   de zon   schijnt____ En de we - reld vro - lijk is   maar

85

tra - nen eind - loos   va -al-len in't ge - mis_____ En ik

87

fluis - ter in   de   stil - le   lee - ge   uu - ren van de   nacht_____Vol van

89

lief - de die nog gloeit van le - vens- kracht_____ Mijn

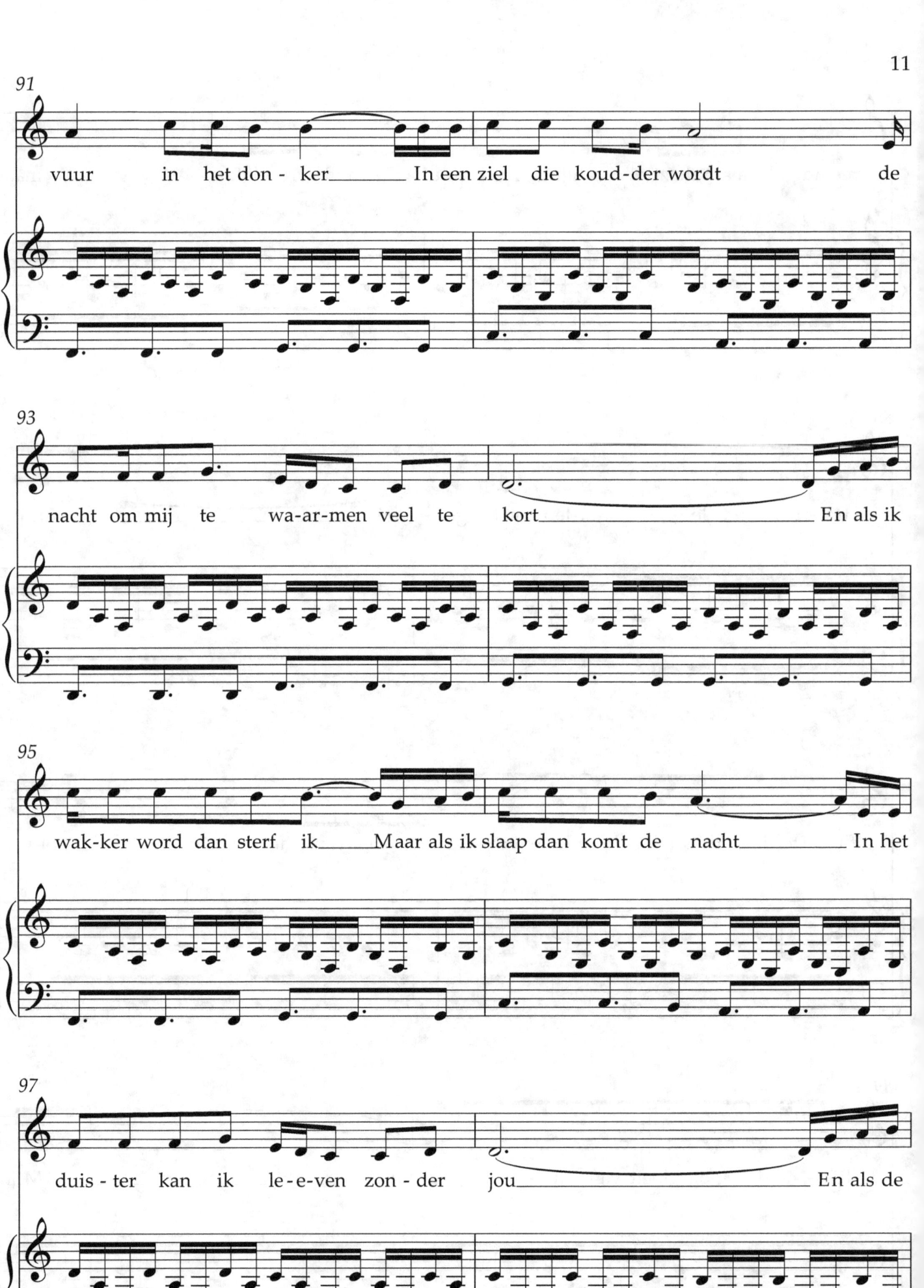

91
vuur   in   het don - ker_____ In een ziel die koud-der wordt   de

93
nacht om mij   te   wa-ar-men veel te   kort_____ En als ik

95
wak-ker word dan sterf ik_____ Maar als ik slaap dan komt de   nacht_____ In het

97
duis - ter kan ik   le - e-ven zon - der   jou_____ En als de

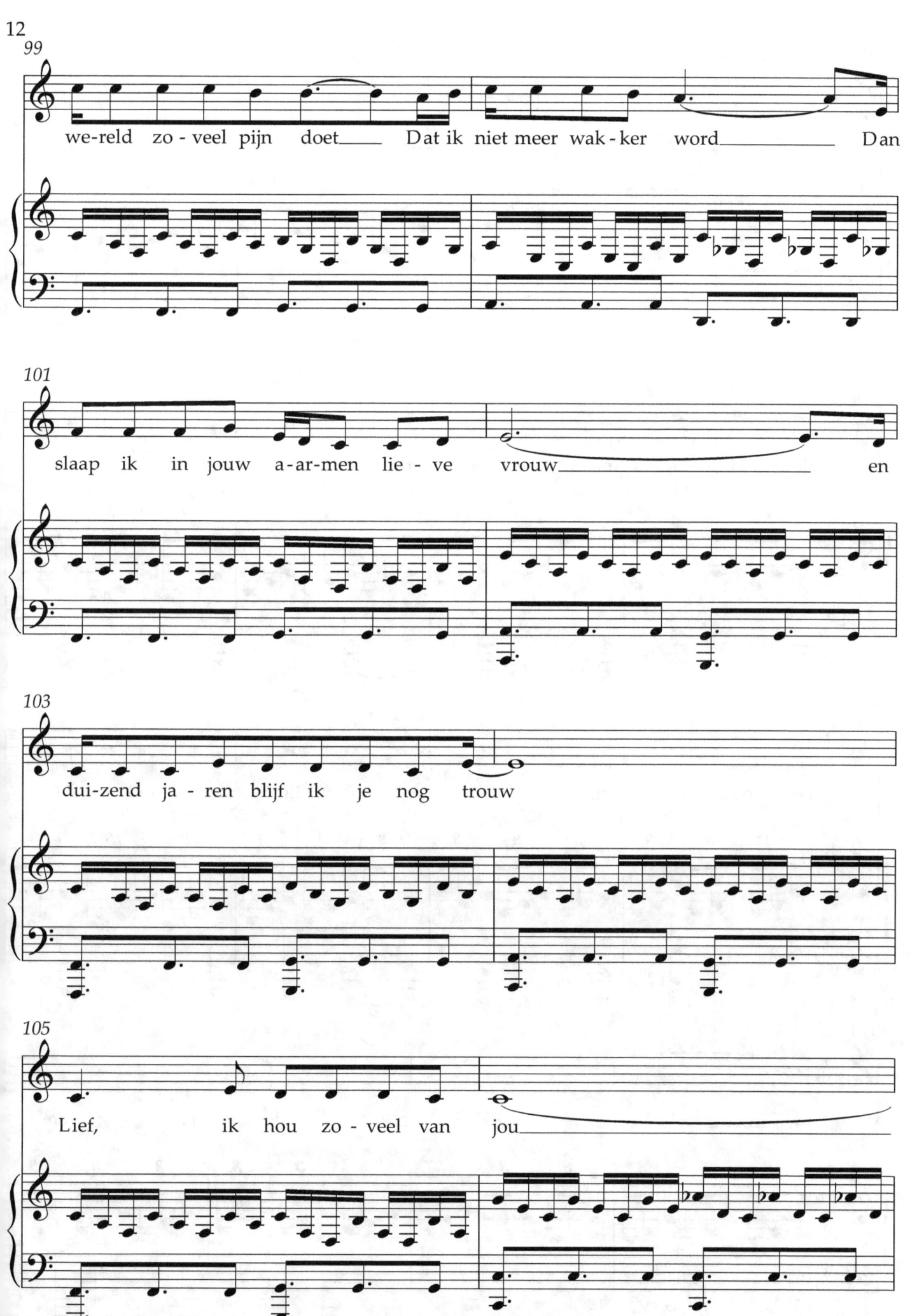

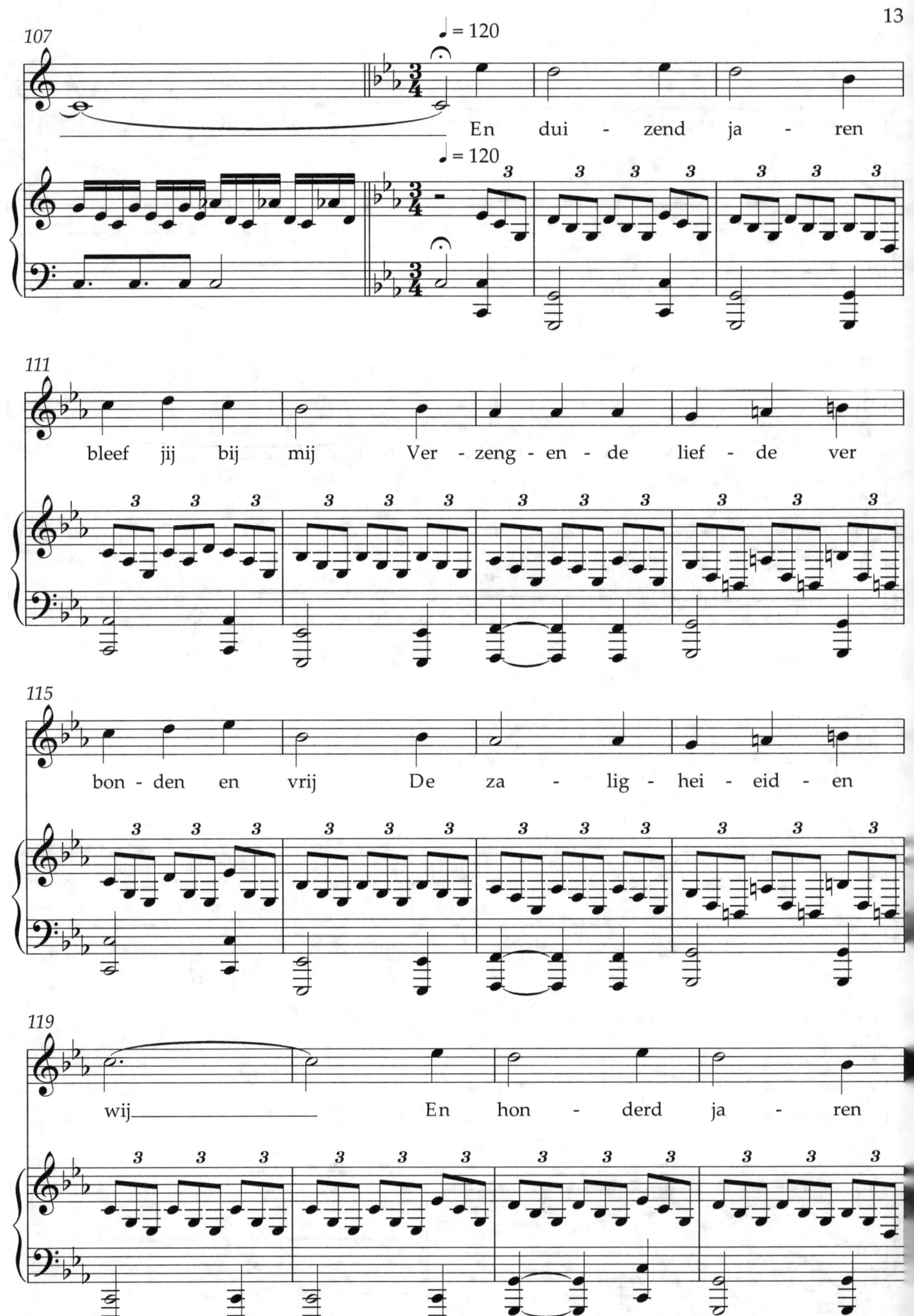

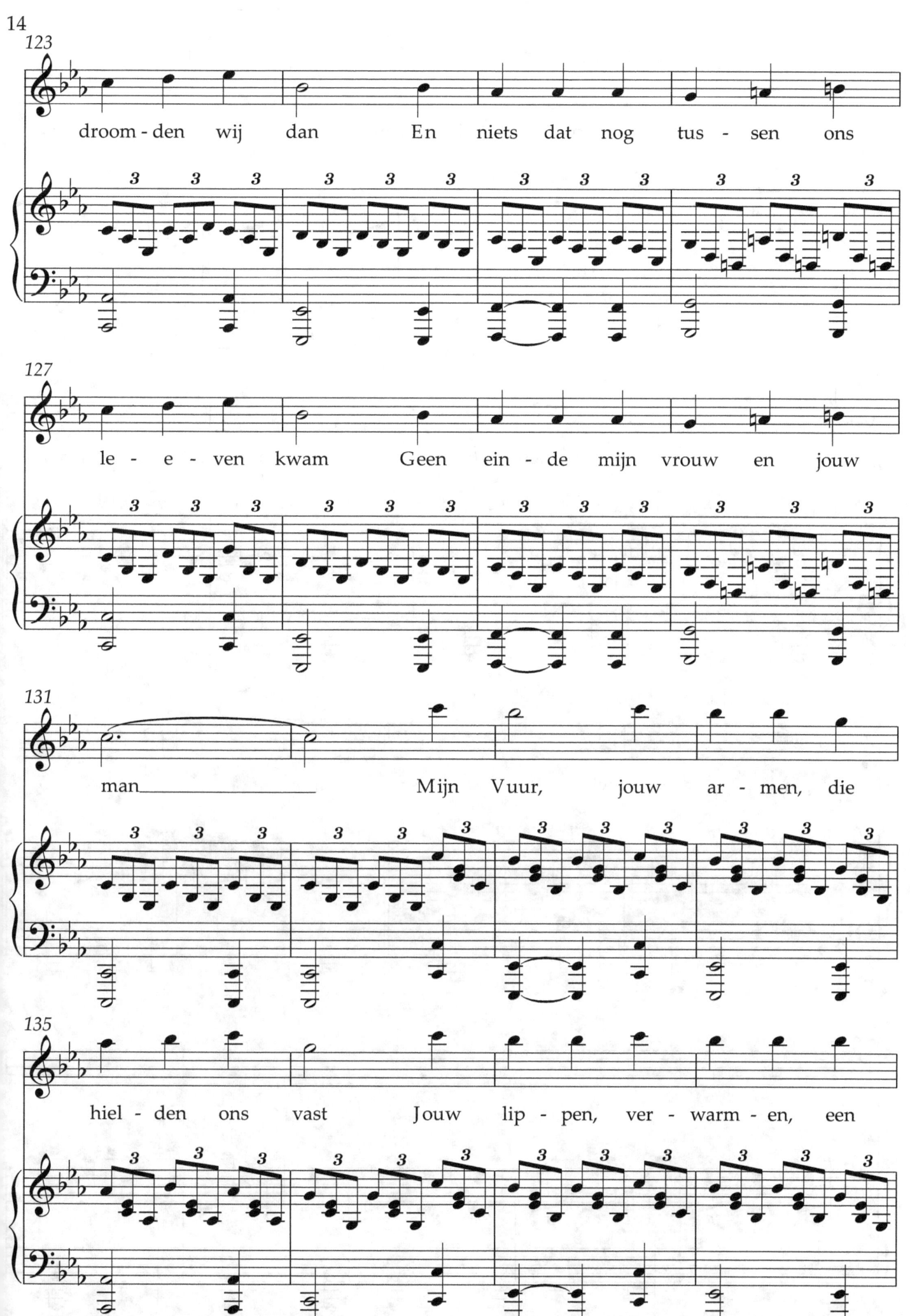

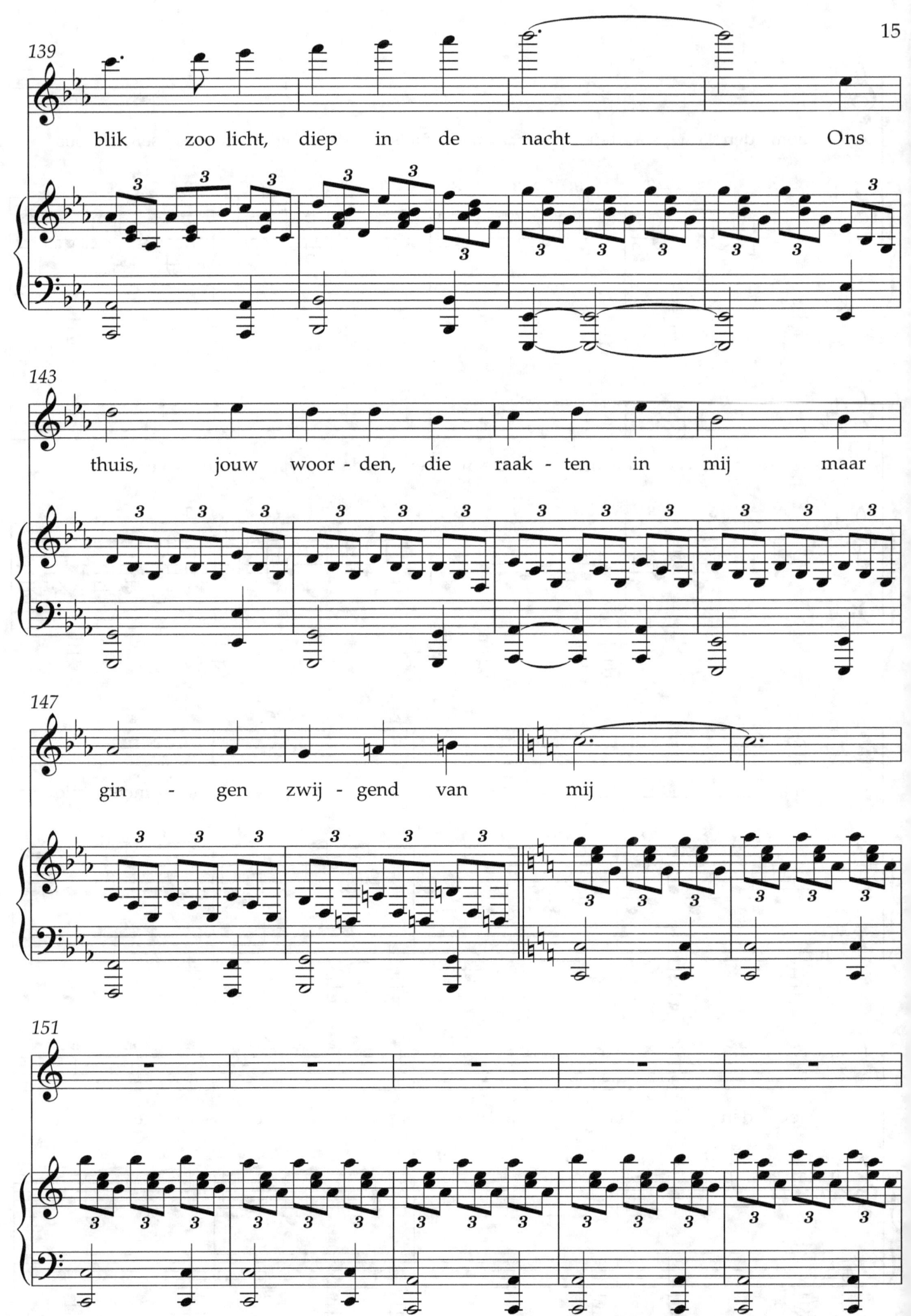

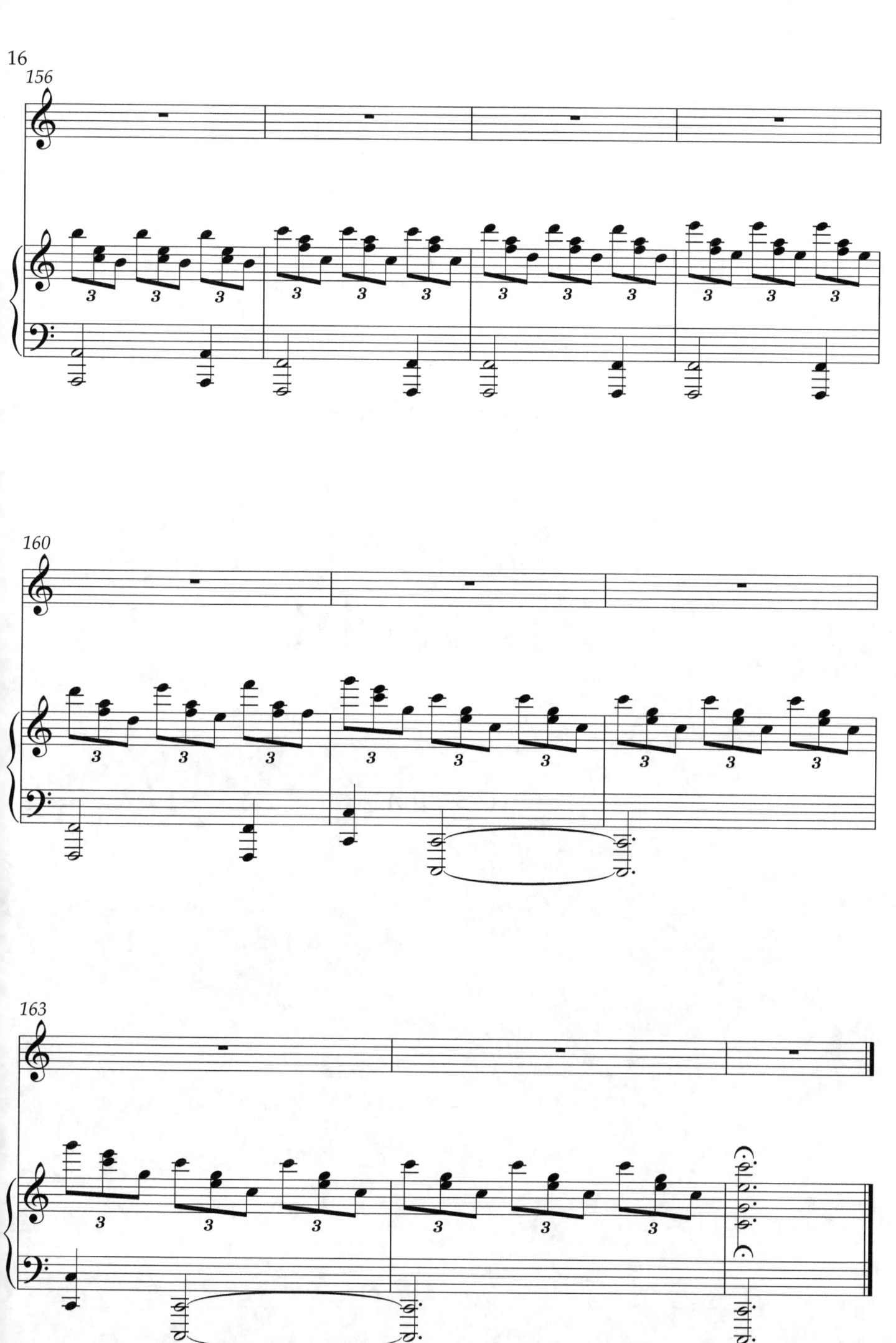

Anton Bakx

En vecht

(7-8-2016)

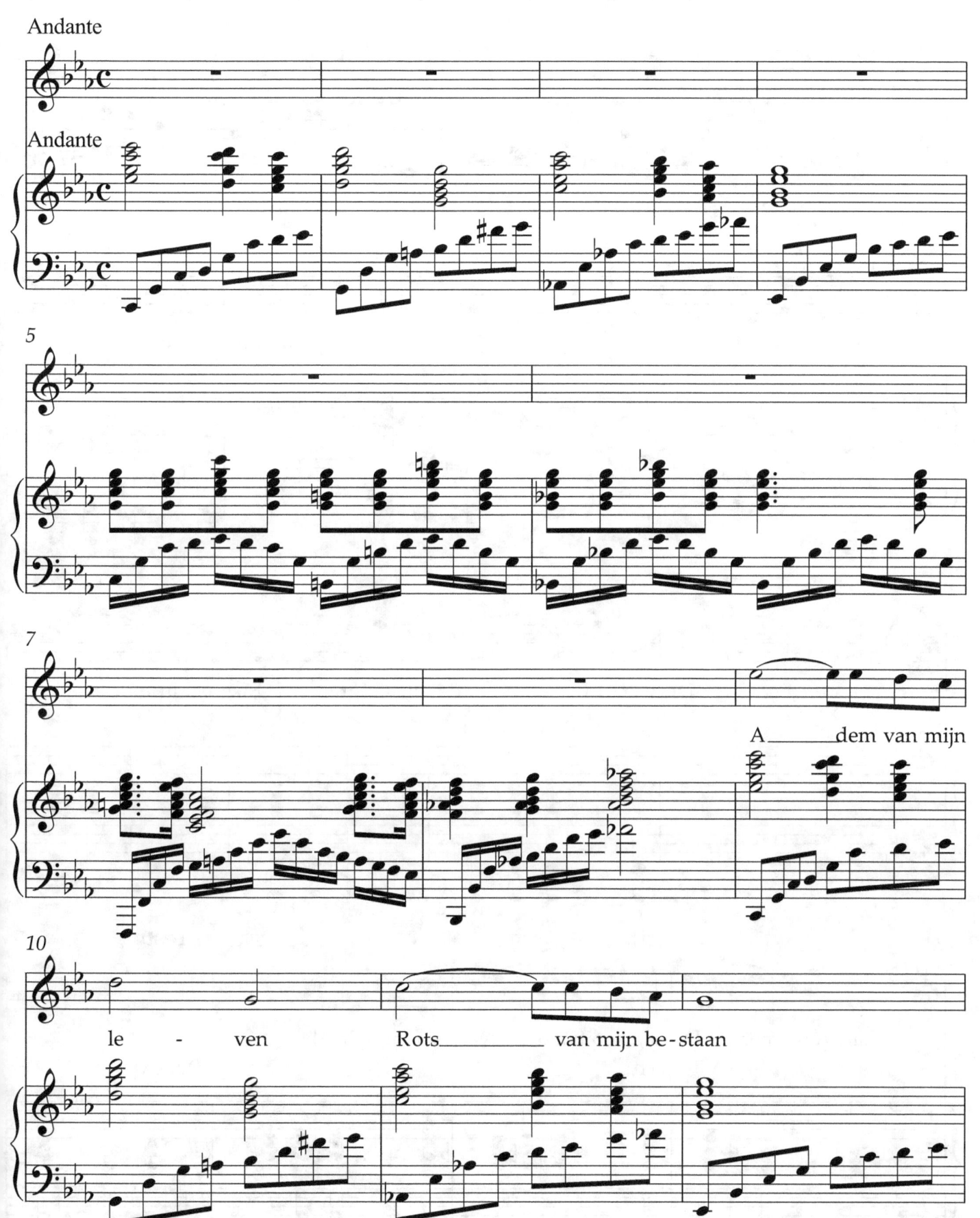

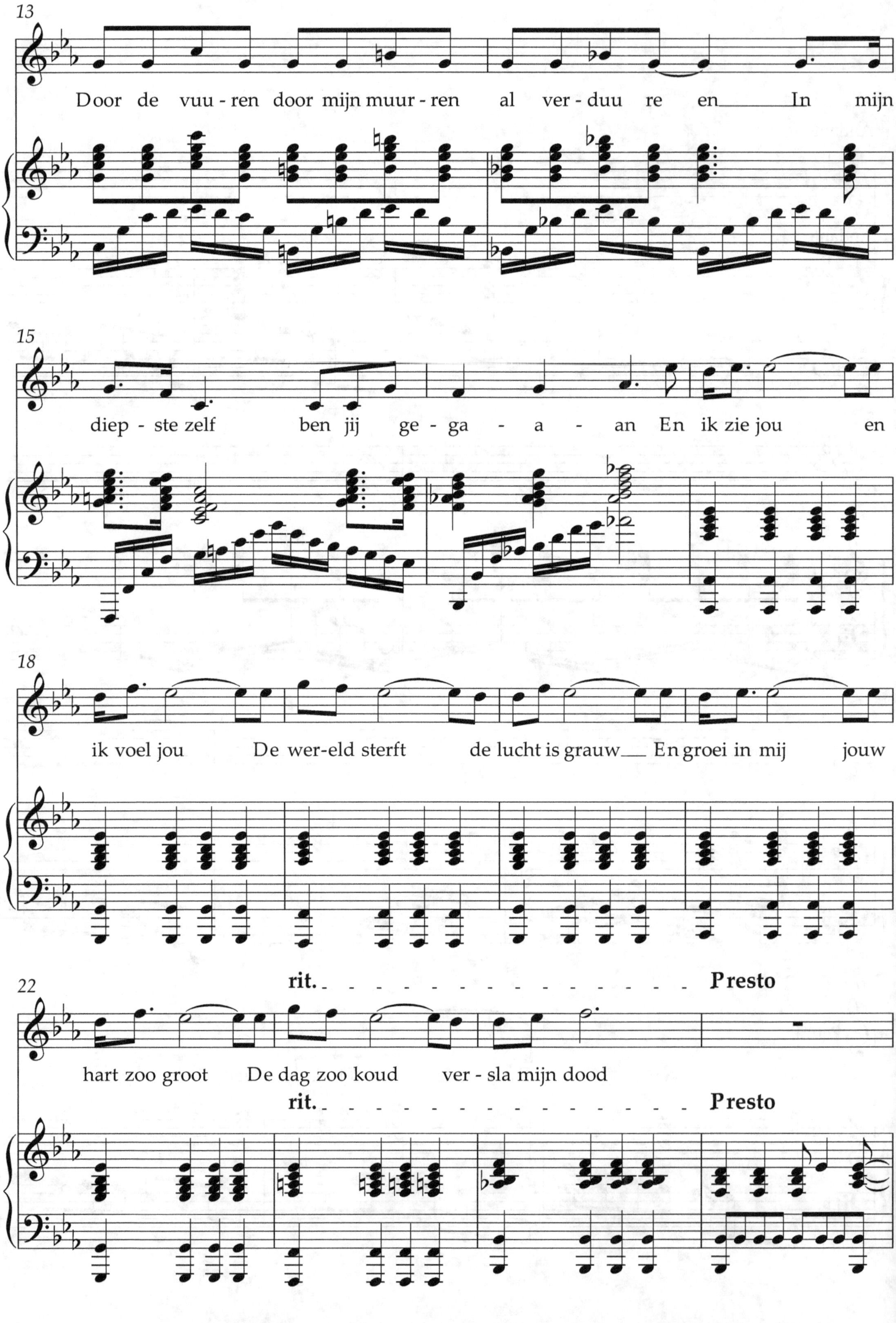

13

Door de vuu - ren door mijn muur - ren al ver - duu re en___ In mijn

15

diep - ste zelf ben jij ge - ga - a - an En ik zie jou en

18

ik voel jou De wer-eld sterft de lucht is grauw___ En groei in mij jouw

22   rit. _ _ _ _ _ _ _ _ _ _ _ _ _ _ _ **Presto**

hart zoo groot De dag zoo koud ver - sla mijn dood

rit. _ _ _ _ _ _ _ _ _ _ _ _ _ _ _ **Presto**

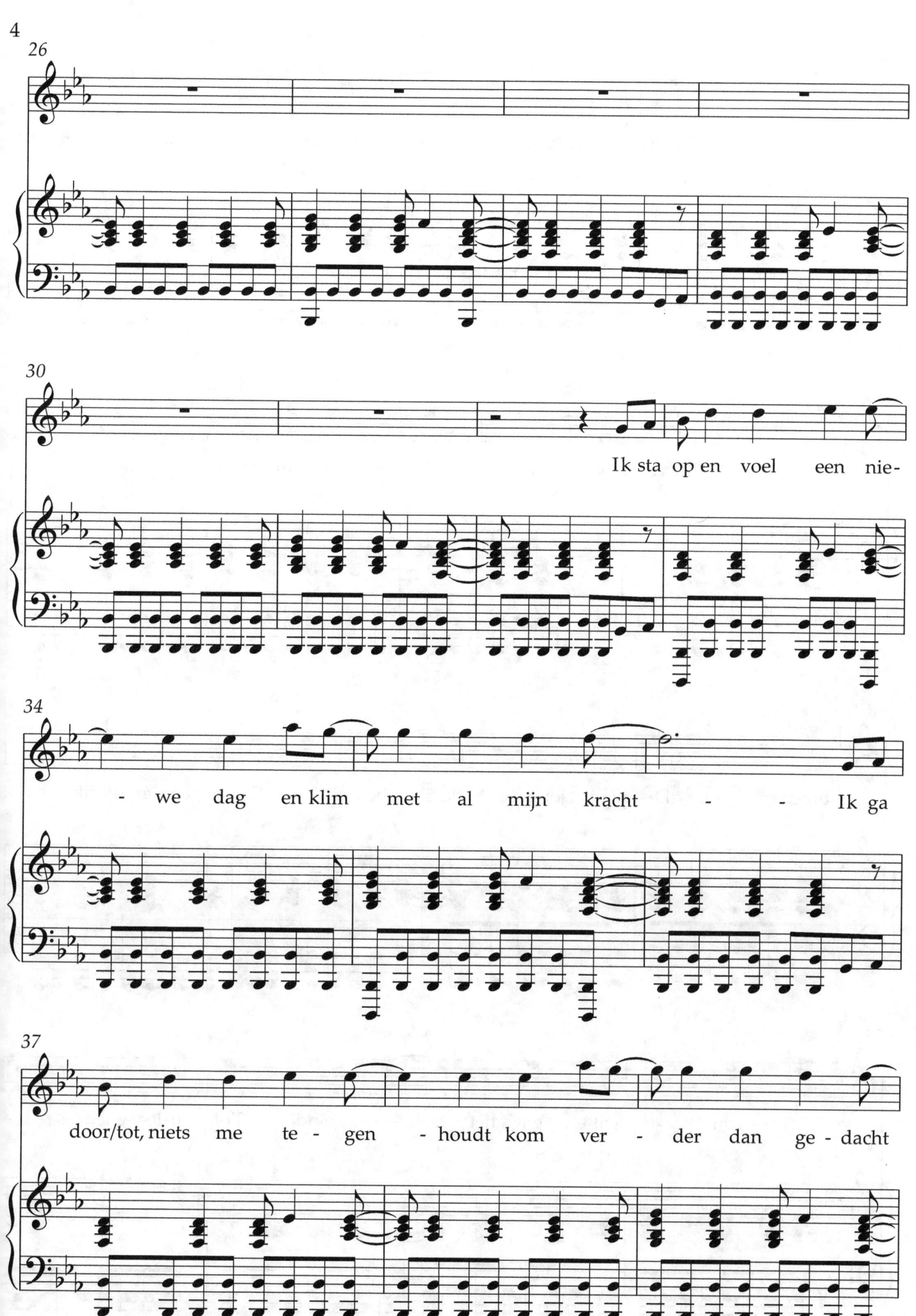

Ik sta op en voel een nie- - we dag en klim met al mijn kracht - - Ik ga door/tot, niets me te - gen - houdt kom ver - der dan ge - dacht

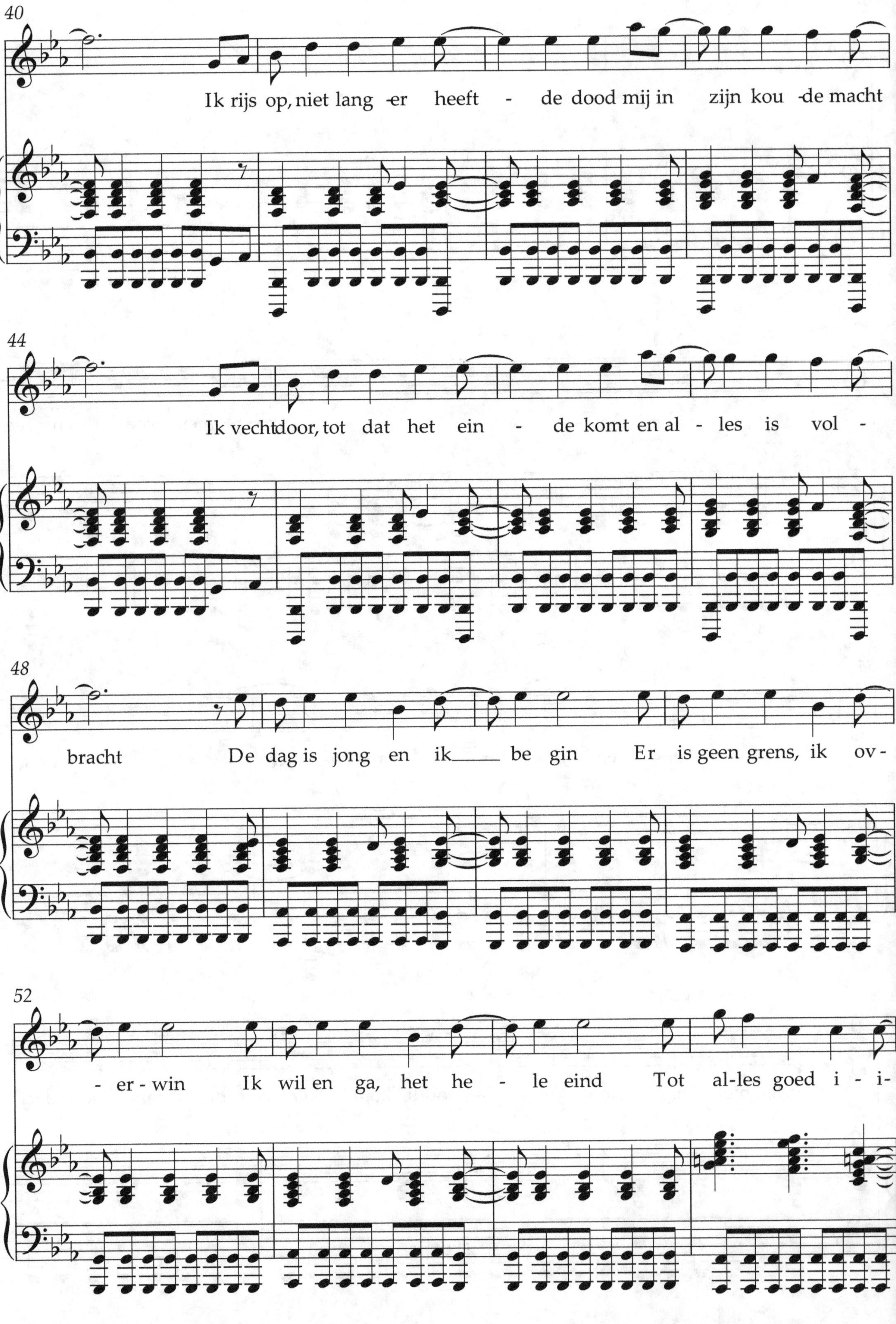

40

Ik rijs op, niet lang -er heeft - de dood mij in zijn kou -de macht

44

Ik vecht door, tot dat het ein - de komt en al - les is vol -

48

bracht De dag is jong en ik___ be gin Er is geen grens, ik ov-

52

- er - win Ik wil en ga, het he - le eind Tot al-les goed i - i-

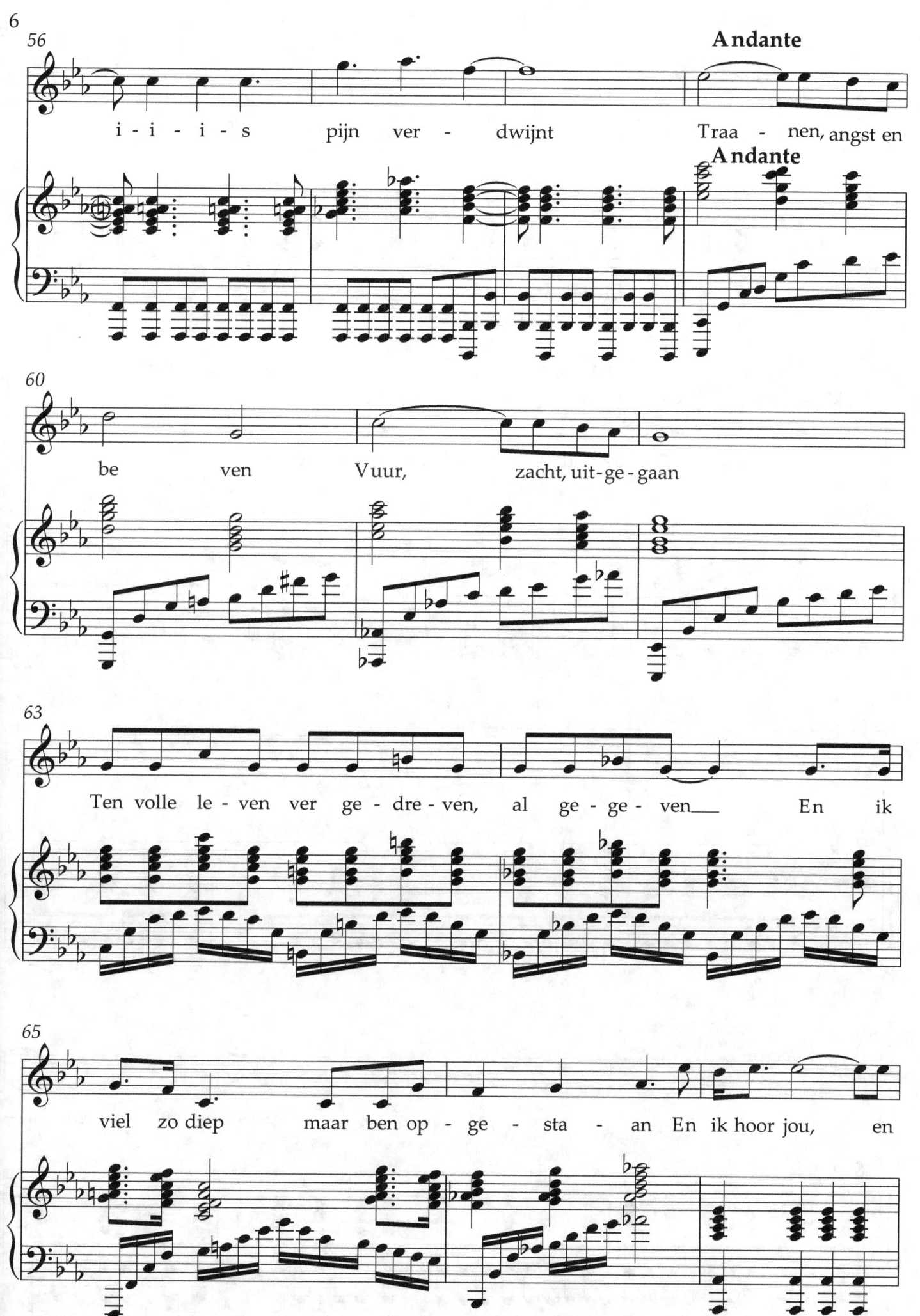

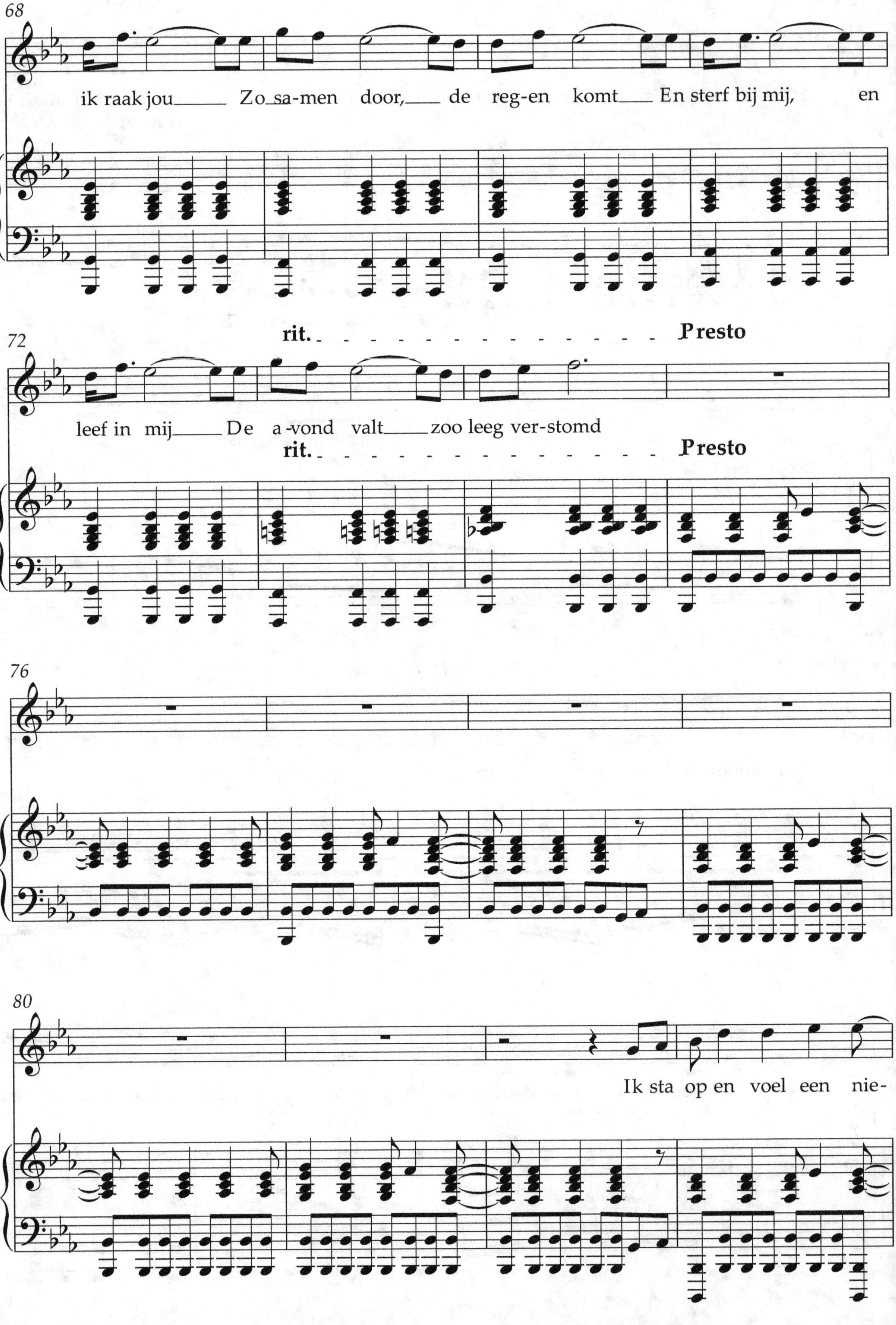

ik raak jou___ Zo sa-men door,___ de reg-en komt___ En sterf bij mij, en

leef in mij___ De a-vond valt___ zoo leeg ver-stomd

rit. _ _ _ _ _ _ _ _ _ _ _ _ _ Presto

Ik sta op en voel een nie-

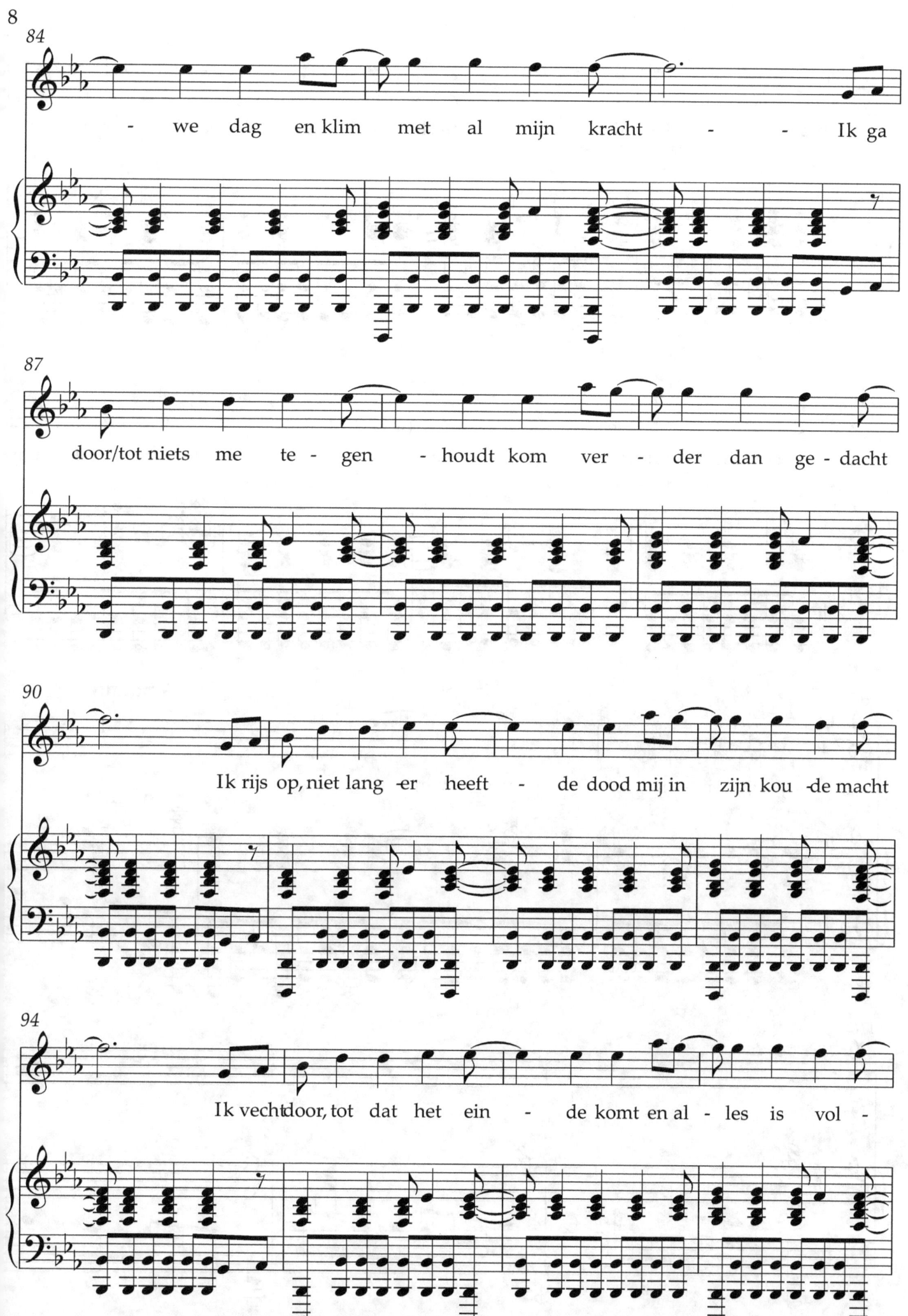

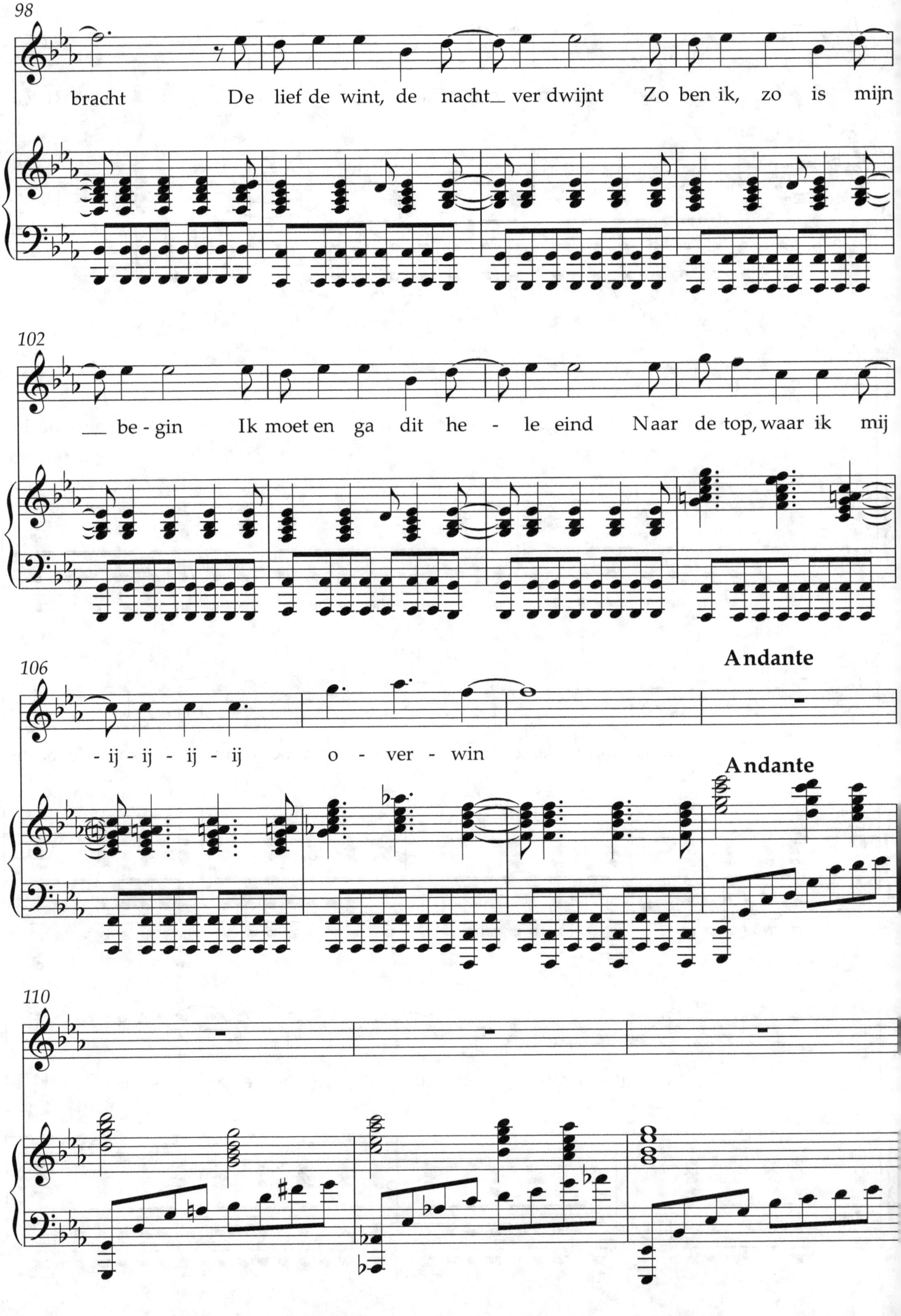

98

bracht   De lief de wint, de nacht__ ver dwijnt   Zo ben ik, zo is mijn

102

__ be - gin   Ik moet en ga dit he - le eind   Naar de top, waar ik mij

106

-ij - ij - ij - ij   o - ver - win

Andante

Andante

110

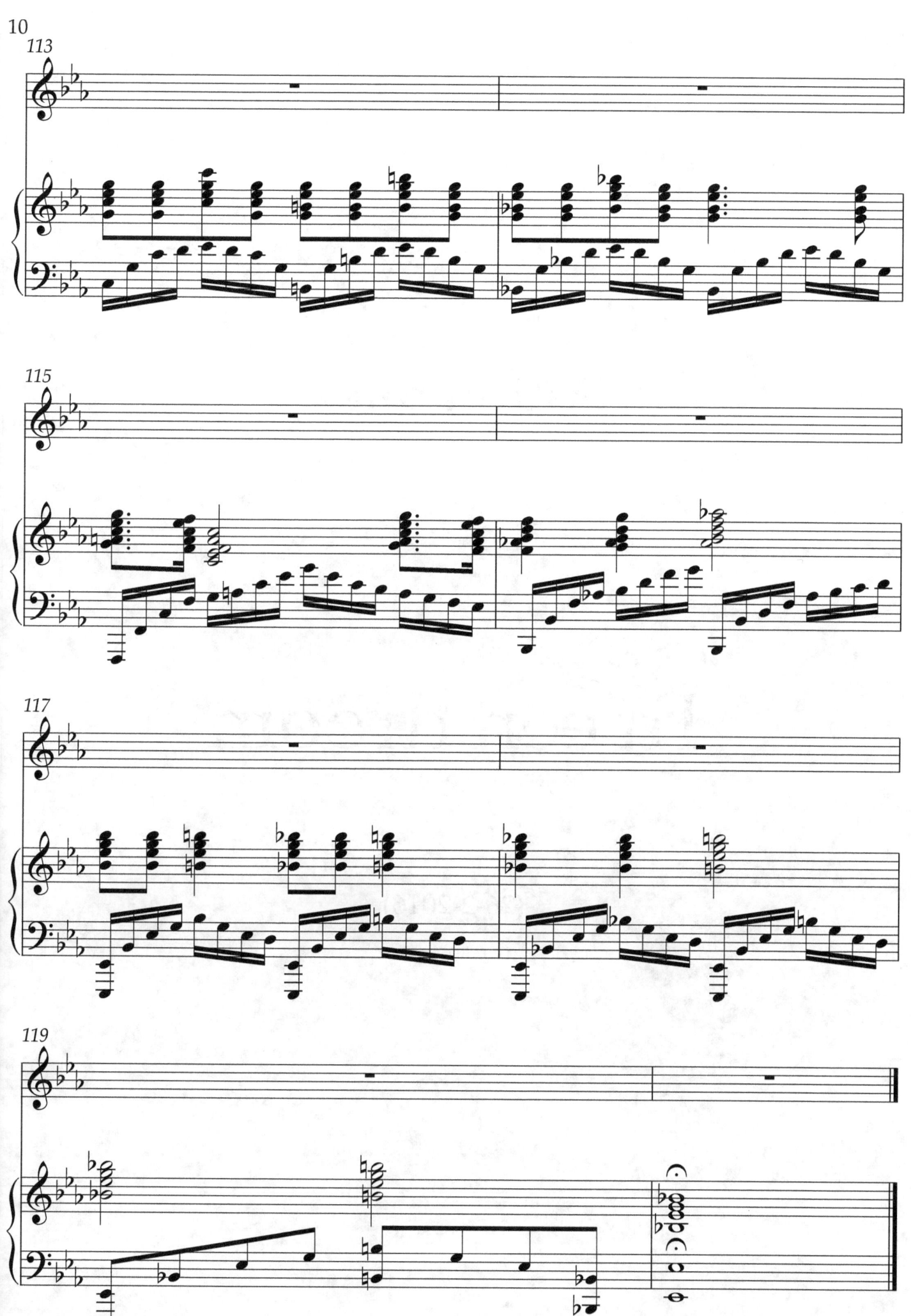

Anton Bakx

In een droom

(26-2-2016)

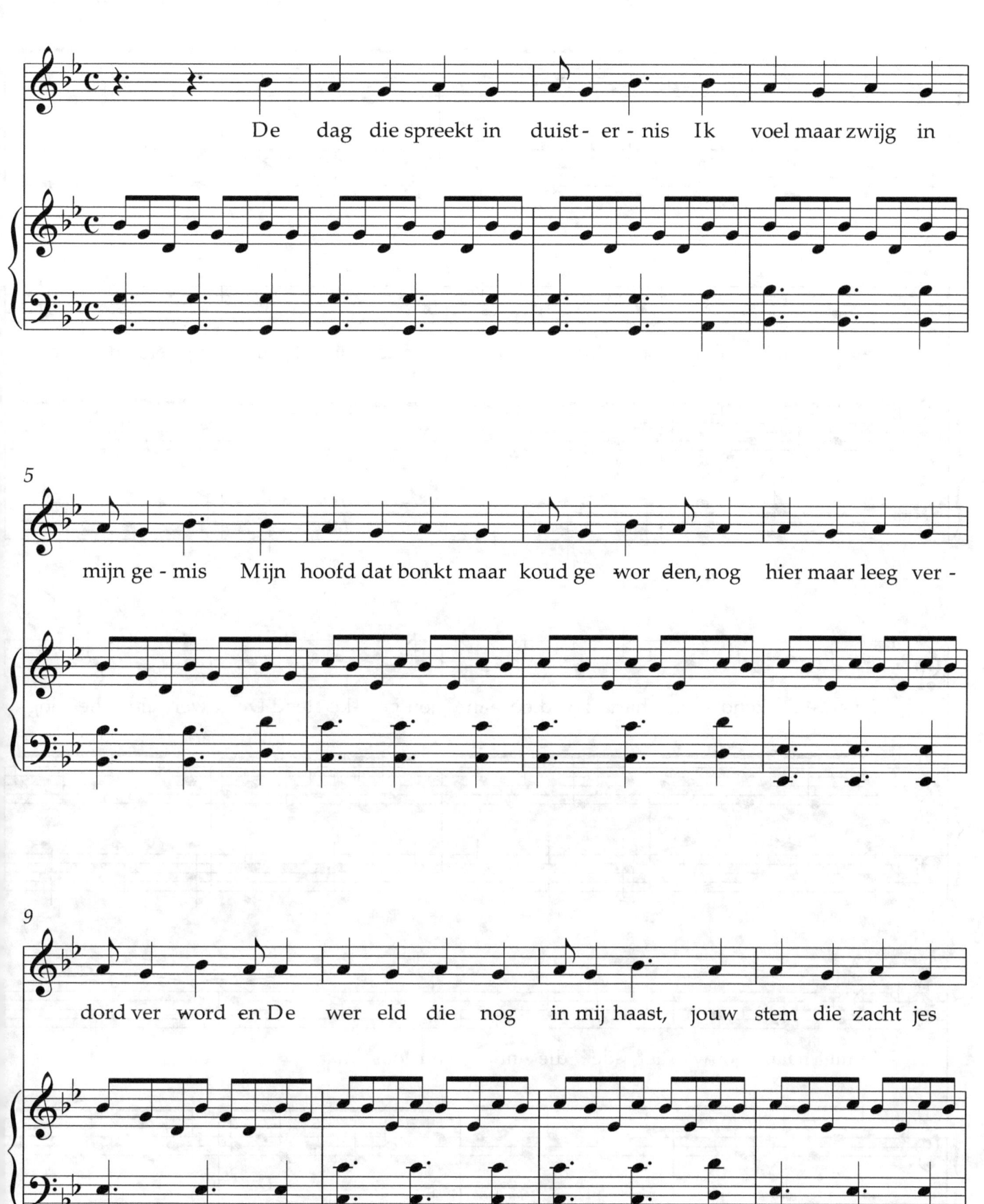

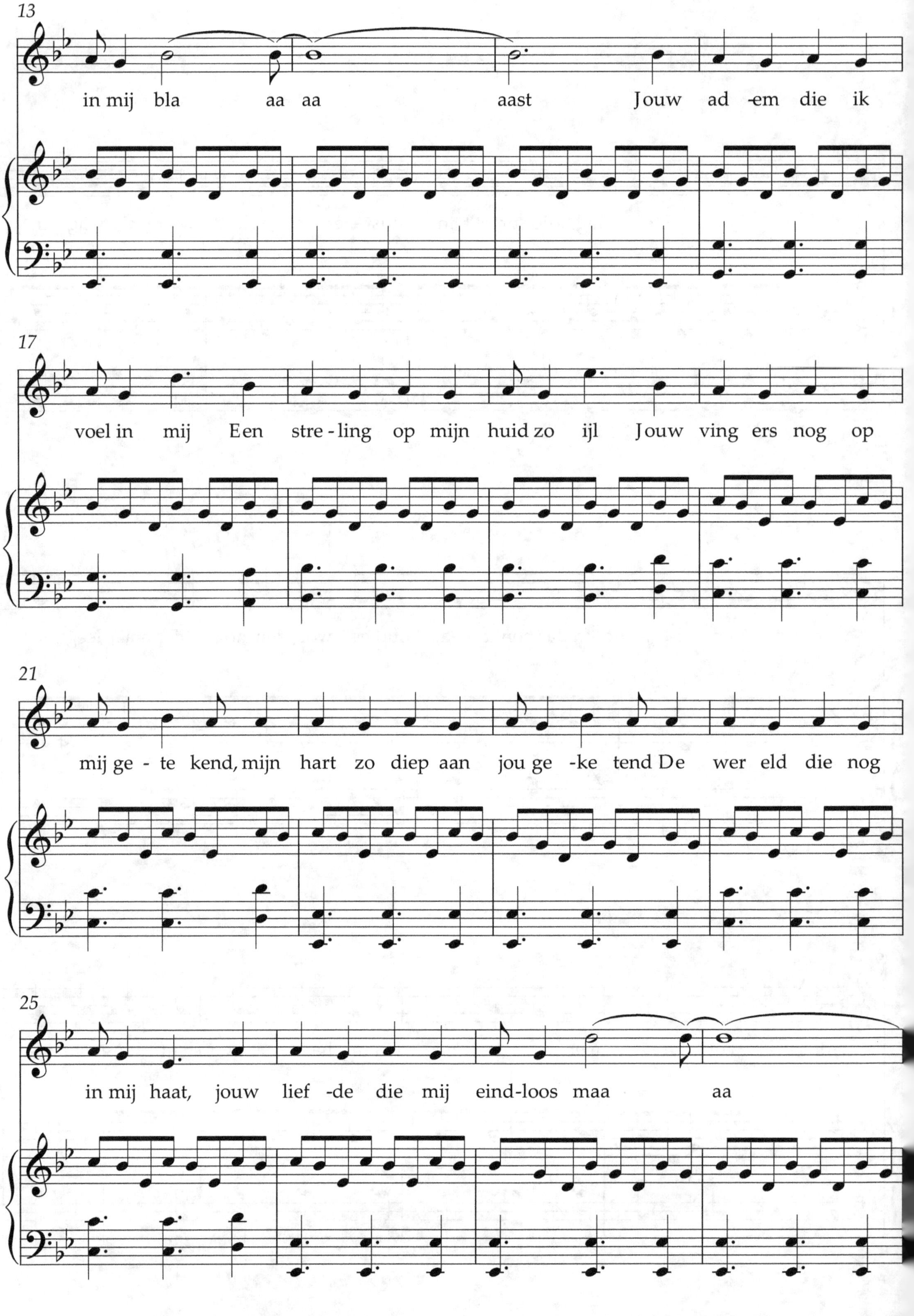

13
in mij bla aa aa aast Jouw ad -em die ik

17
voel in mij Een stre -ling op mijn huid zo ijl Jouw ving ers nog op

21
mij ge - te kend, mijn hart zo diep aan jou ge -ke tend De wer eld die nog

25
in mij haat, jouw lief -de die mij eind-loos maa aa

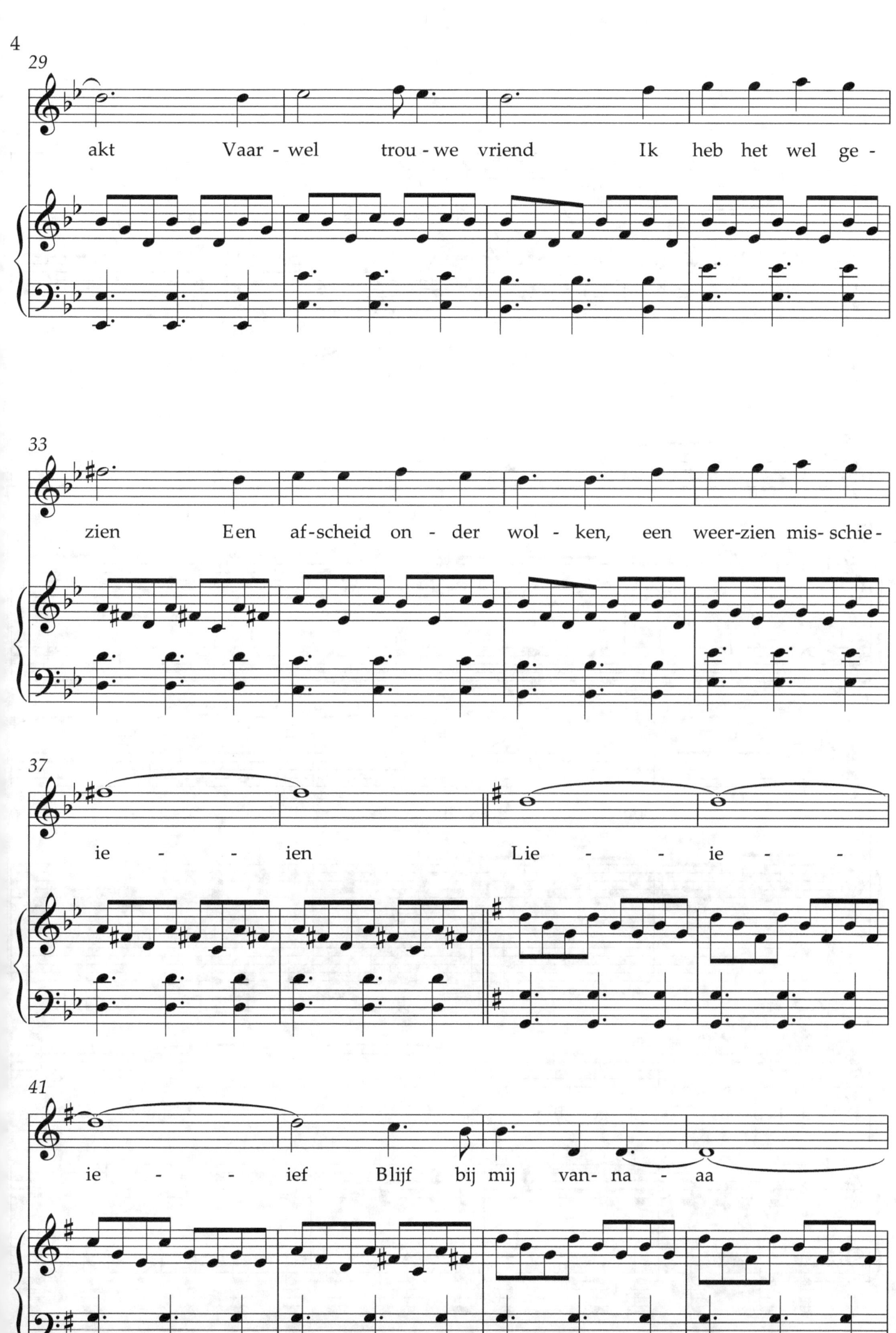

5
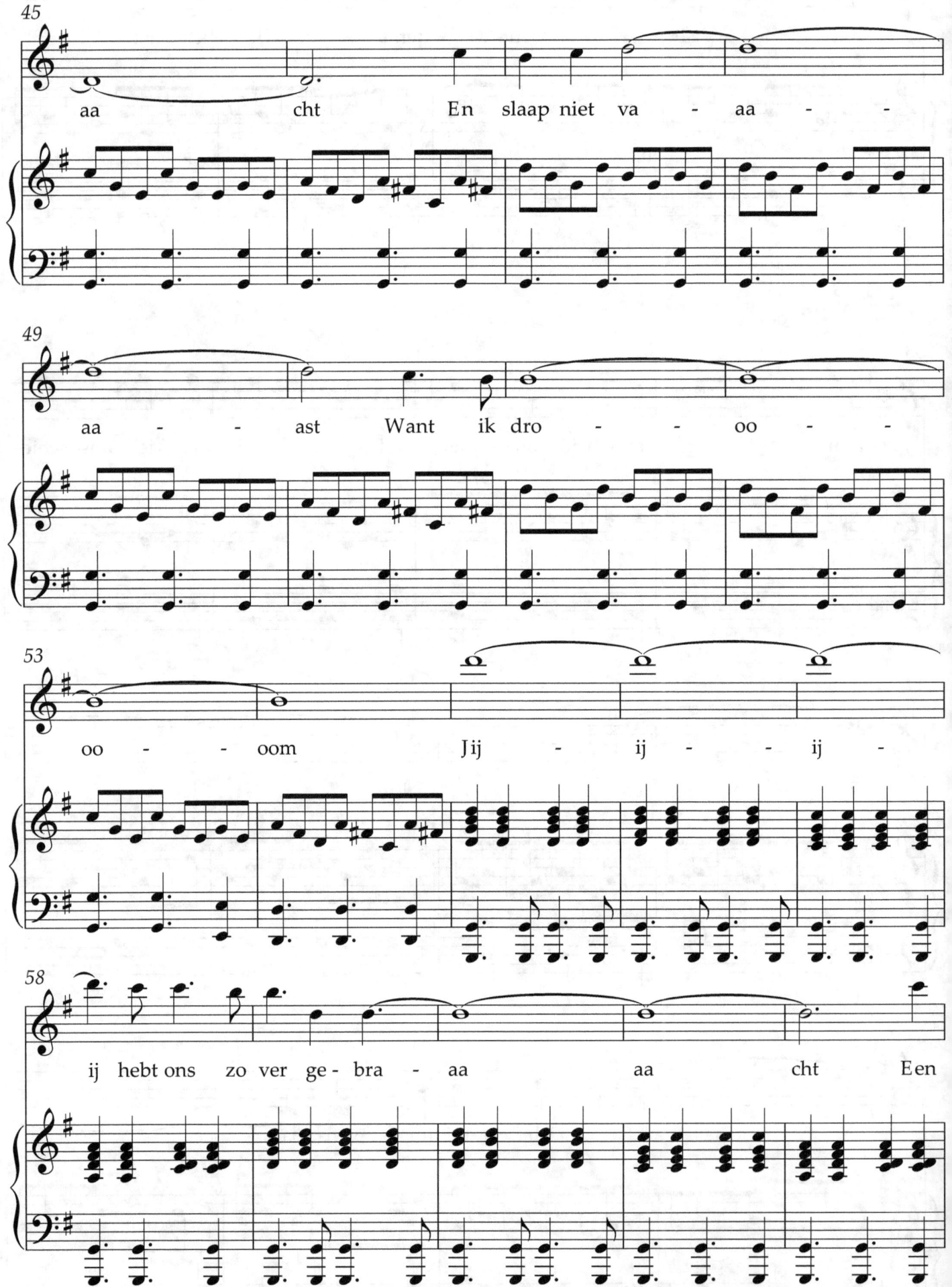

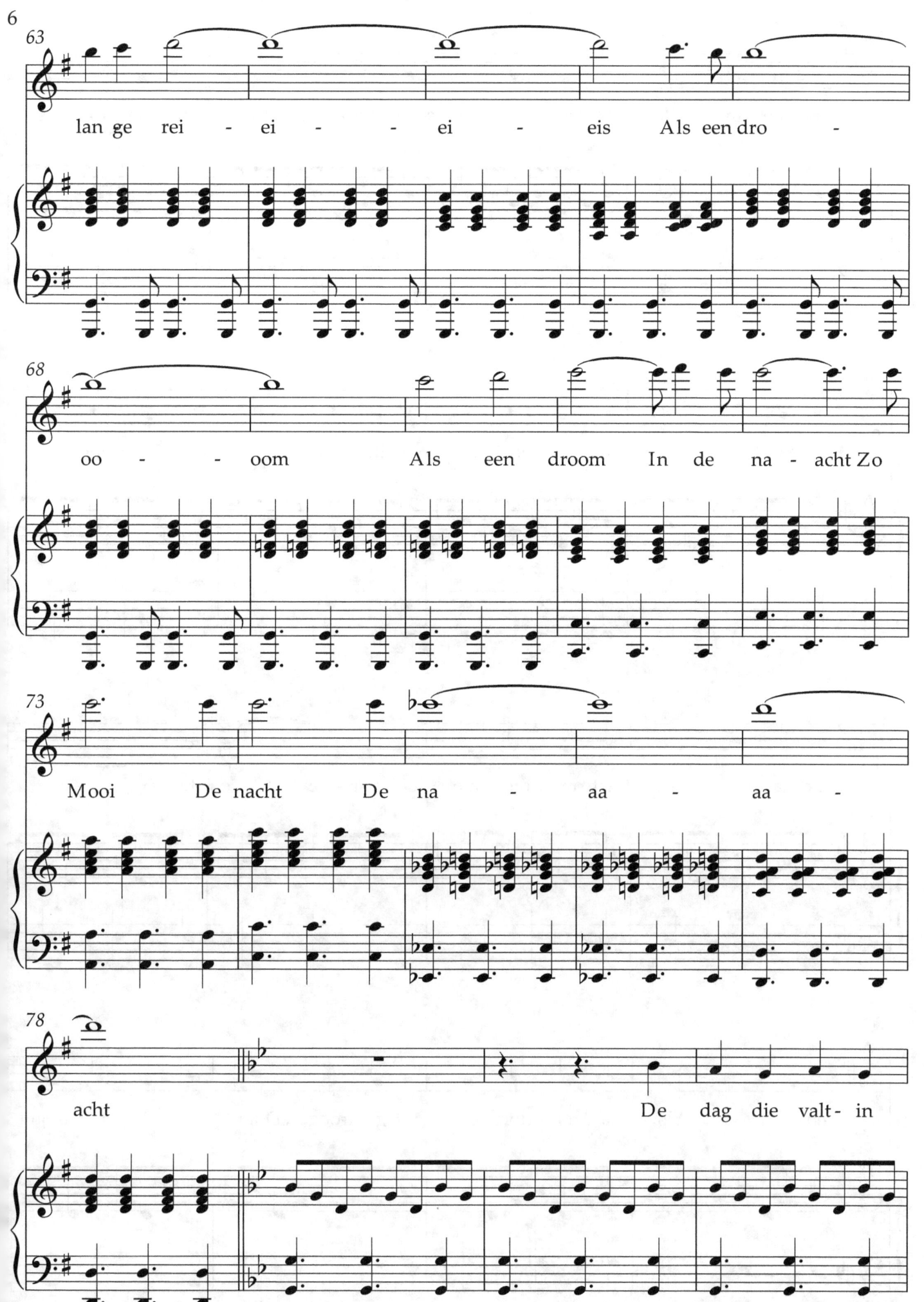

6

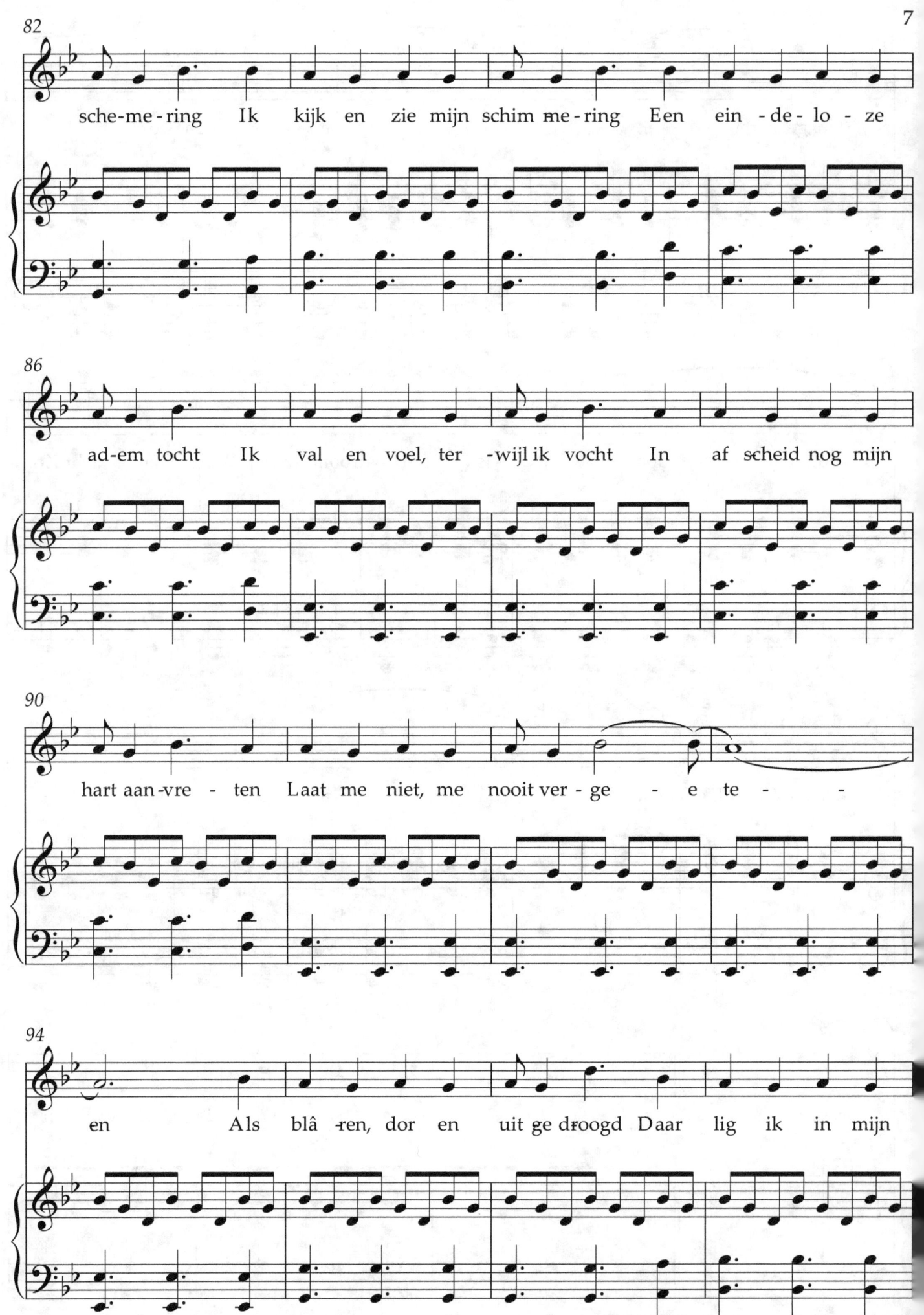

82
sche-me-ring Ik kijk en zie mijn schim me-ring Een ein-de-lo-ze

86
ad-em tocht Ik val en voel, ter -wijl ik vocht In af scheid nog mijn

90
hart aan-vre - ten Laat me niet, me nooit ver-ge - e te - -

94
en Als blâ-ren, dor en uit ge droogd Daar lig ik in mijn

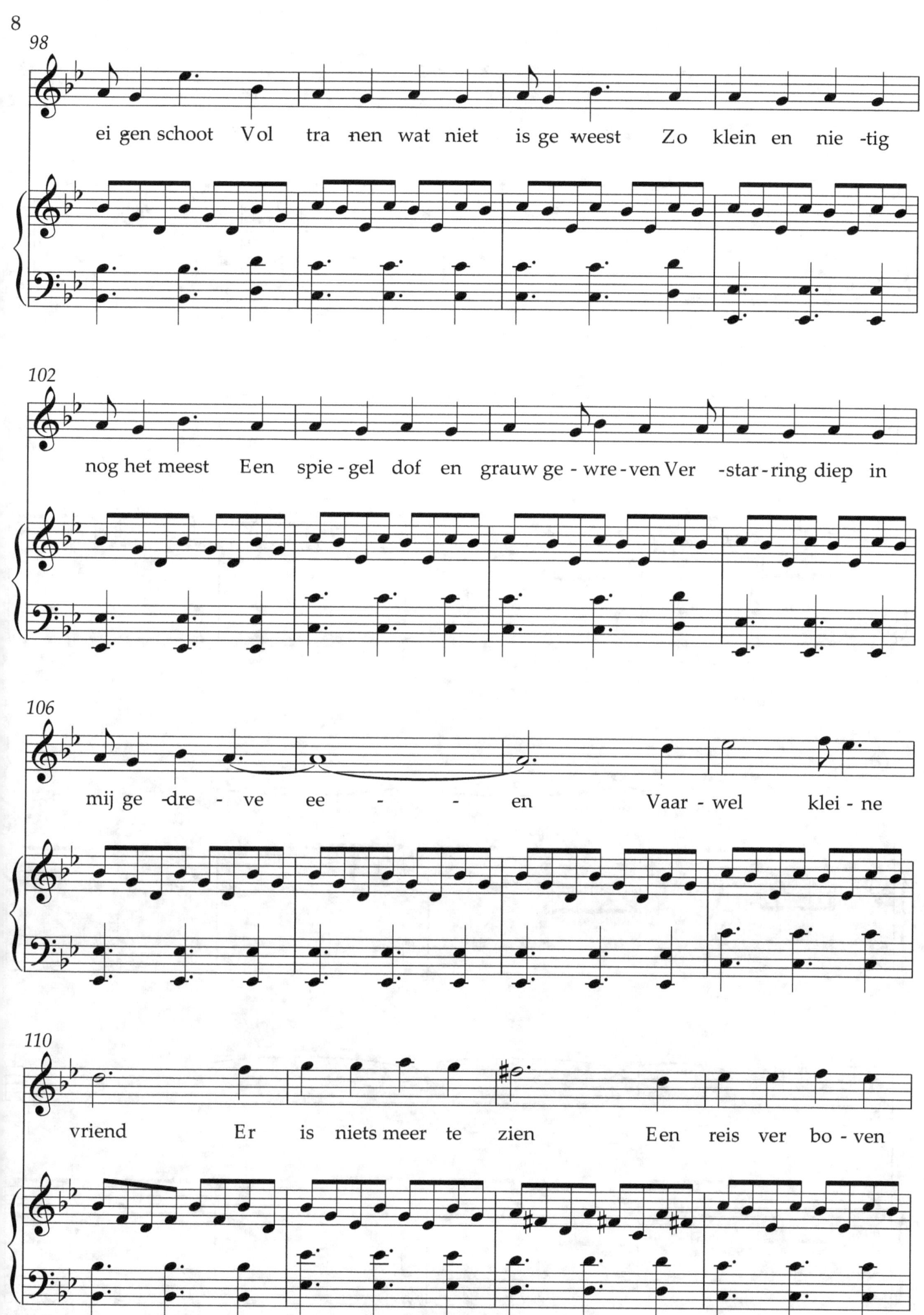

98
ei gen schoot   Vol   tra - nen wat niet   is ge weest   Zo klein en nie -tig

102
nog het meest   Een   spie - gel dof   en   grauw ge - wre - ven   Ver -star -ring diep in

106
mij ge -dre - ve   ee - - en   Vaar - wel   klei - ne

110
vriend   Er   is niets meer te   zien   Een   reis ver bo - ven

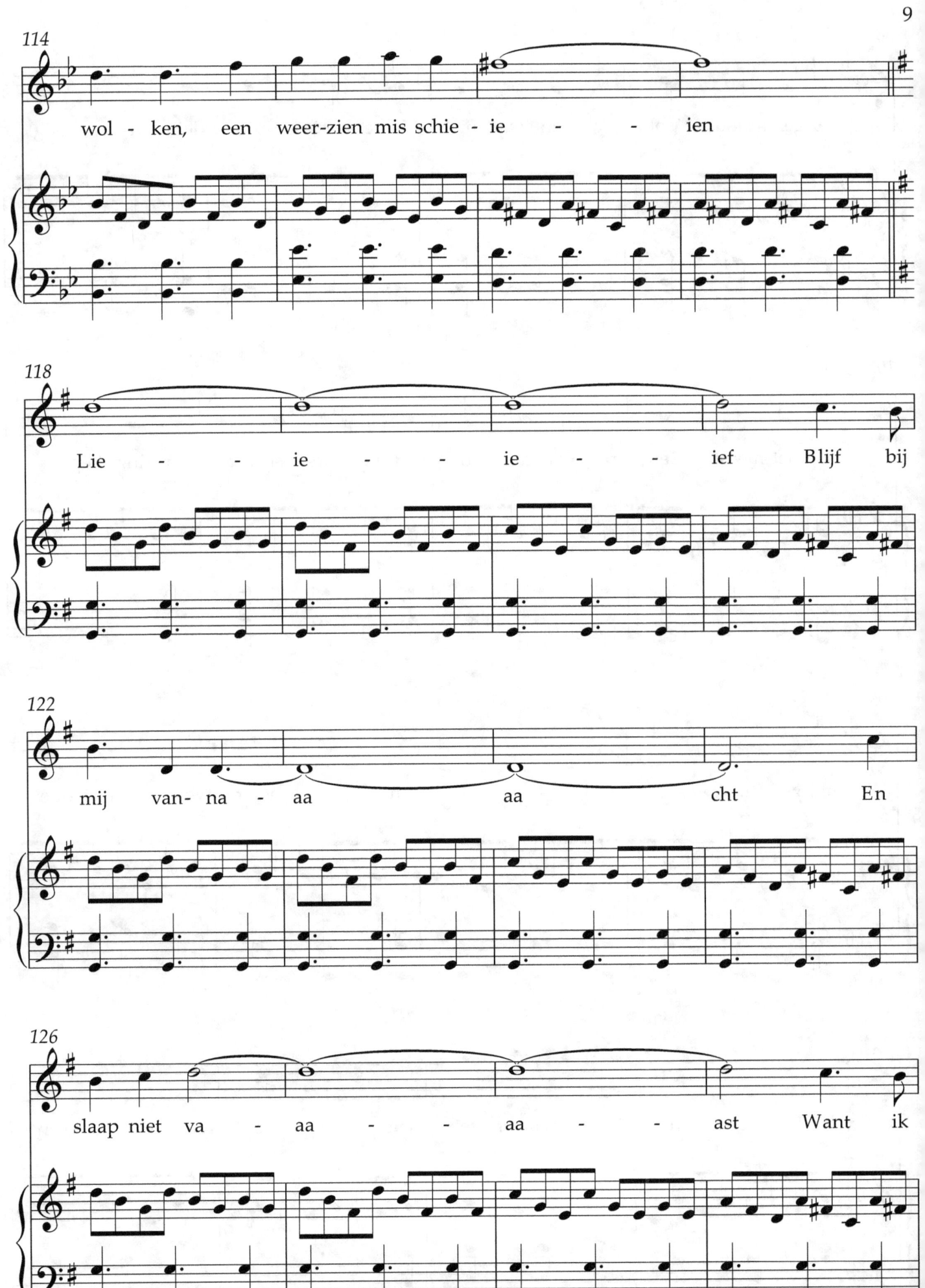

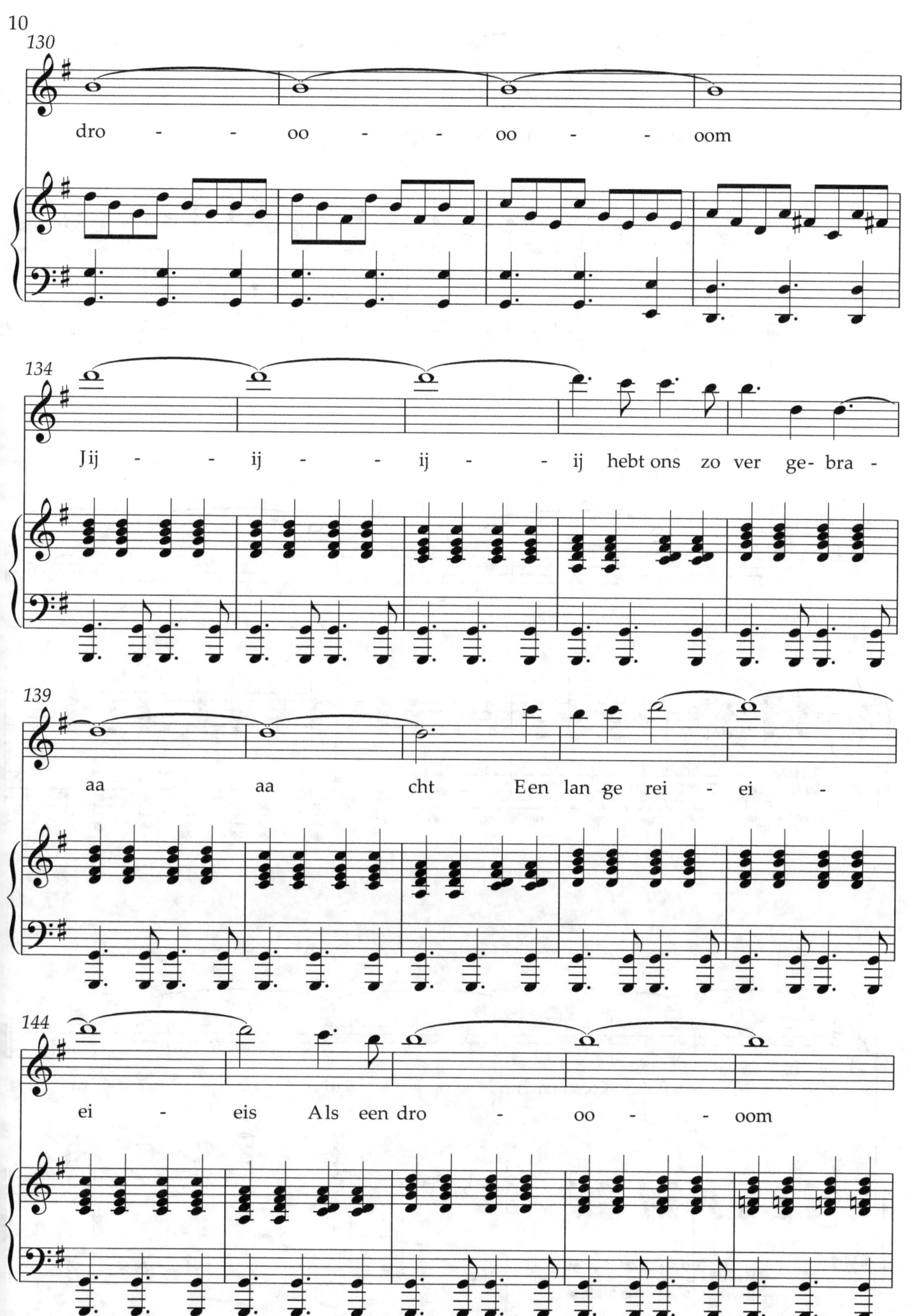

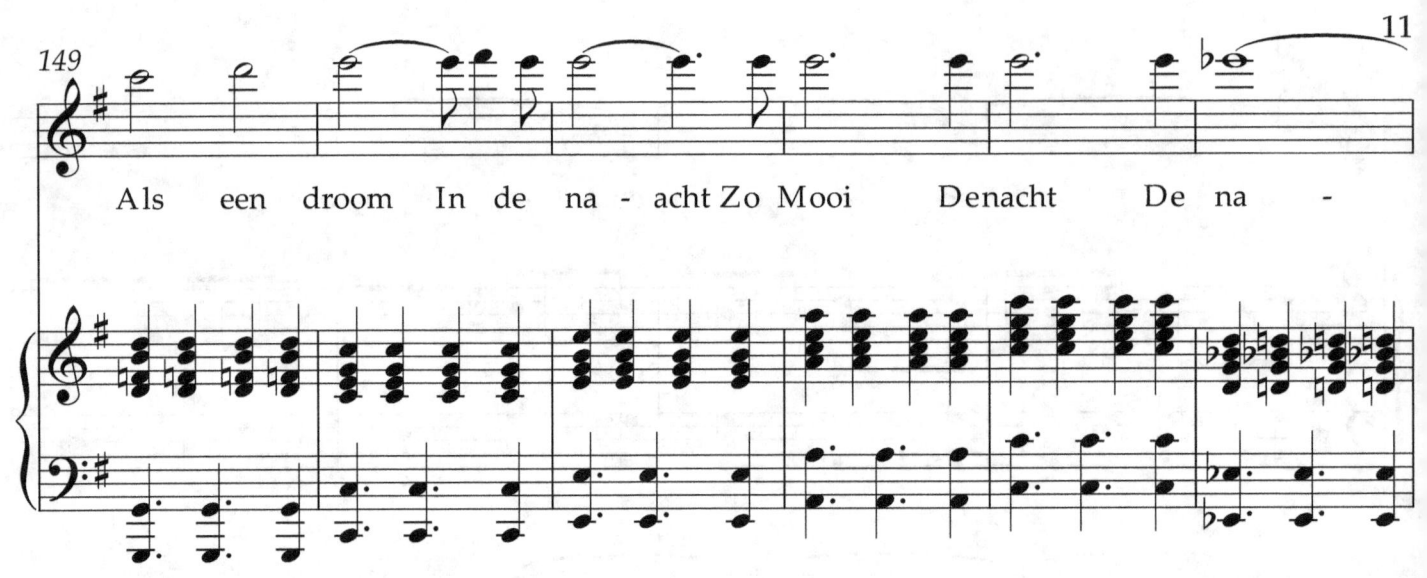

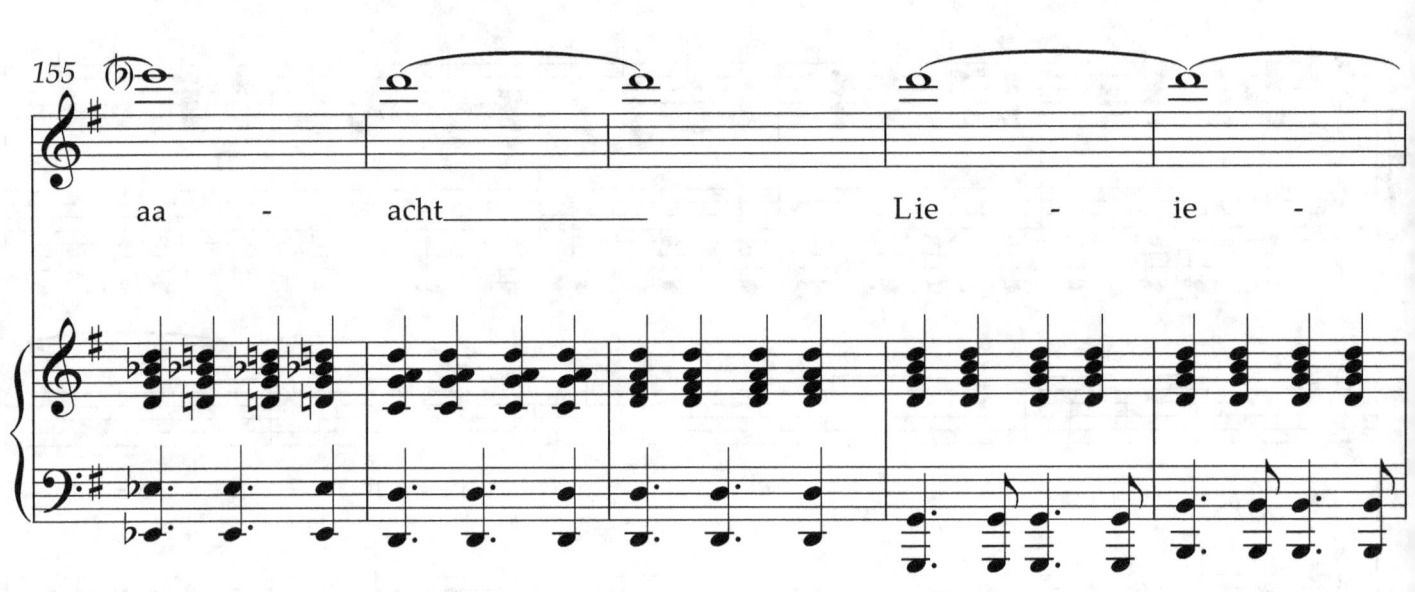

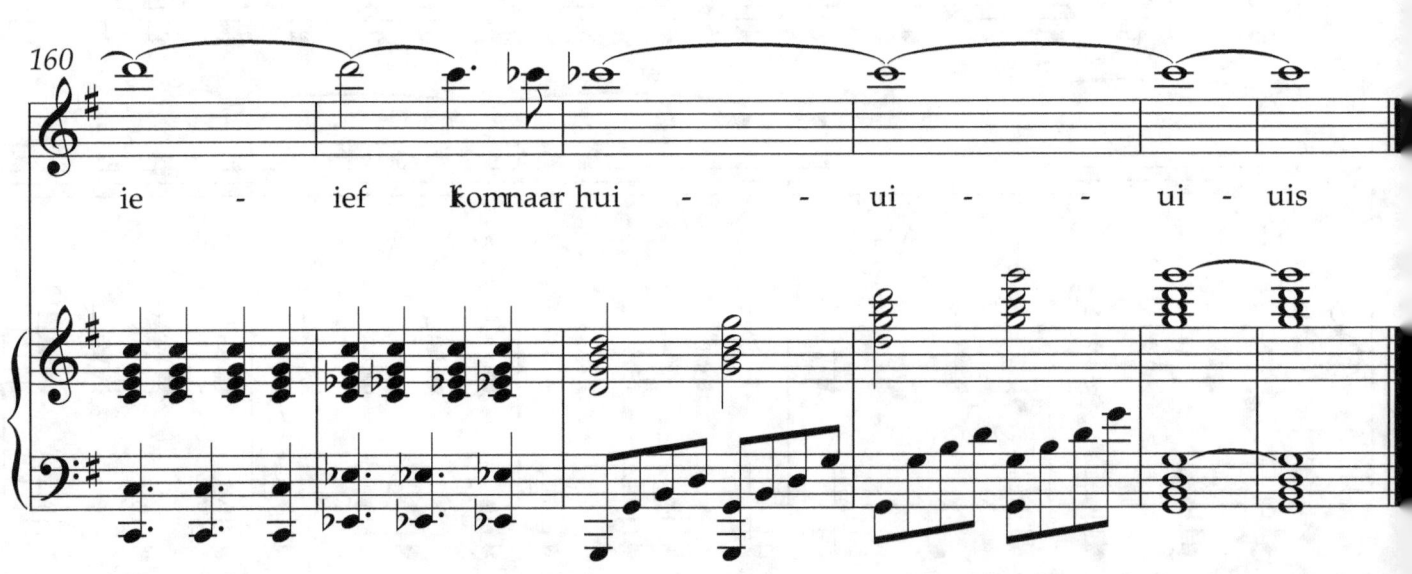

Anton Bakx

Vuur en Vlam

(29-8-2013)

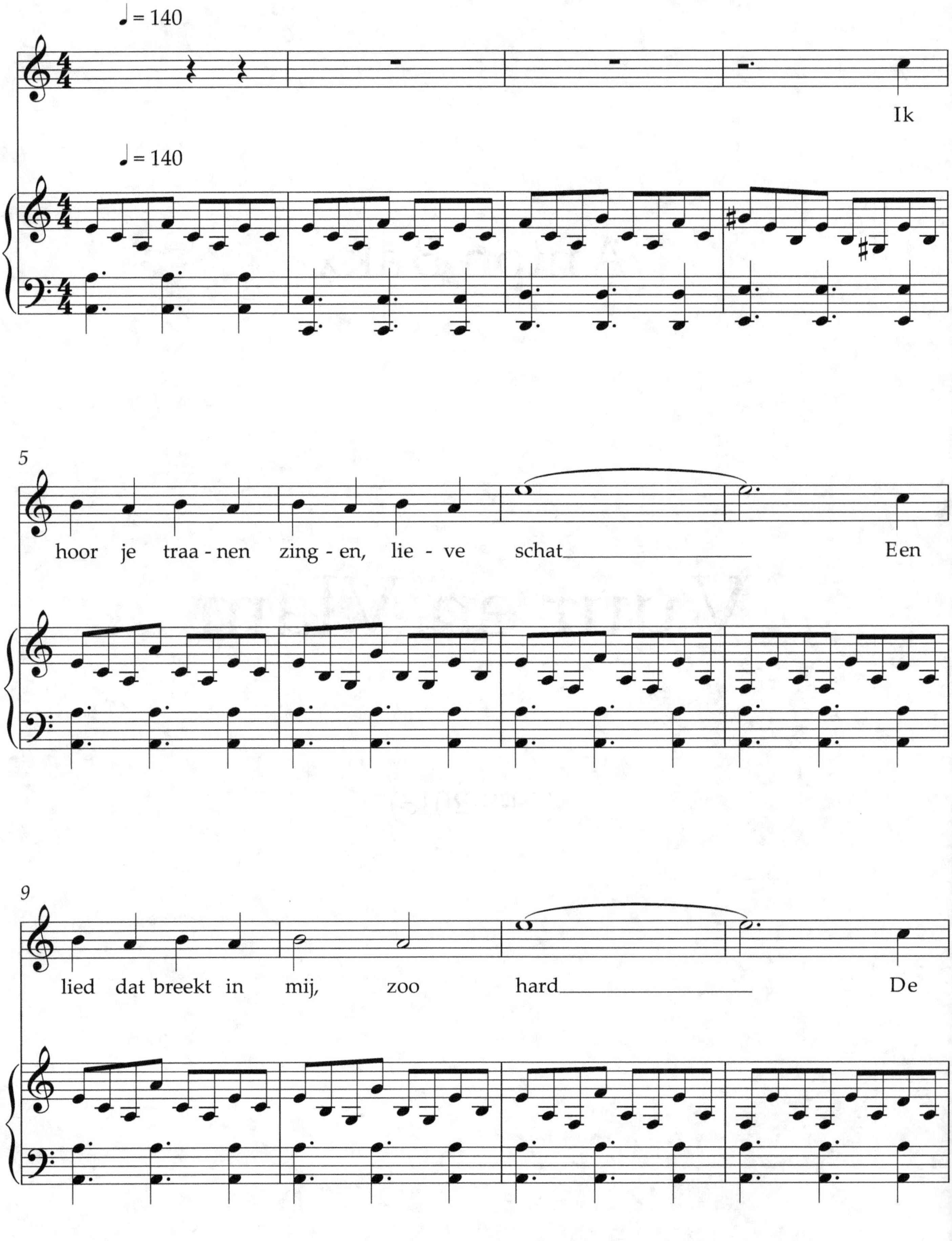

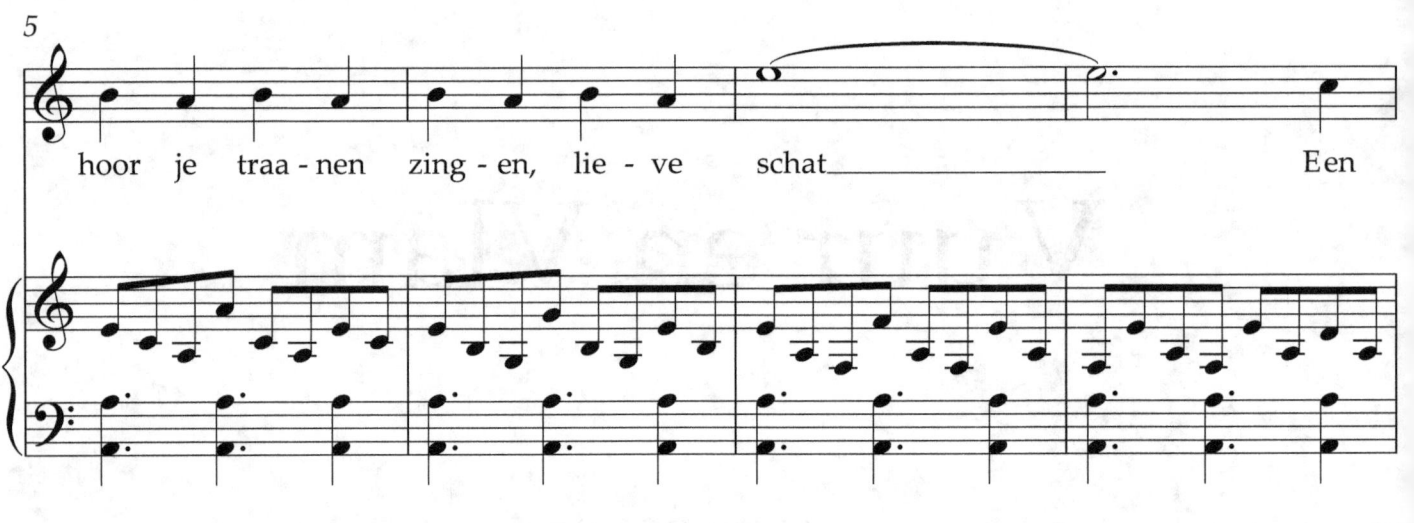

Ik hoor je traa - nen zing - en, lie - ve schat_____ Een

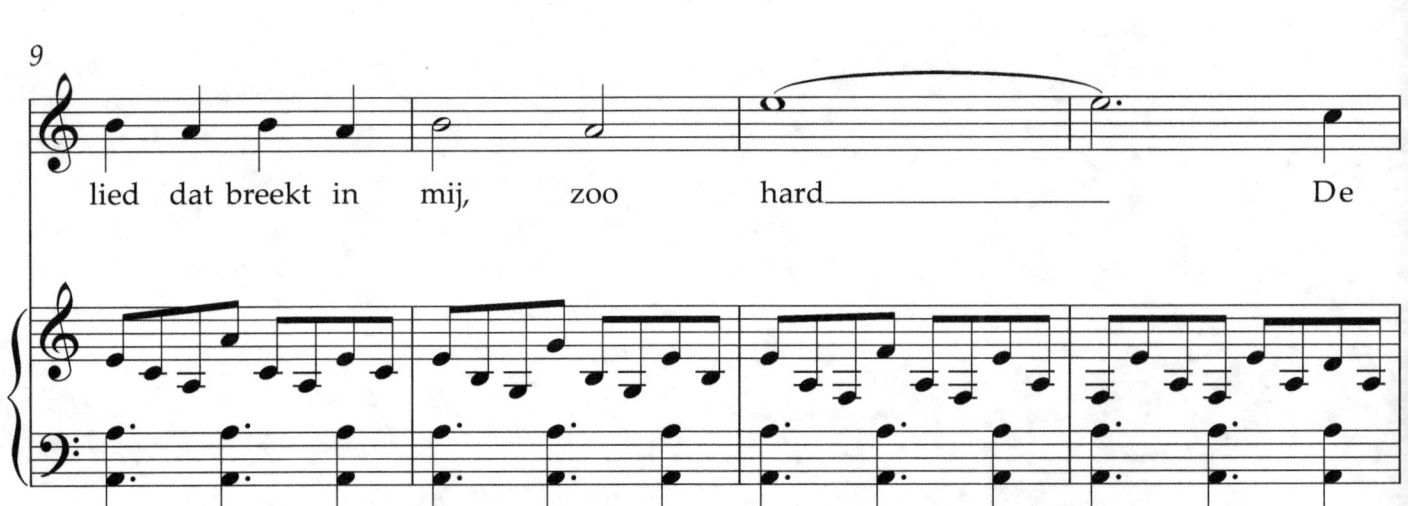

lied dat breekt in mij, zoo hard_____ De

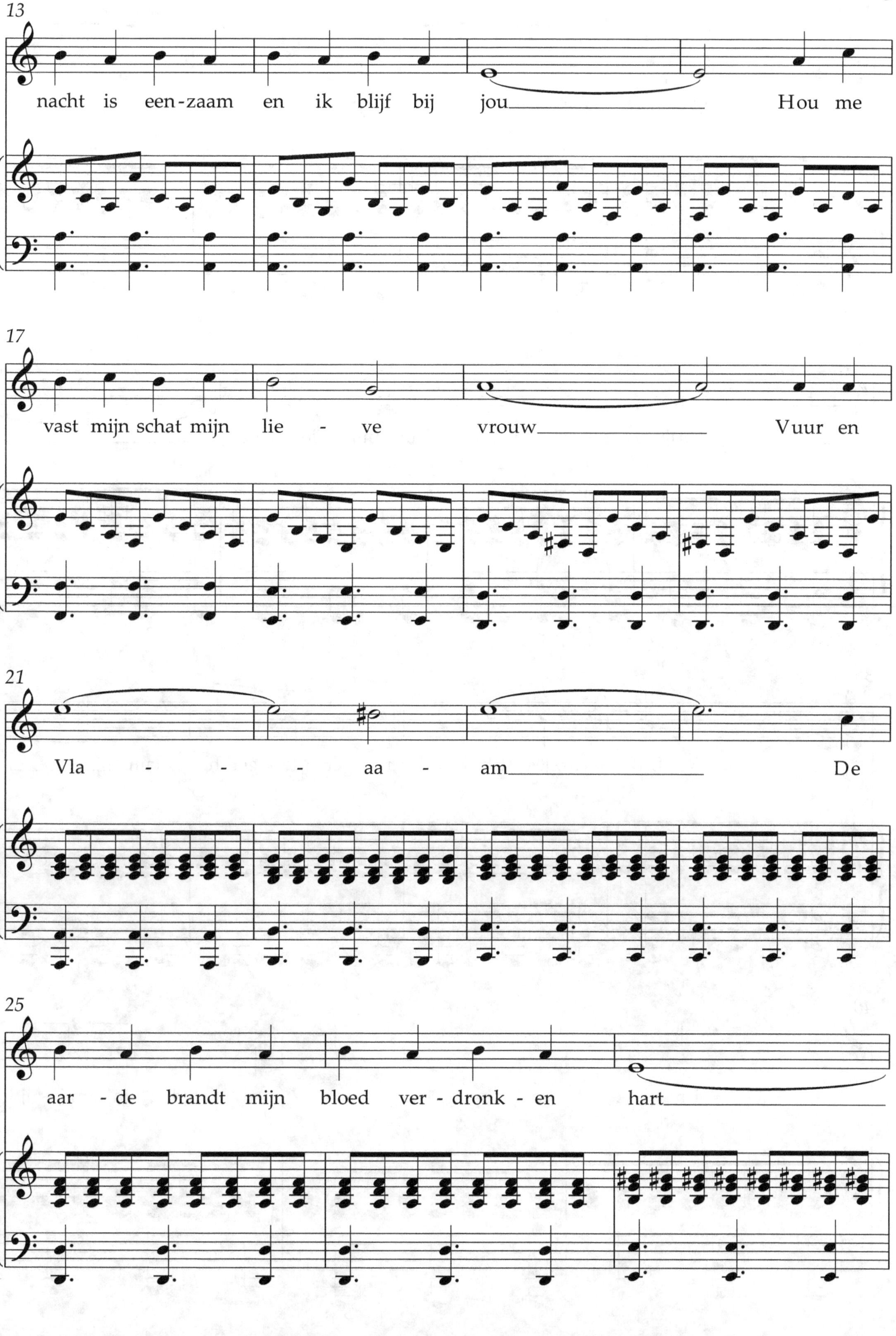

13

nacht is een-zaam en ik blijf bij jou_____ Hou me

17

vast mijn schat mijn lie - ve vrouw_____ Vuur en

21

Vla - - - aa - am_____ De

25

aar - de brandt mijn bloed ver - dronk - en hart_____

4

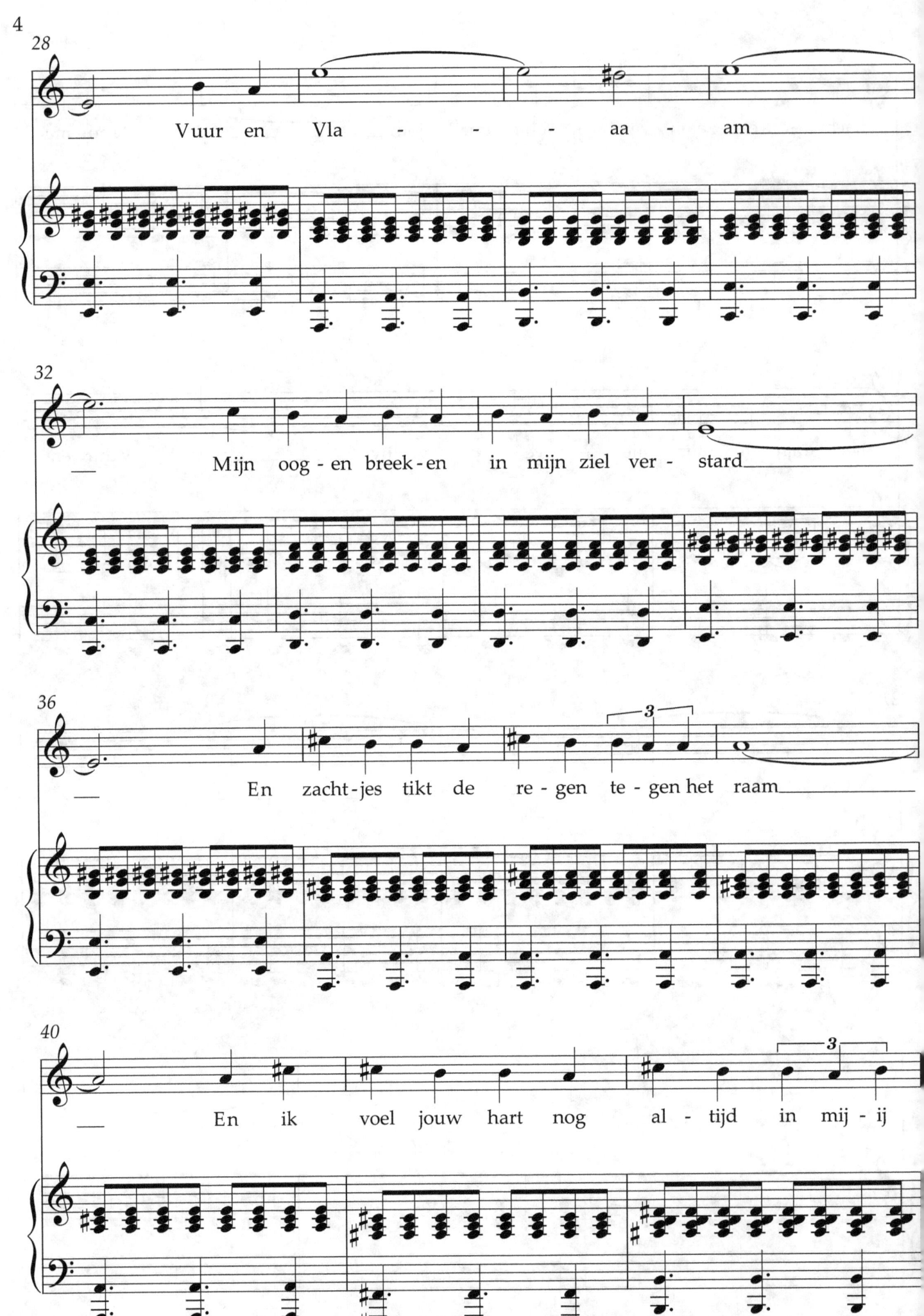

Vuur en Vla - - - aa - am

Mijn oog - en breek - en in mijn ziel ver - stard

En zacht - jes tikt de re - gen te - gen het raam

En ik voel jouw hart nog al - tijd in mij - ij

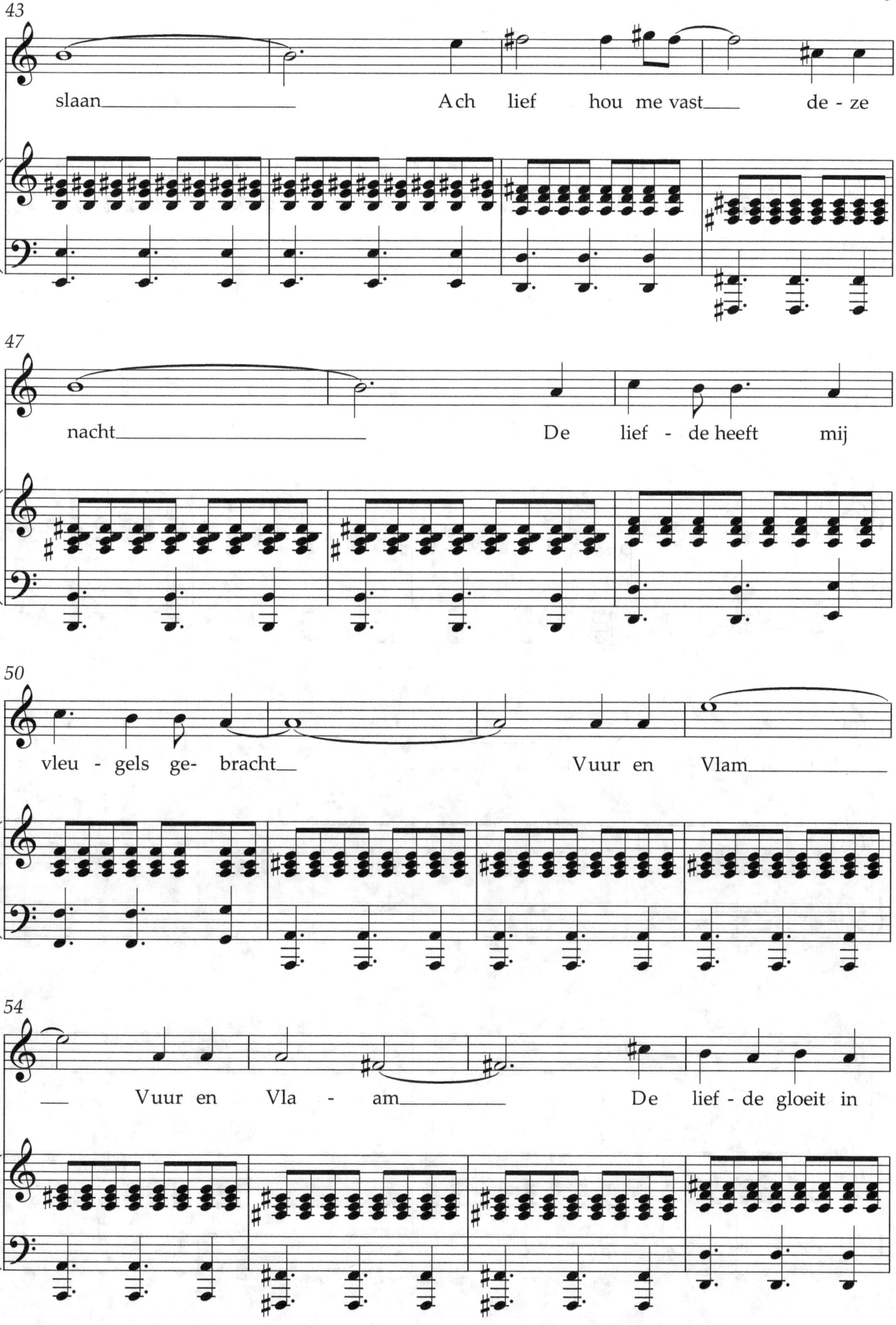

43

slaan_____ Ach lief hou me vast___ de - ze

47

nacht_____ De lief - de heeft mij

50

vleu - gels ge- bracht__ Vuur en Vlam_____

54

__ Vuur en Vla - am_____ De lief - de gloeit in

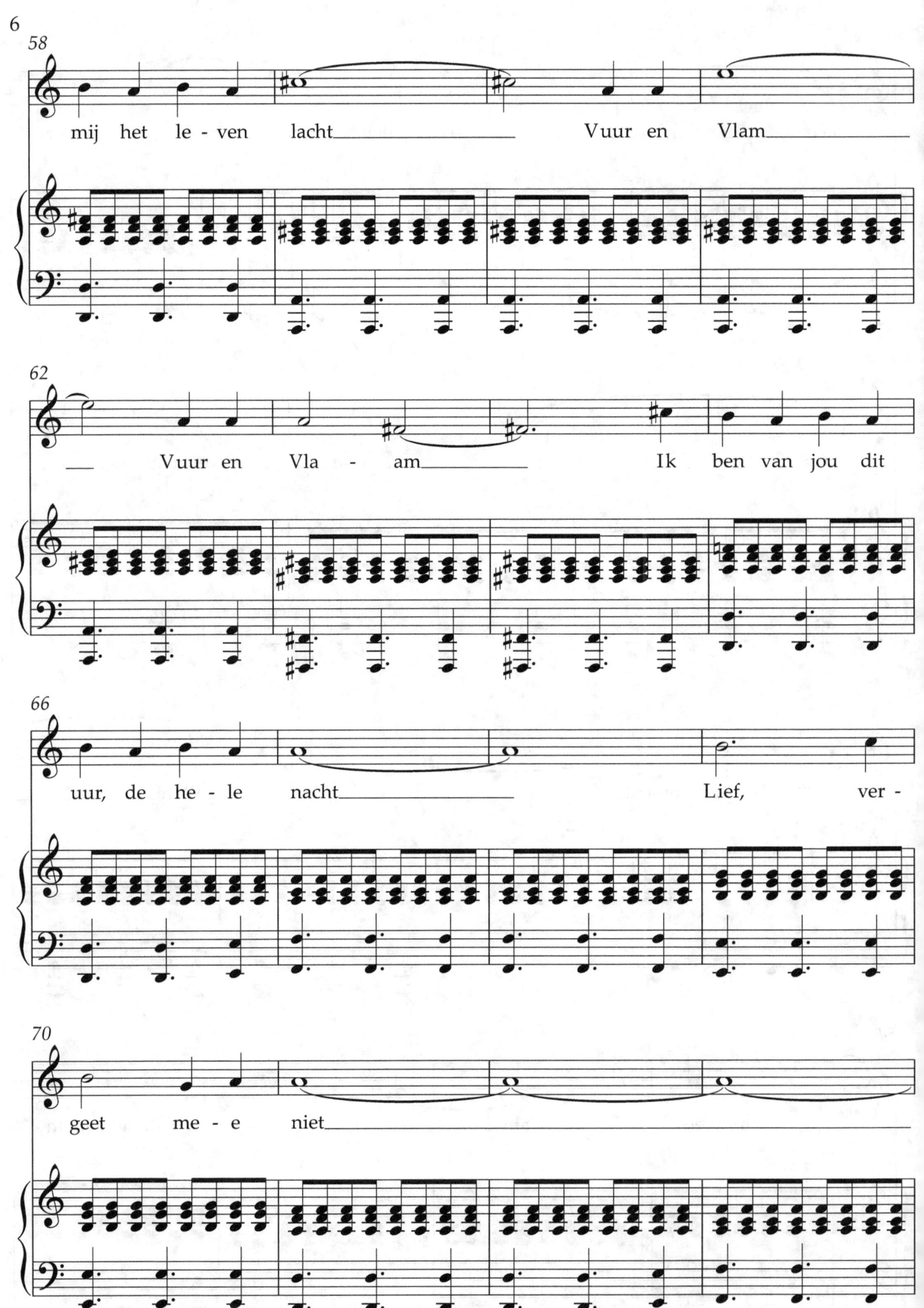

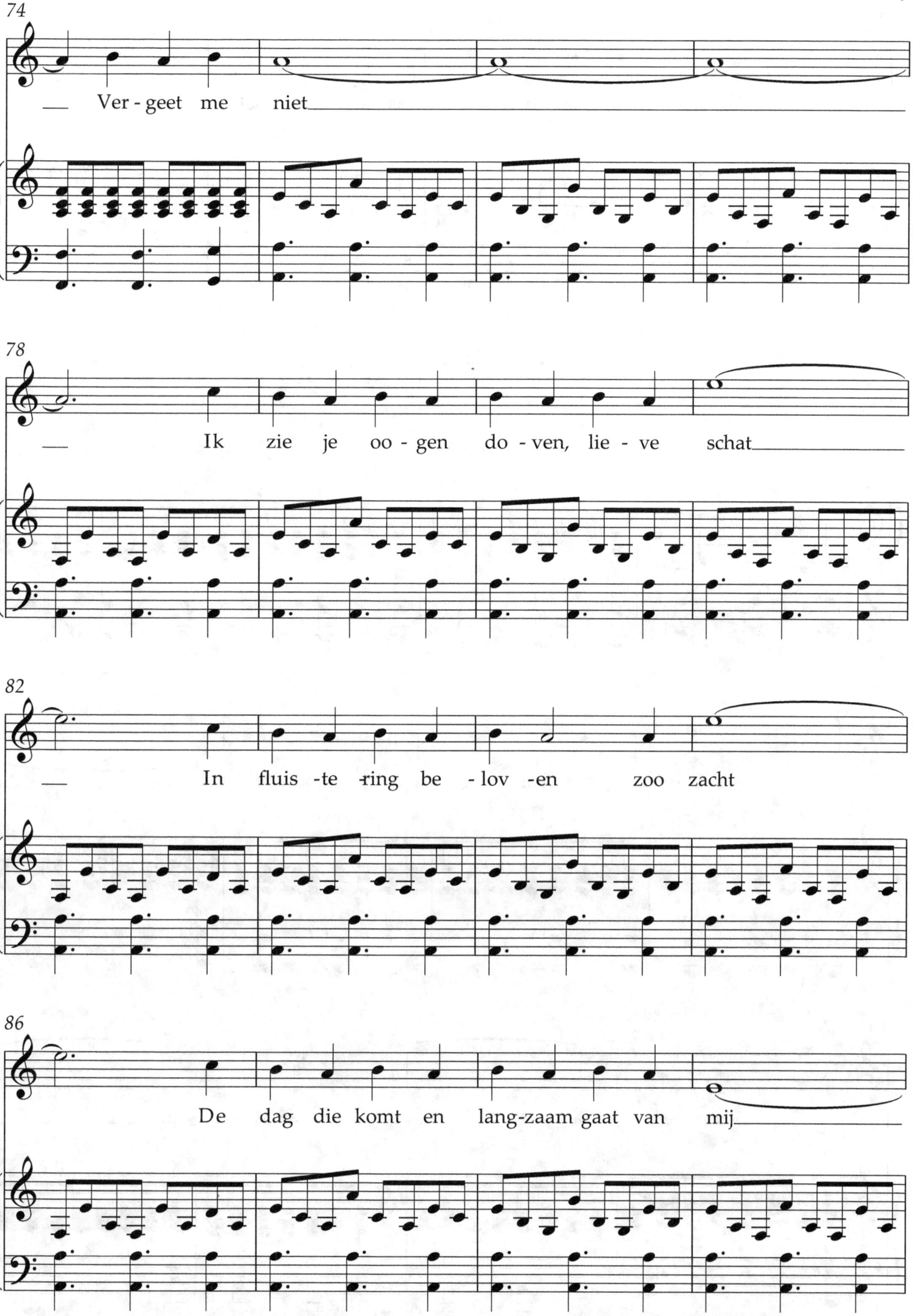

74
Ver - geet me niet

78
Ik zie je oo - gen do - ven, lie - ve schat

82
In fluis -te -ring be - lov -en zoo zacht

86
De dag die komt en lang-zaam gaat van mij

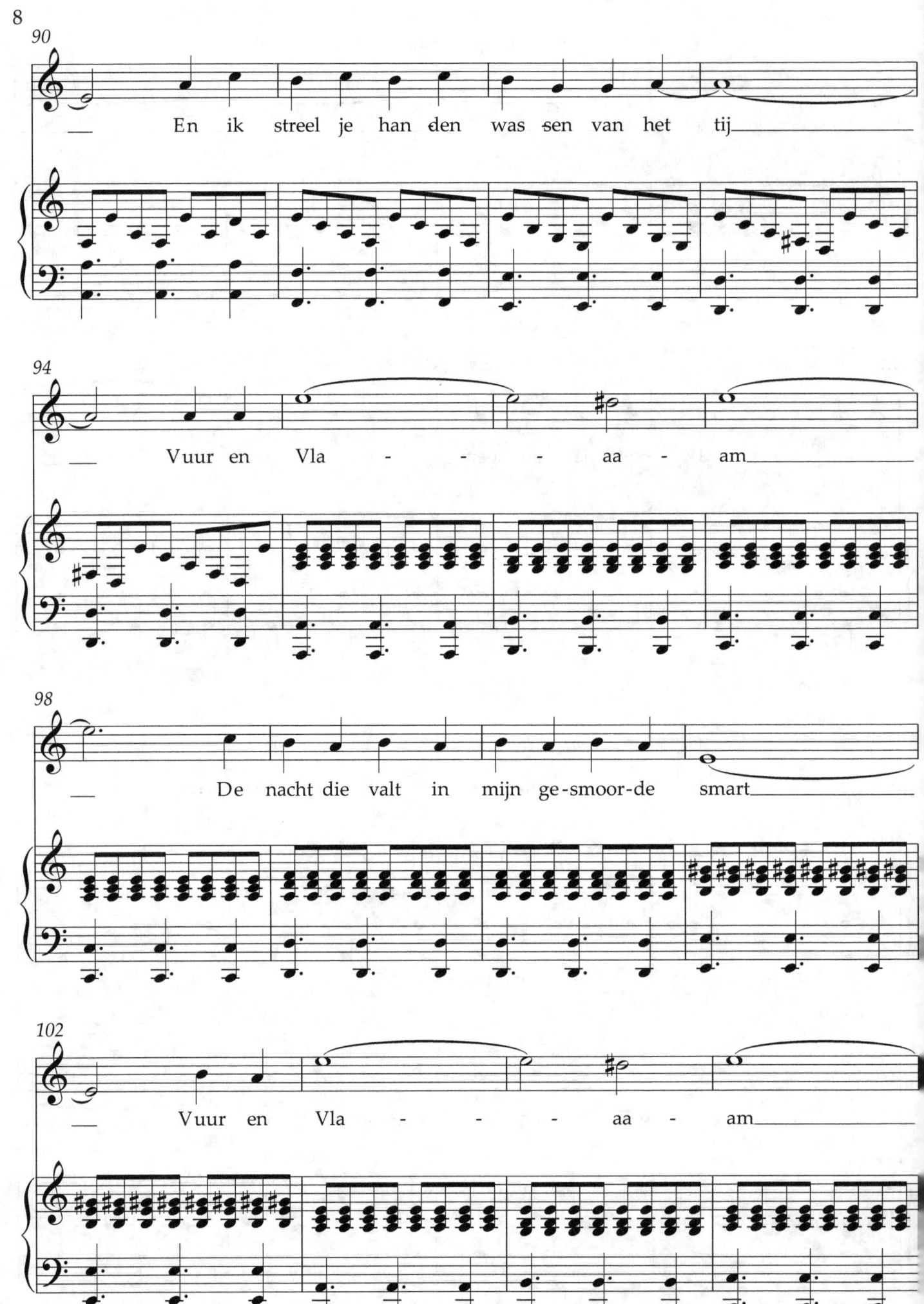

En ik streel je han den was sen van het tij___

Vuur en Vla - - aa - am___

De nacht die valt in mijn ge-smoor-de smart___

Vuur en Vla - - aa - am___

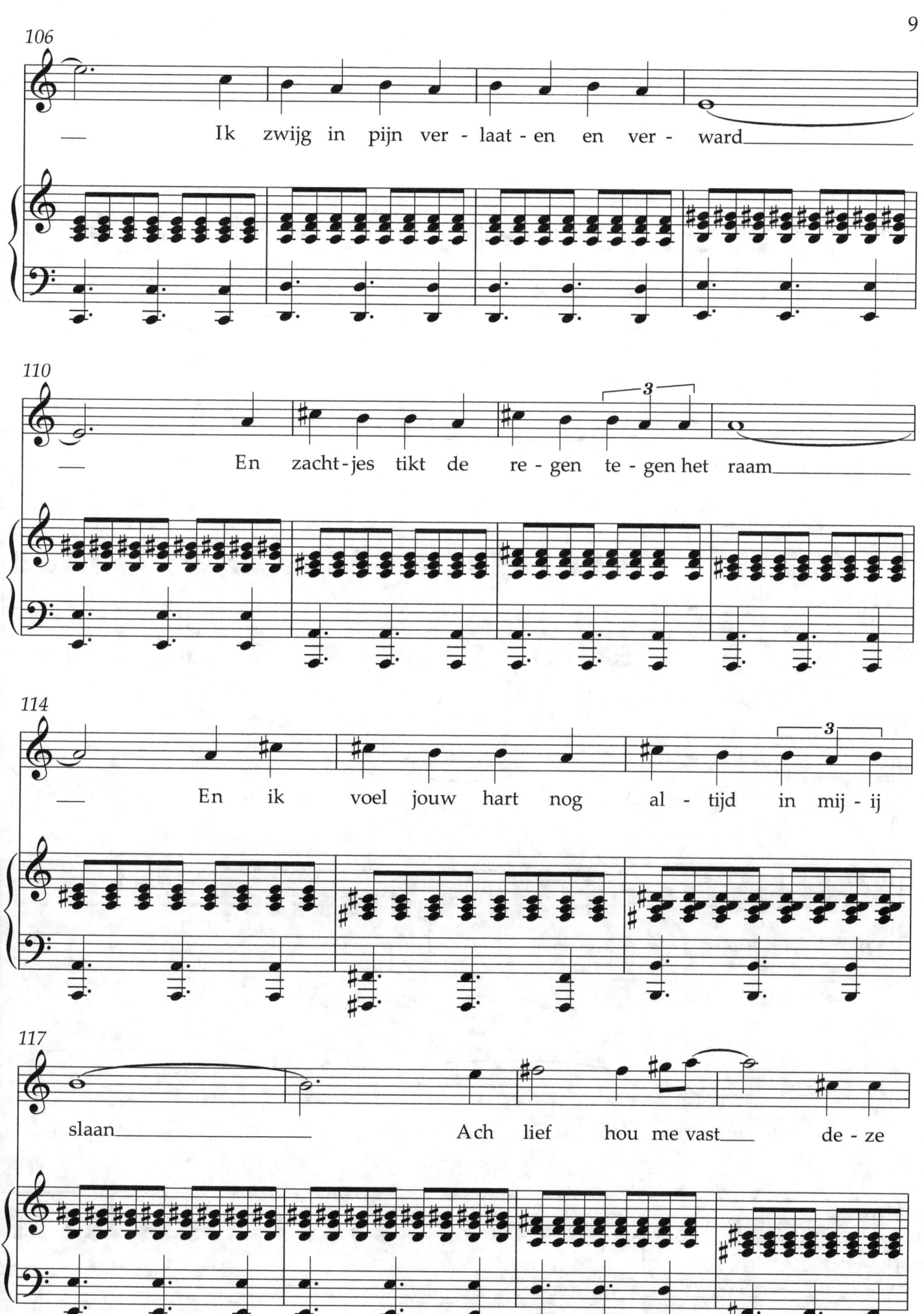

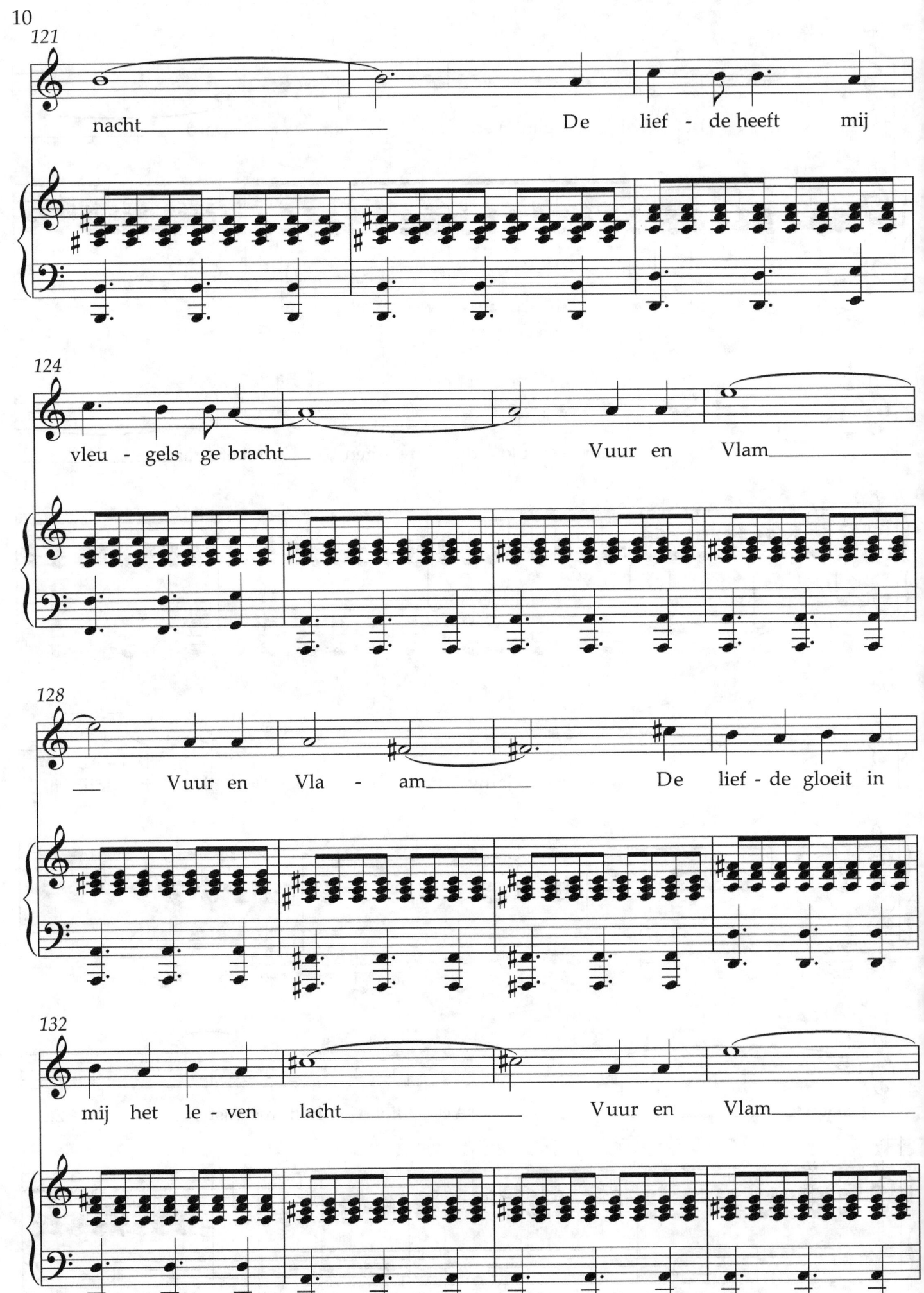

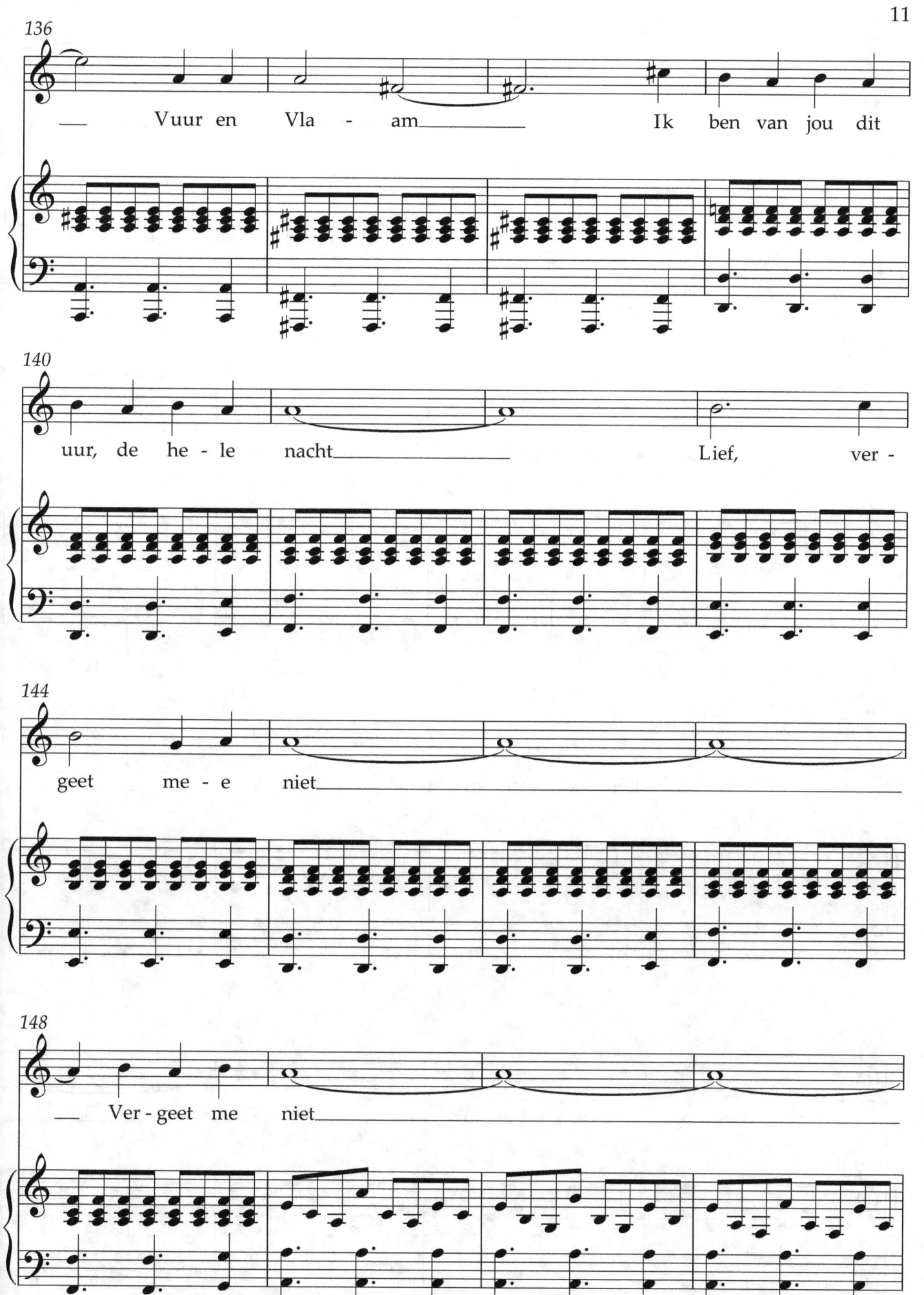

136
Vuur en Vla - am____ Ik ben van jou dit

140
uur, de he - le nacht_____ Lief, ver -

144
geet me - e niet_____

148
__ Ver - geet me niet_____

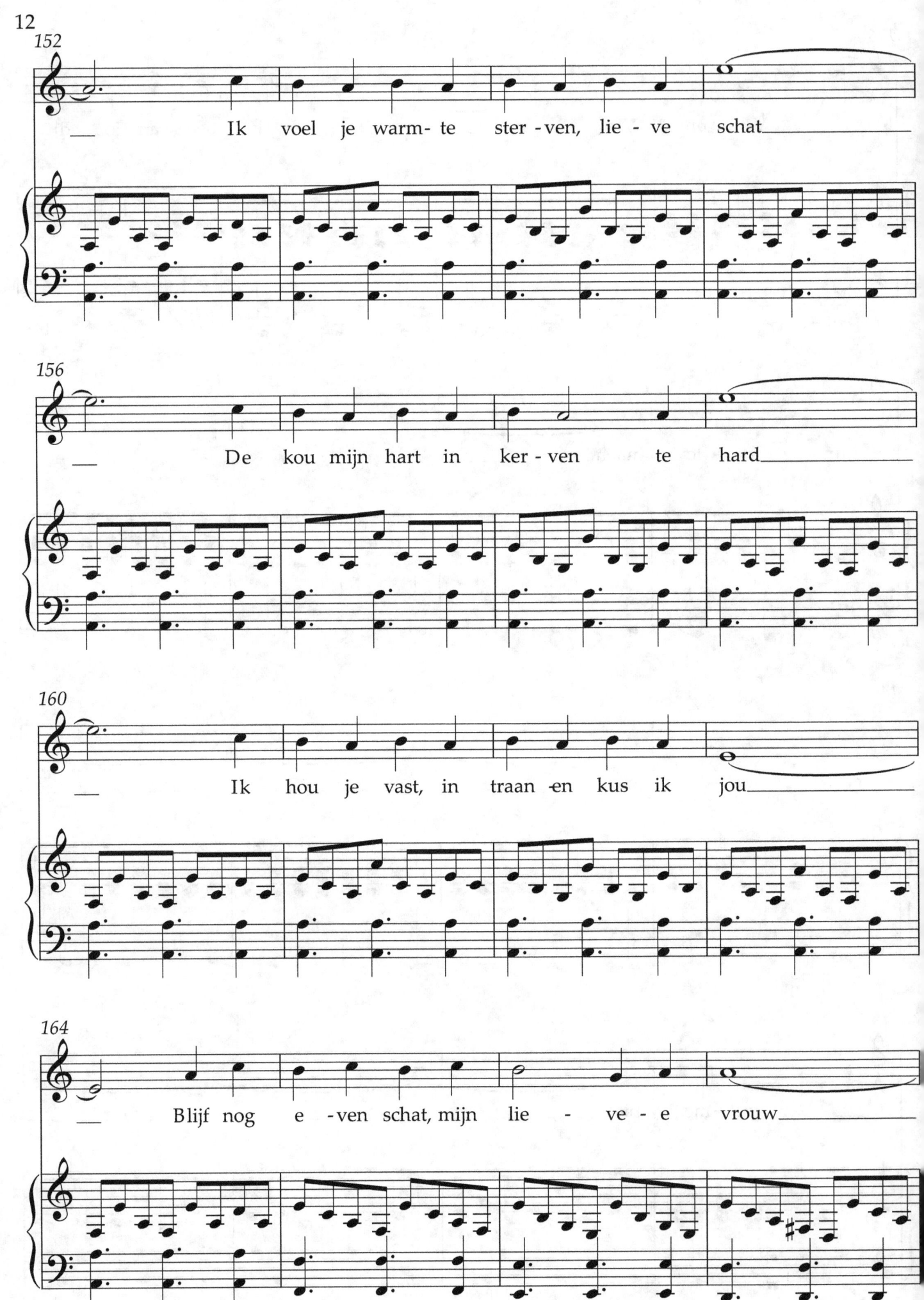

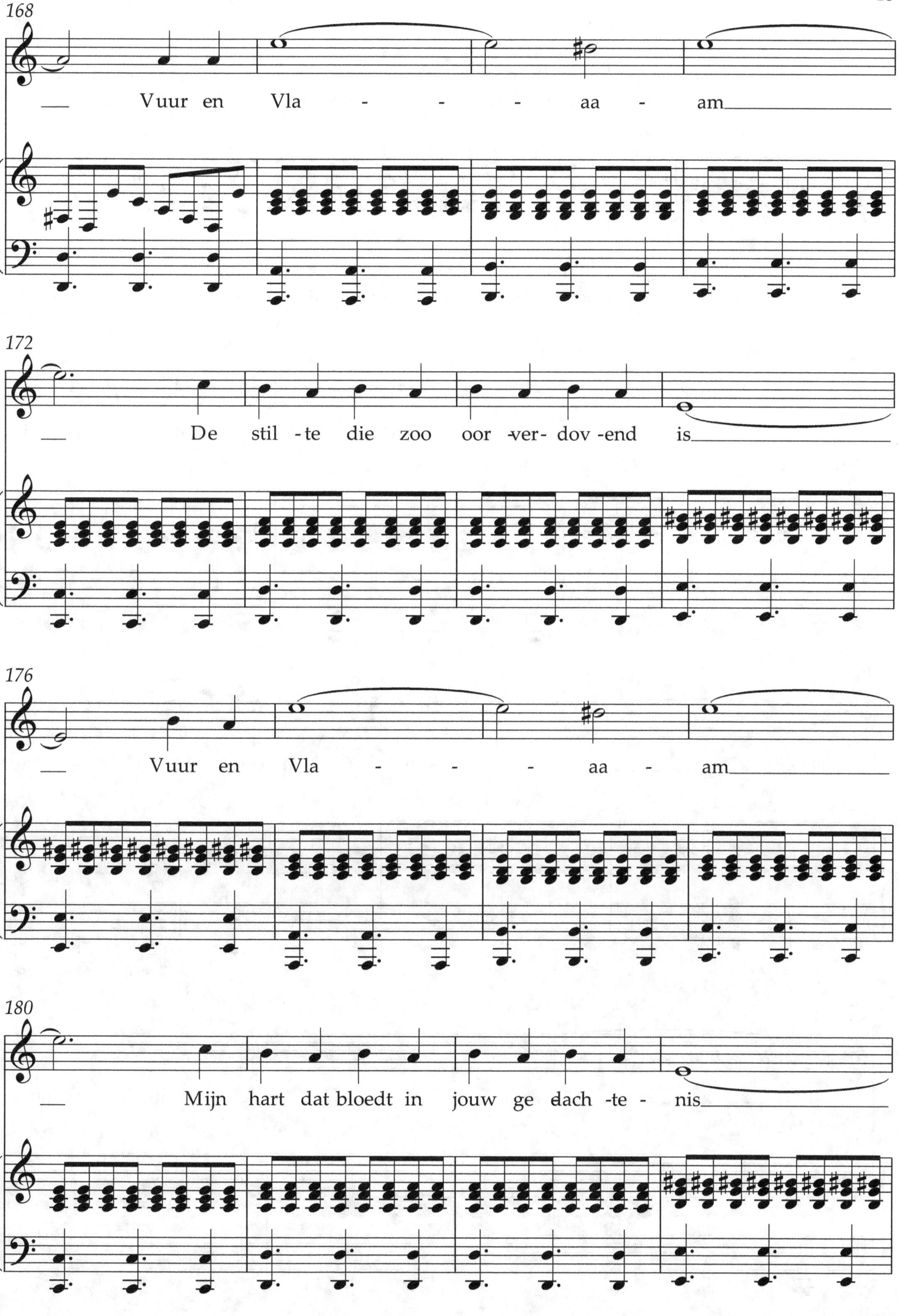

168

Vuur en Vla - - - aa - am_____

172

De stil -te die zoo oor -ver- dov -end is_____

176

Vuur en Vla - - aa - am_____

180

Mijn hart dat bloedt in jouw ge dach -te - nis_____

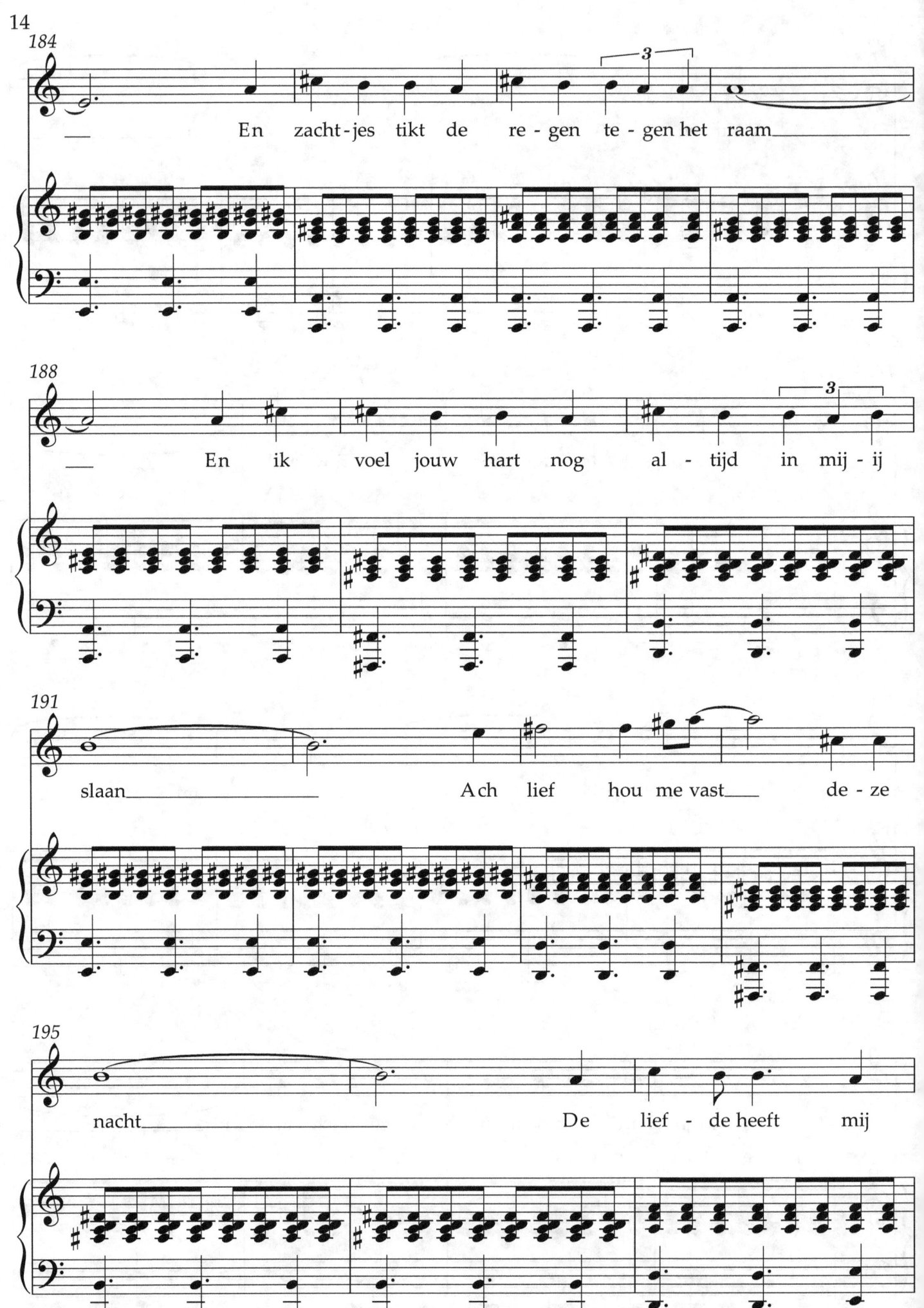

184
En zacht-jes tikt de re - gen te - gen het raam

188
En ik voel jouw hart nog al - tijd in mij - ij

191
slaan Ach lief hou me vast de - ze

195
nacht De lief - de heeft mij

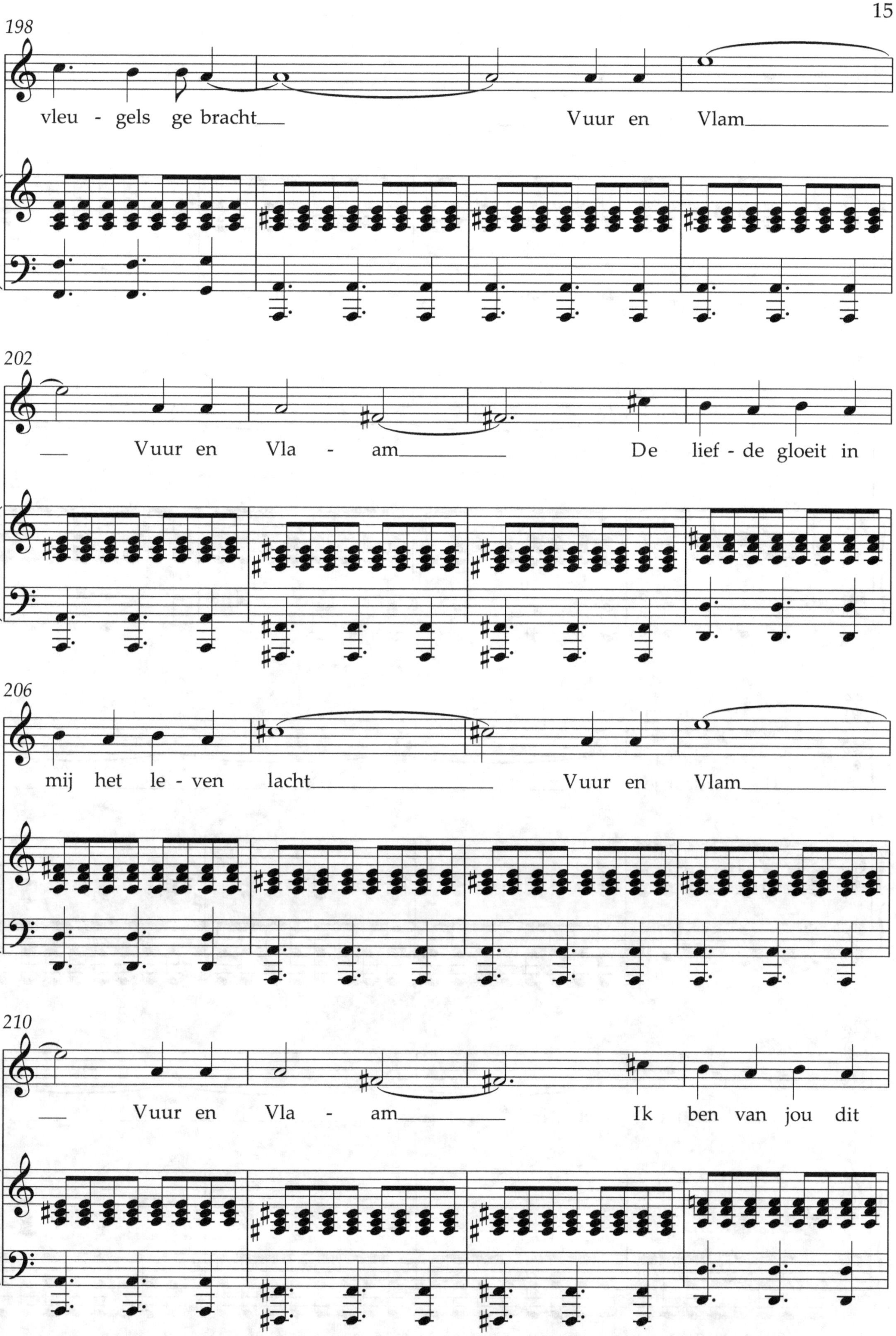

vleu - gels ge bracht___ Vuur en Vlam_____

___ Vuur en Vla - am_____ De lief - de gloeit in

mij het le - ven lacht_____ Vuur en Vlam_____

___ Vuur en Vla - am_____ Ik ben van jou dit

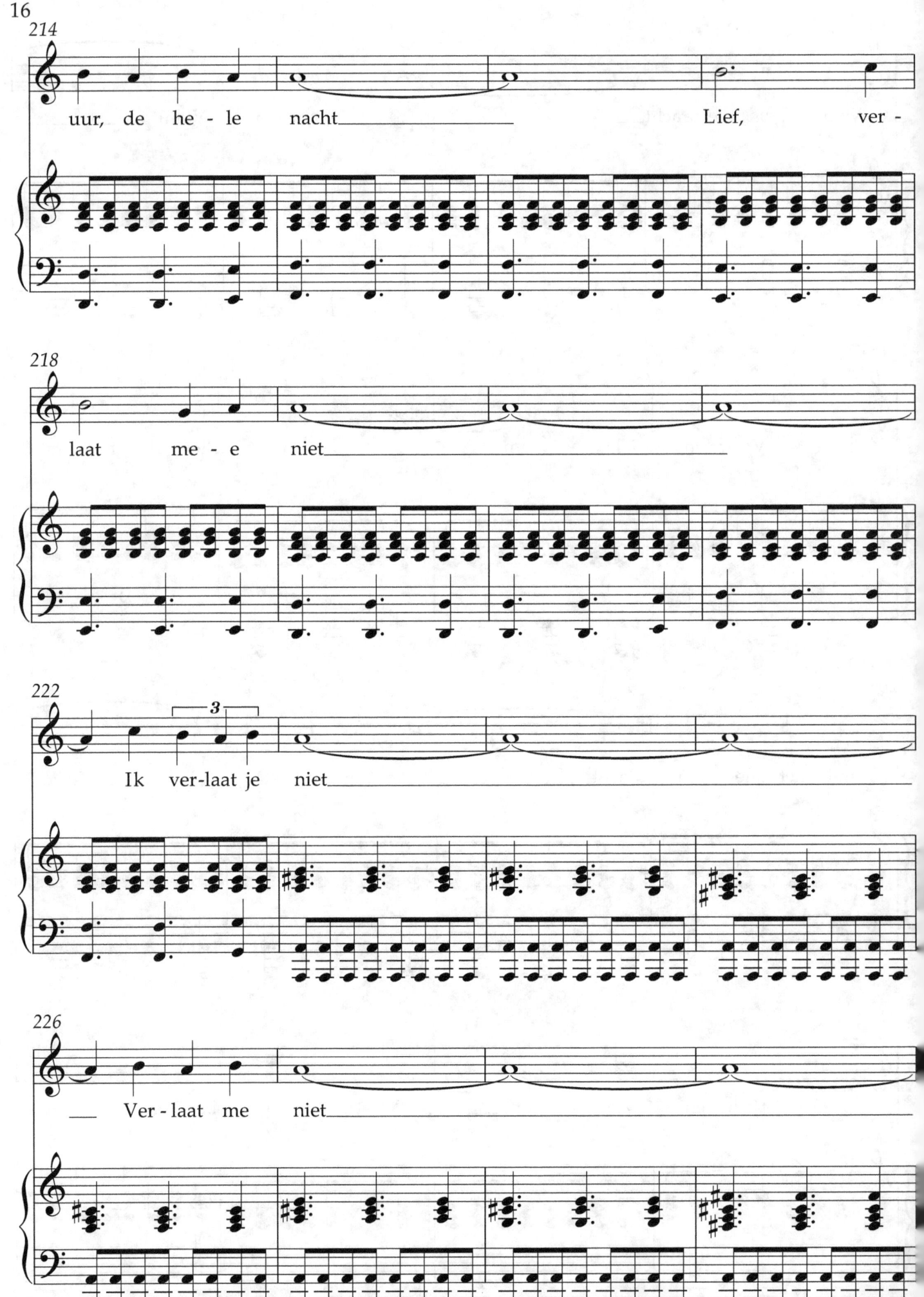

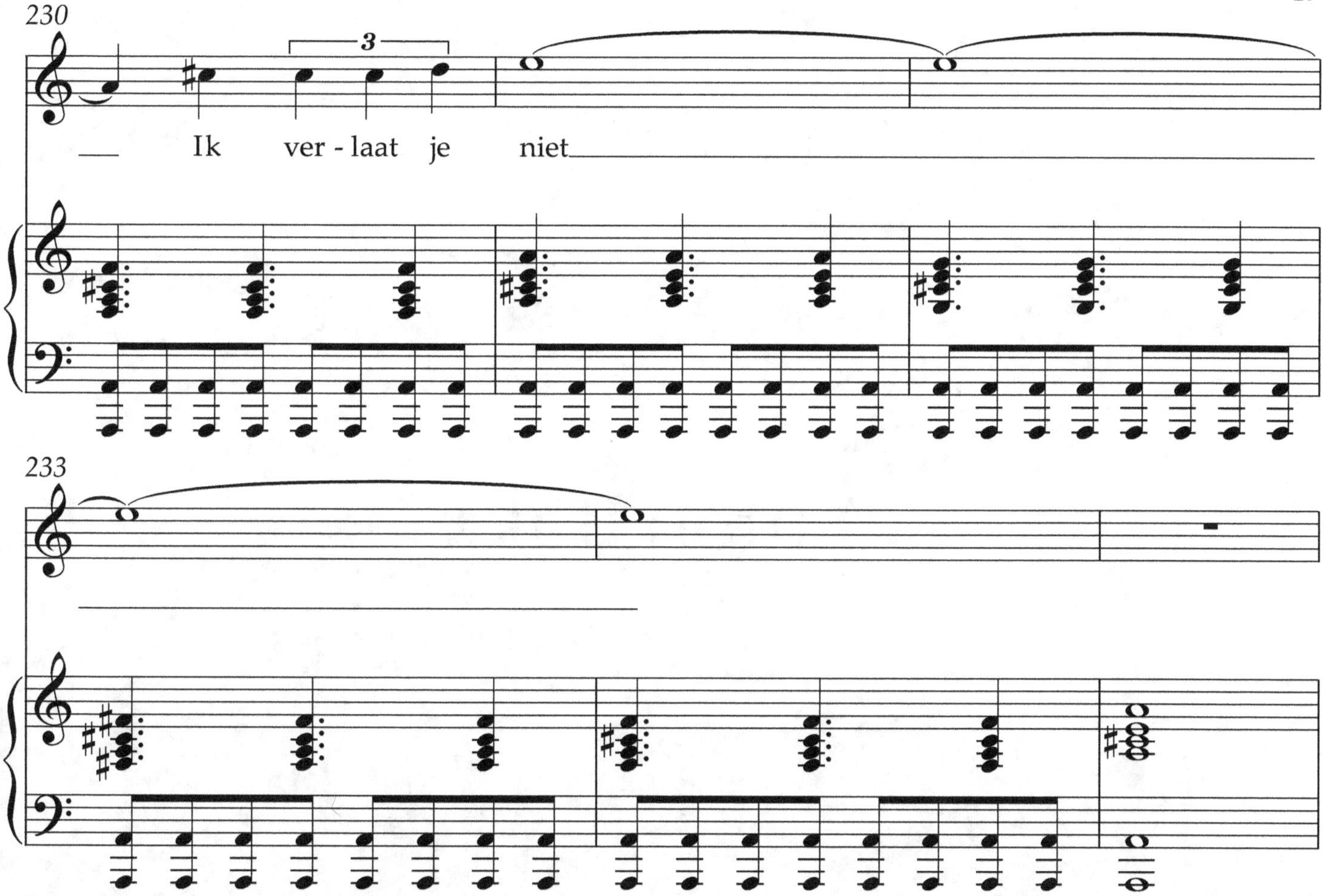

230

Ik ver - laat je niet

233

Anton Bakx

Stilte

(3-8-2013)

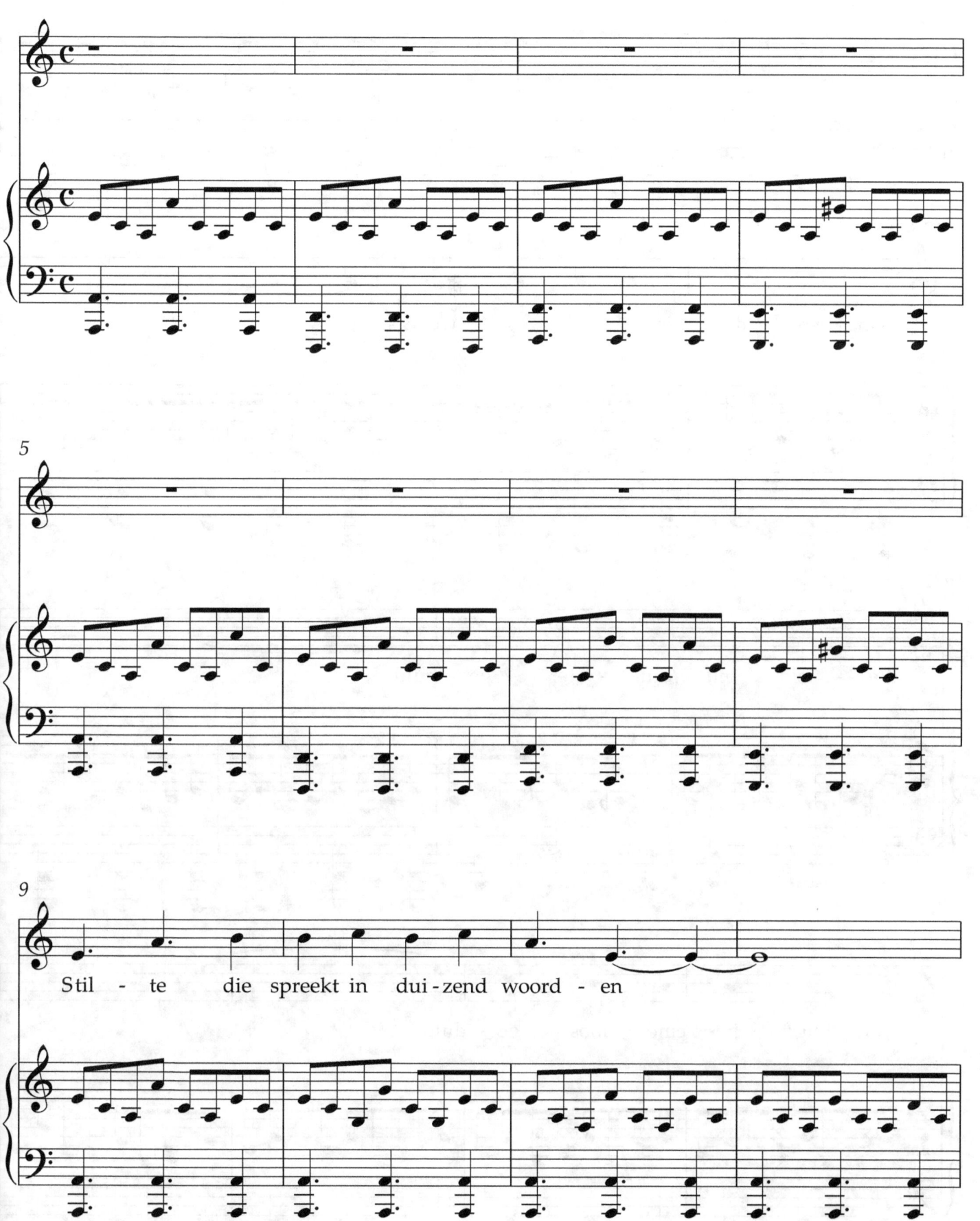

Stil - te die spreekt in dui - zend woord - en

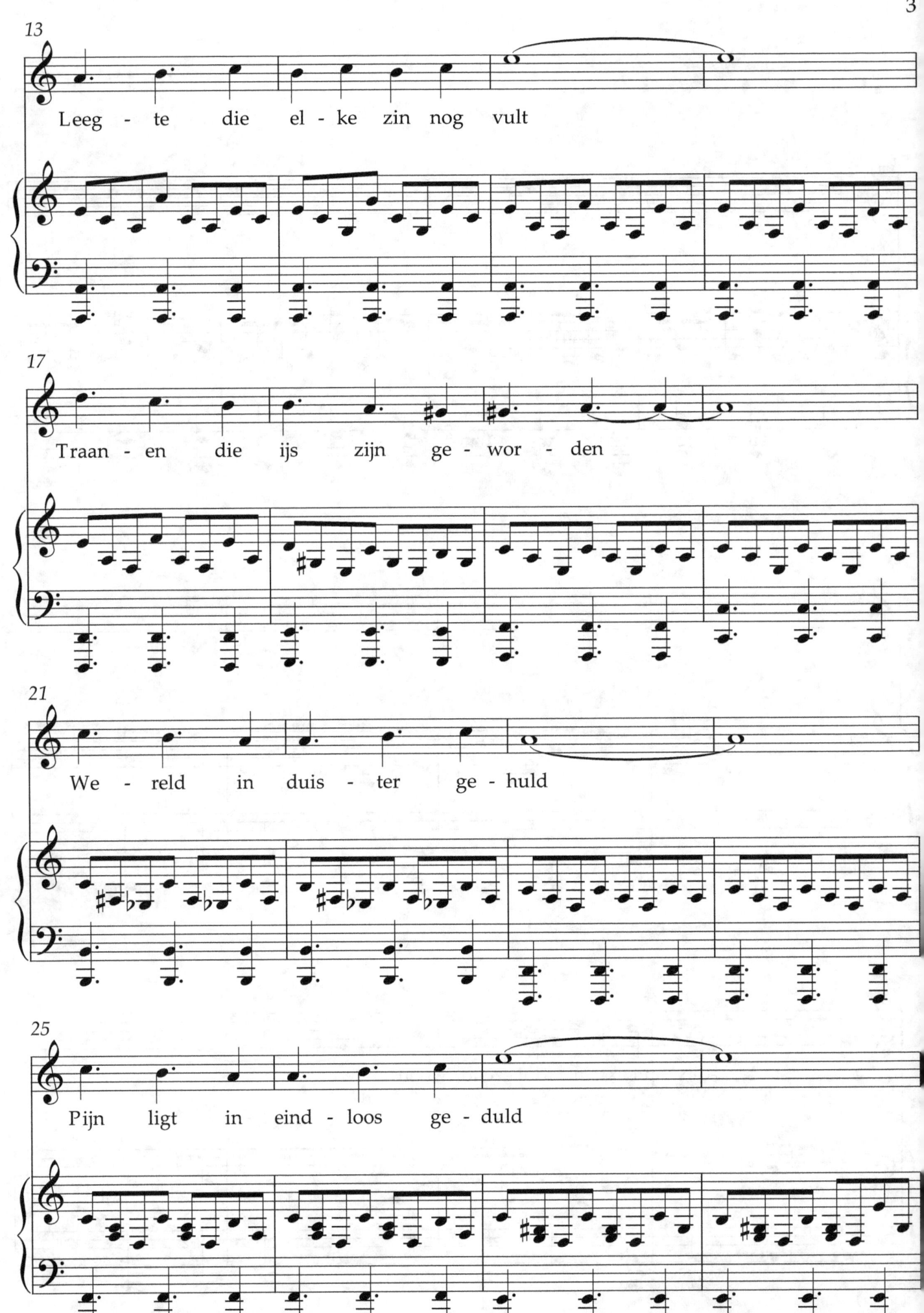

13
Leeg - te die el - ke zin nog vult

17
Traan - en die ijs zijn ge - wor - den

21
We - reld in duis - ter ge - huld

25
Pijn ligt in eind - loos ge - duld

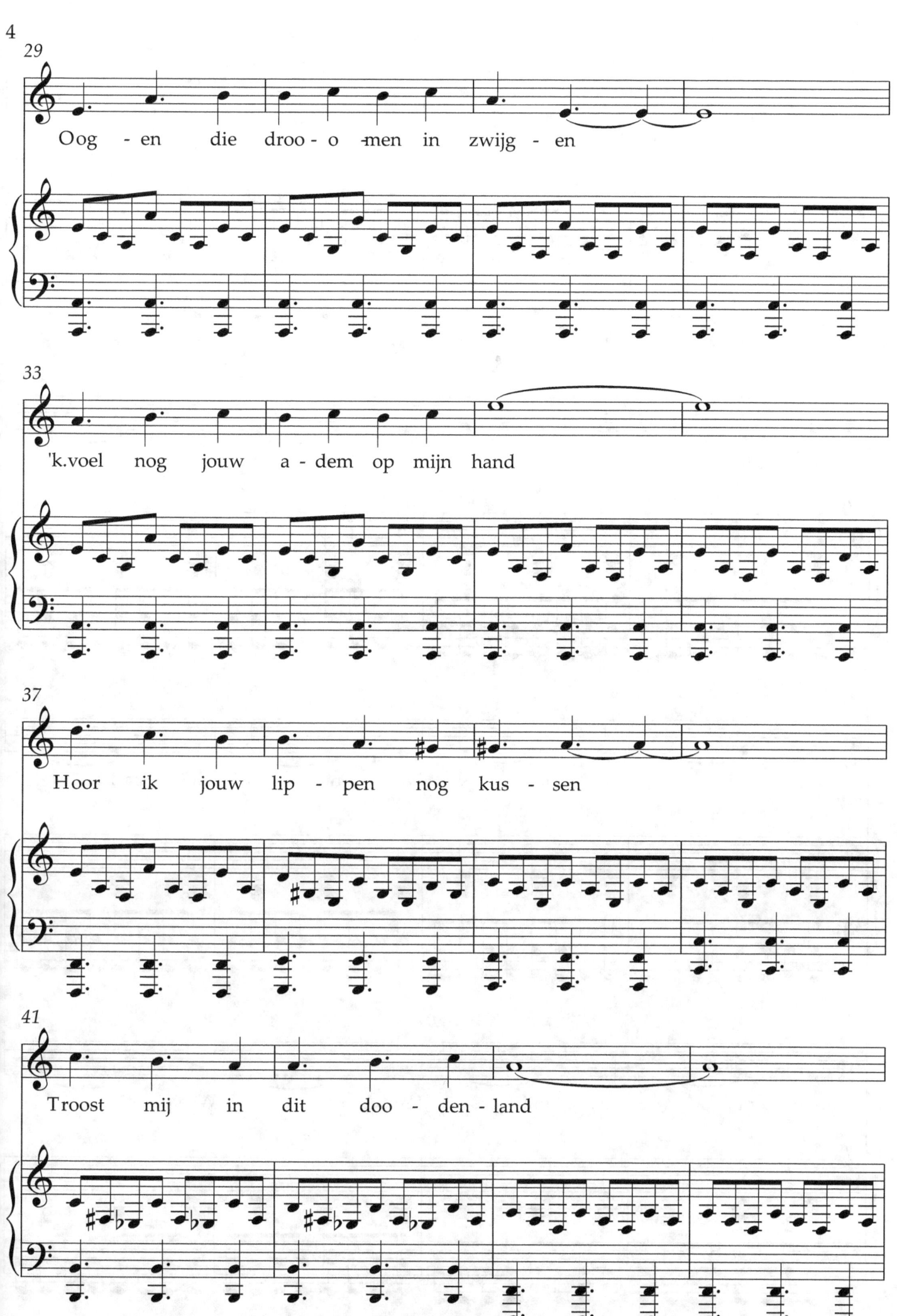

Oog - en die droo - o - men in zwijg - en

'k voel nog jouw a - dem op mijn hand

Hoor ik jouw lip - pen nog kus - sen

Troost mij in dit doo - den - land

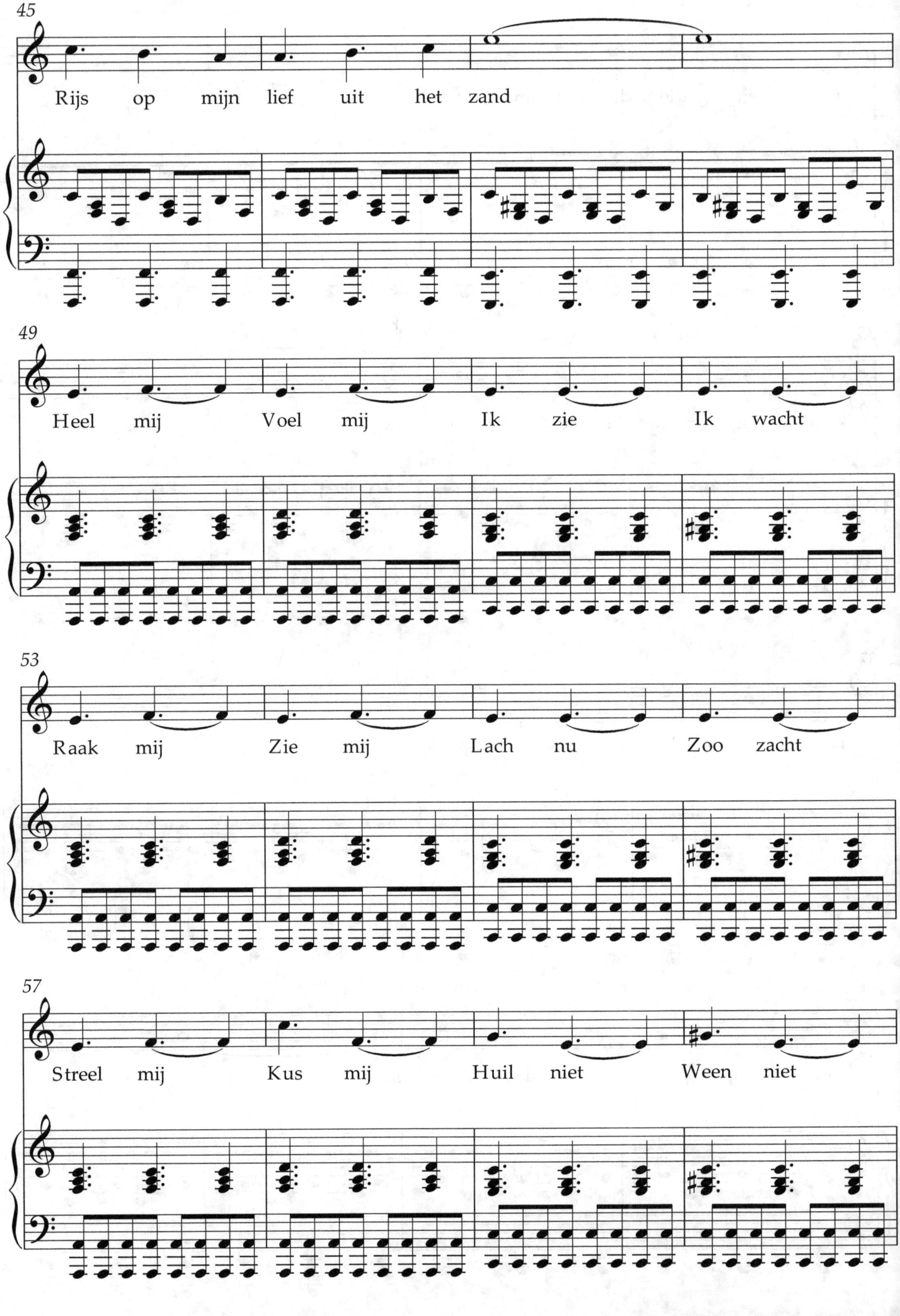

45

Rijs op mijn lief uit het zand

49

Heel mij　Voel mij　Ik zie　Ik wacht

53

Raak mij　Zie mij　Lach nu　Zoo zacht

57

Streel mij　Kus mij　Huil niet　Ween niet

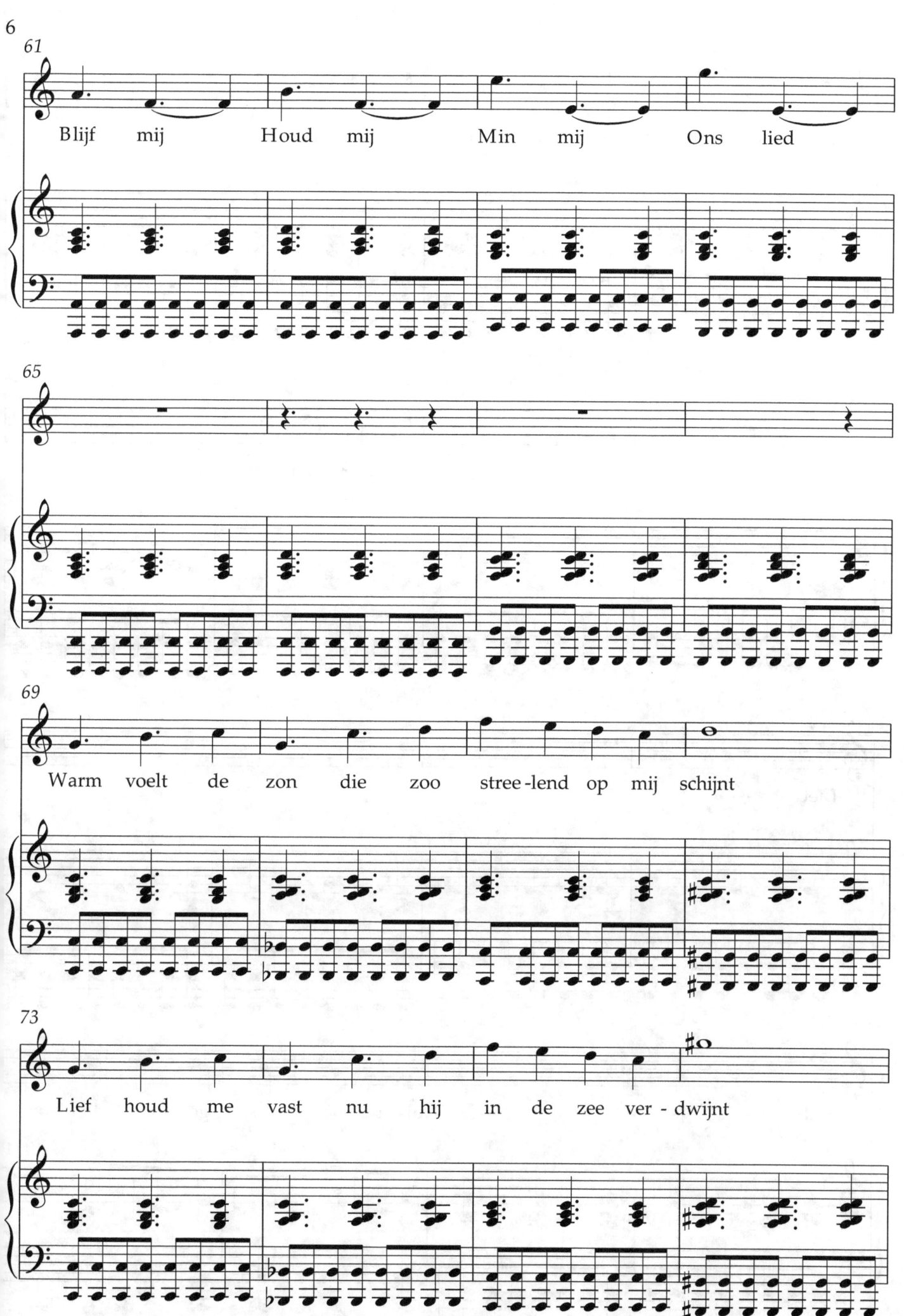

Blijf mij   Houd mij   Min mij   Ons lied

Warm voelt de zon die zoo stree-lend op mij schijnt

Lief houd me vast nu hij in de zee ver-dwijnt

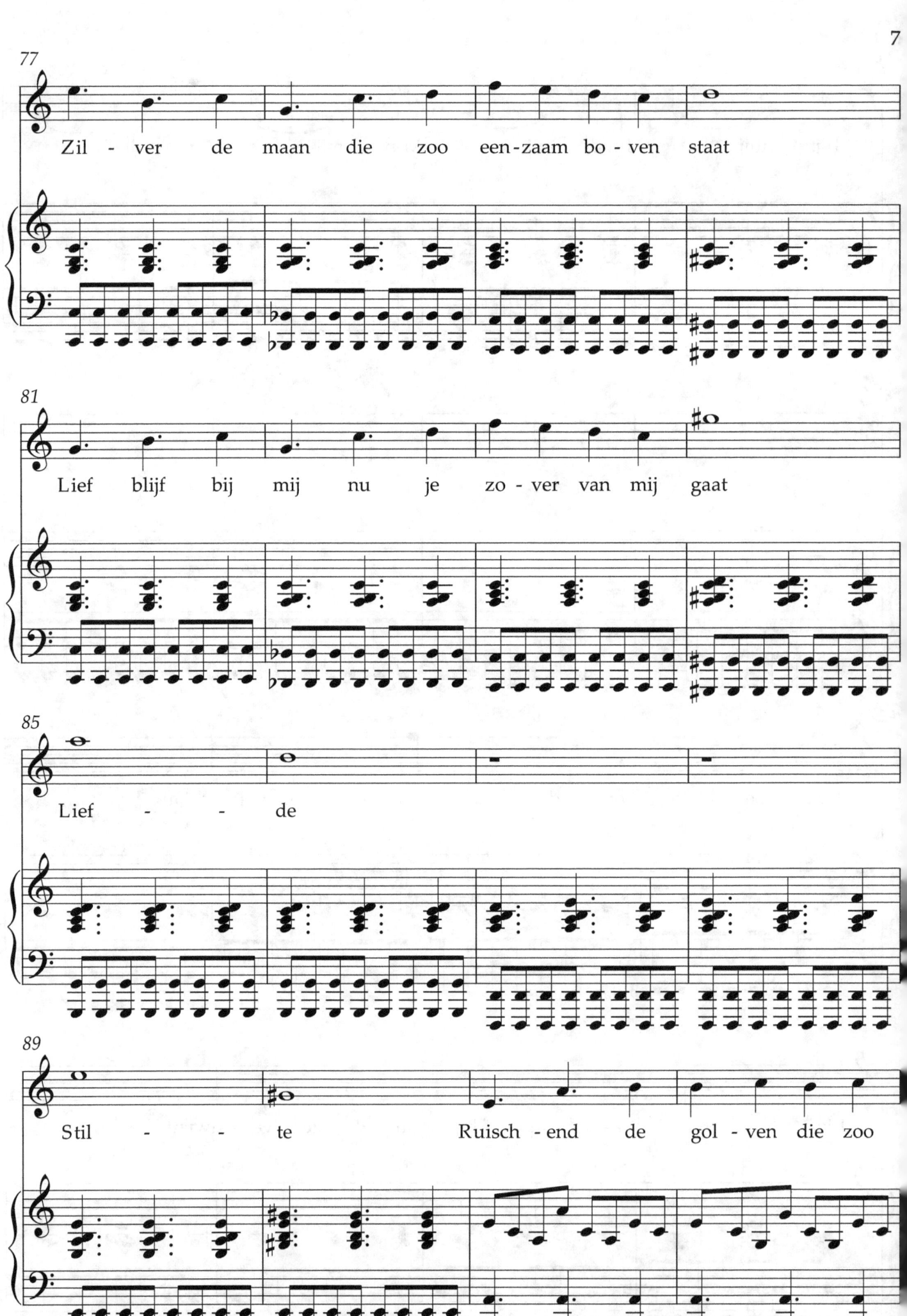

77

Zil - ver de maan die zoo een-zaam bo - ven staat

81

Lief blijf bij mij nu je zo - ver van mij gaat

85

Lief - - de

89

Stil - - te   Ruisch - end de gol - ven die zoo

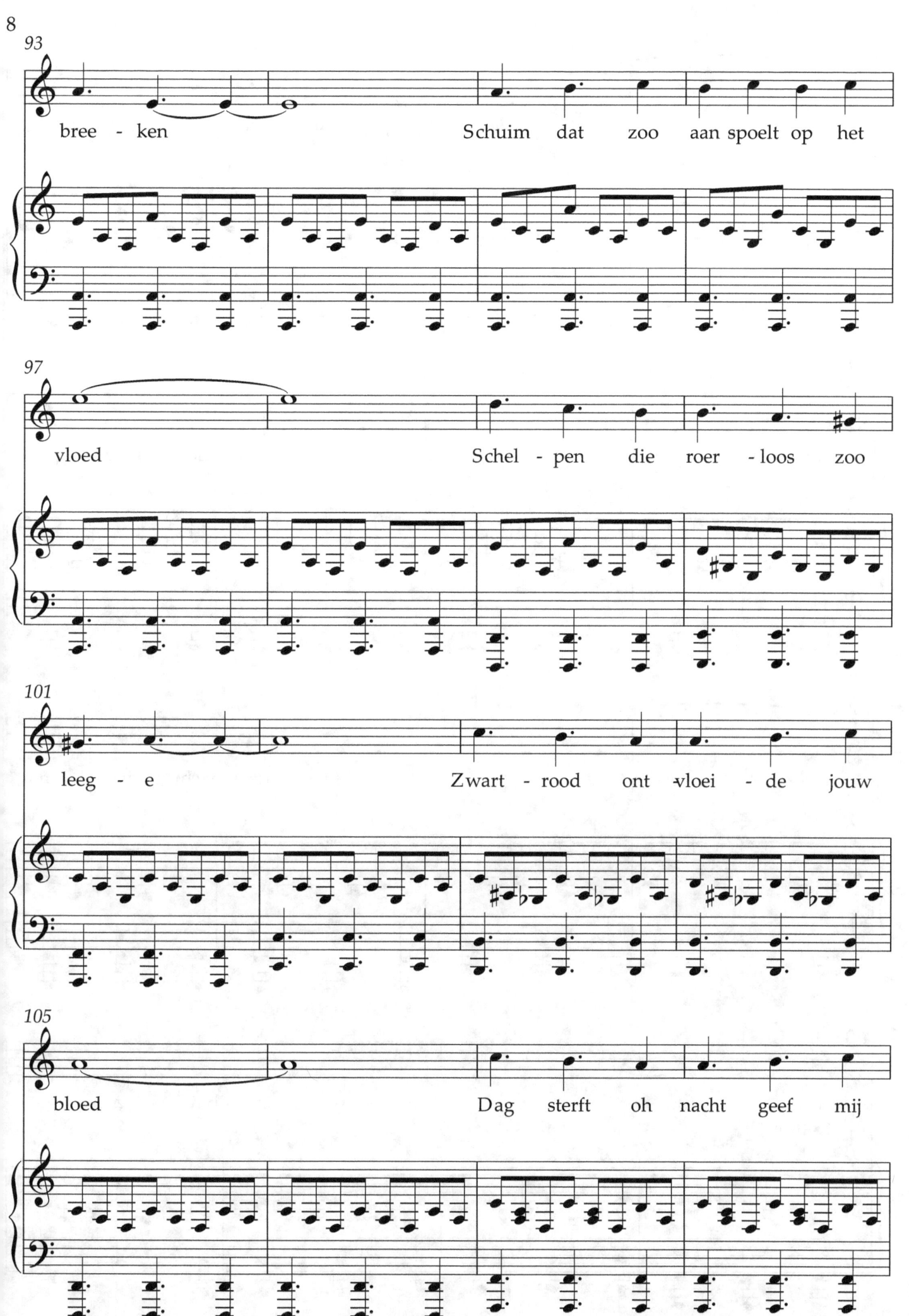

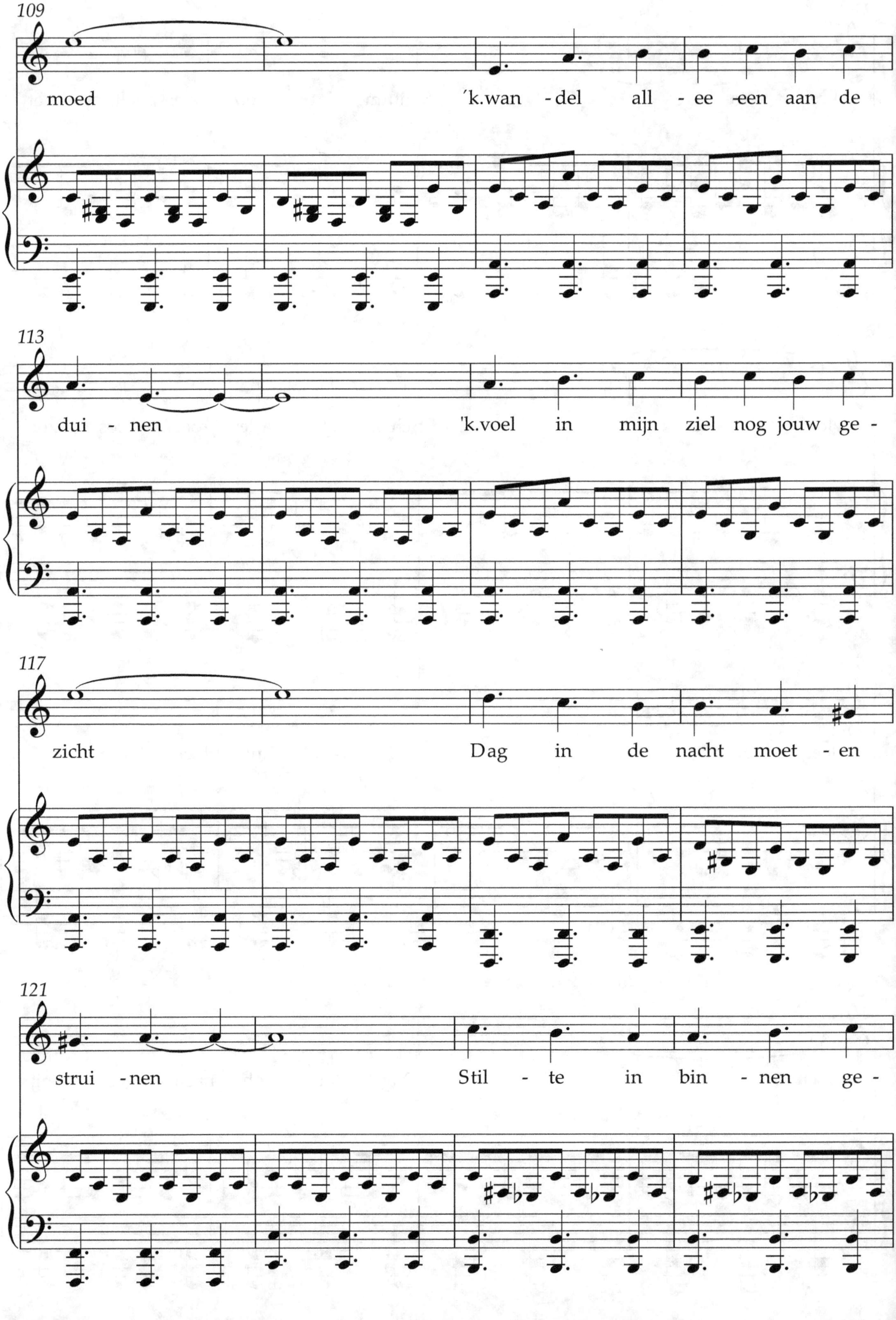

109

moed · · · · · 'k.wan -del all - ee -een aan de

113

dui - nen · · · · · 'k.voel in mijn ziel nog jouw ge -

117

zicht · · · · · Dag in de nacht moet - en

121

strui -nen · · · · · Stil - te in bin - nen ge -

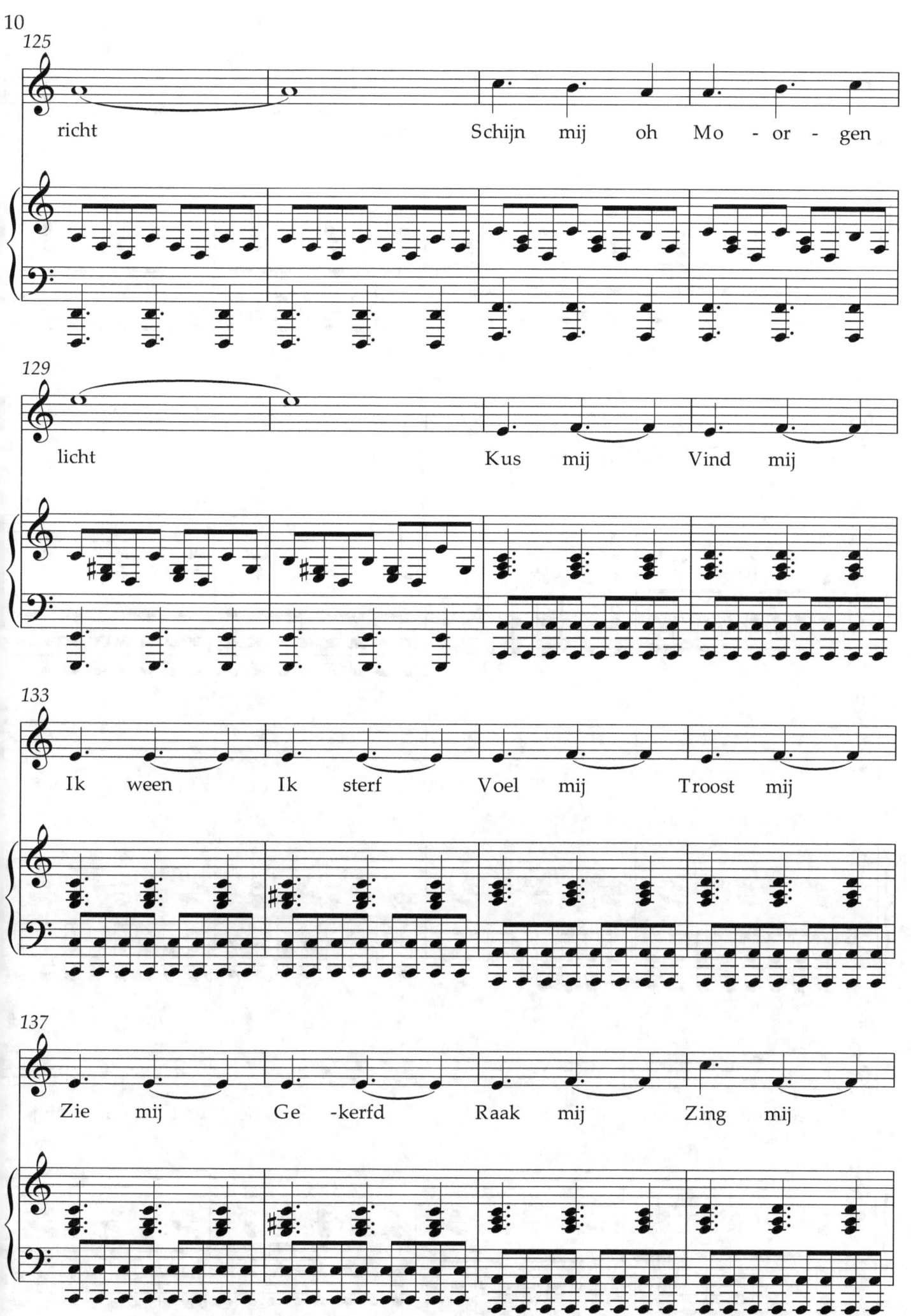

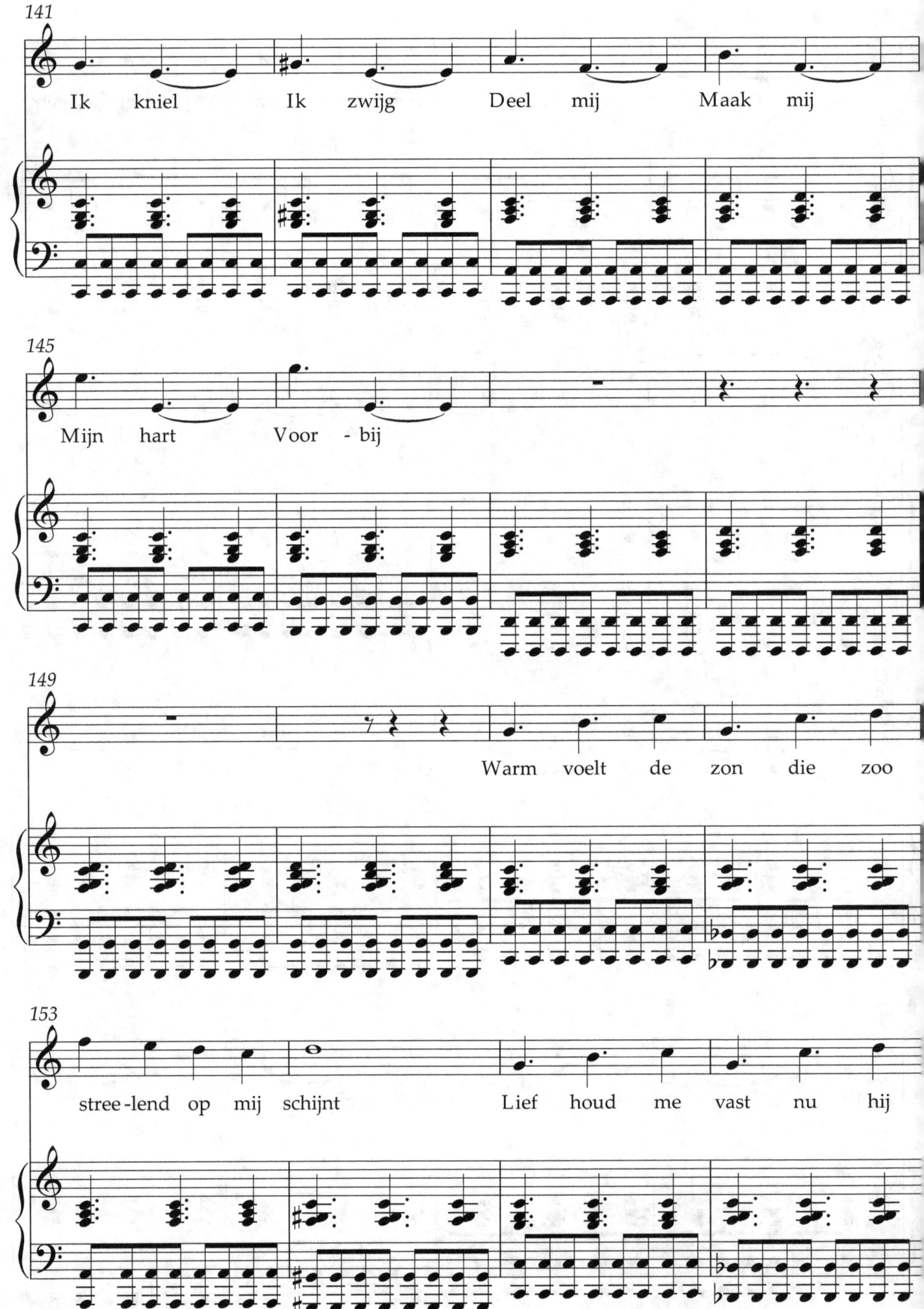

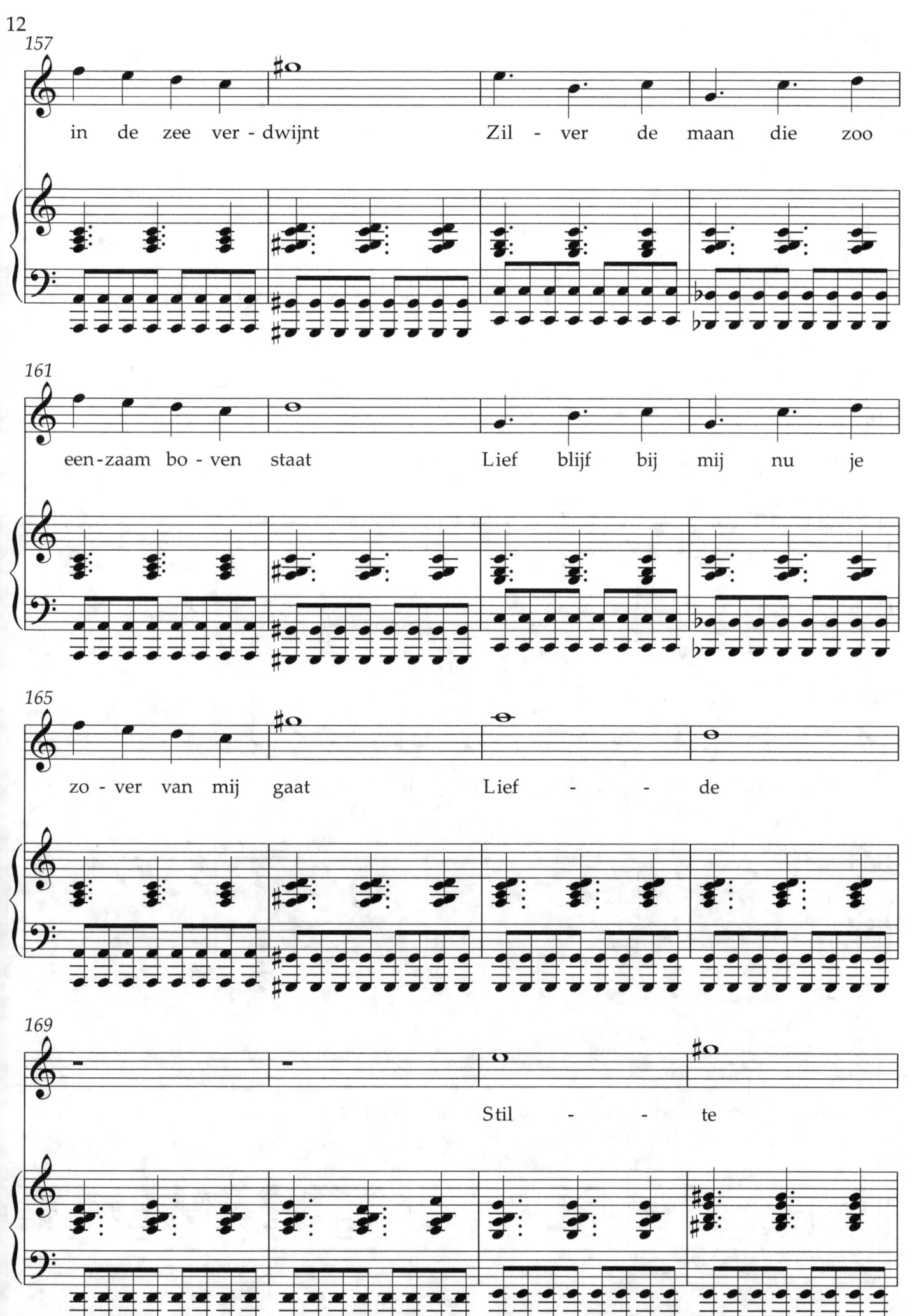

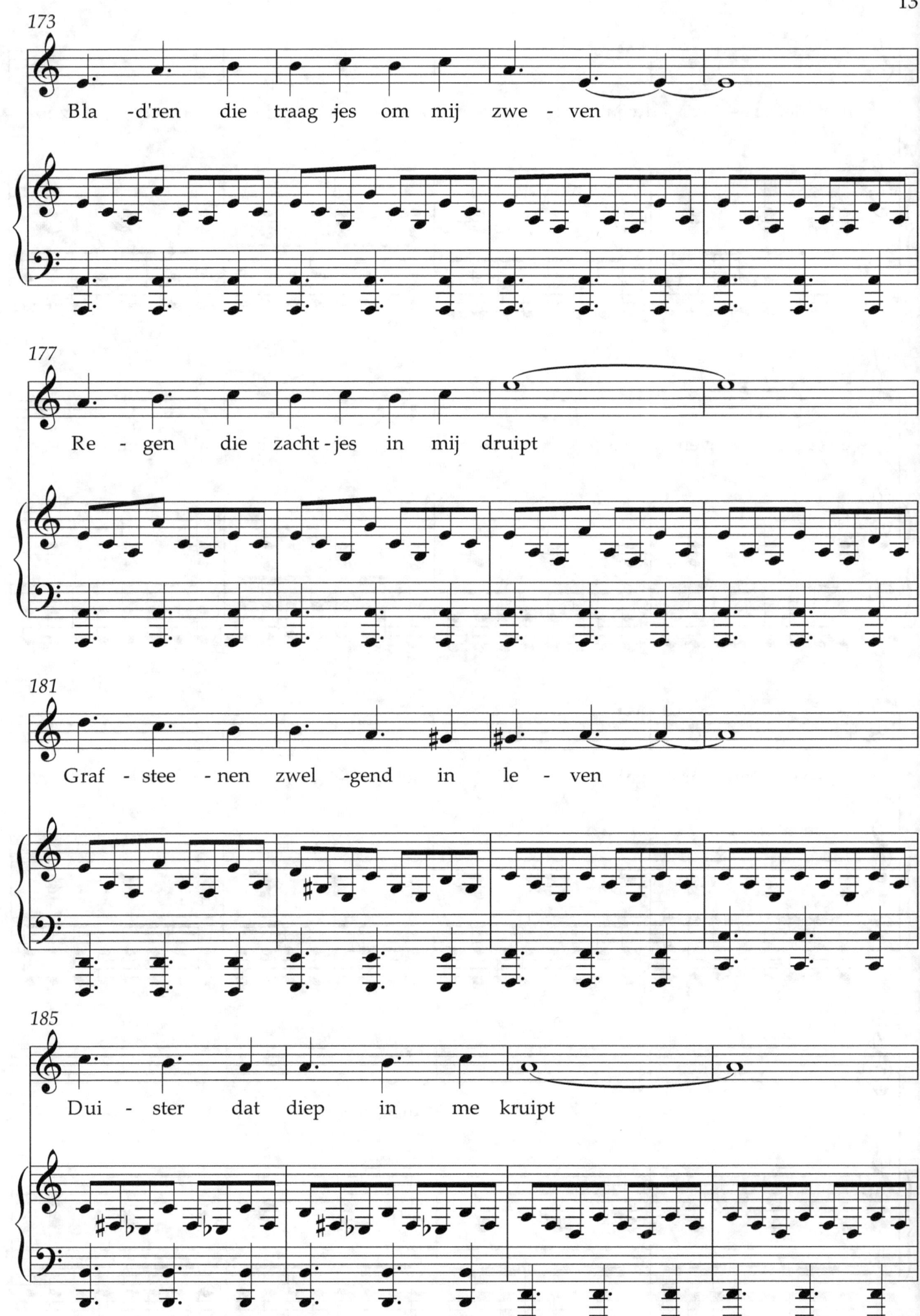

Bla -d'ren die traag jes om mij zwe - ven

Re - gen die zacht -jes in mij druipt

Graf - stee -nen zwel -gend in le - ven

Dui - ster dat diep in me kruipt

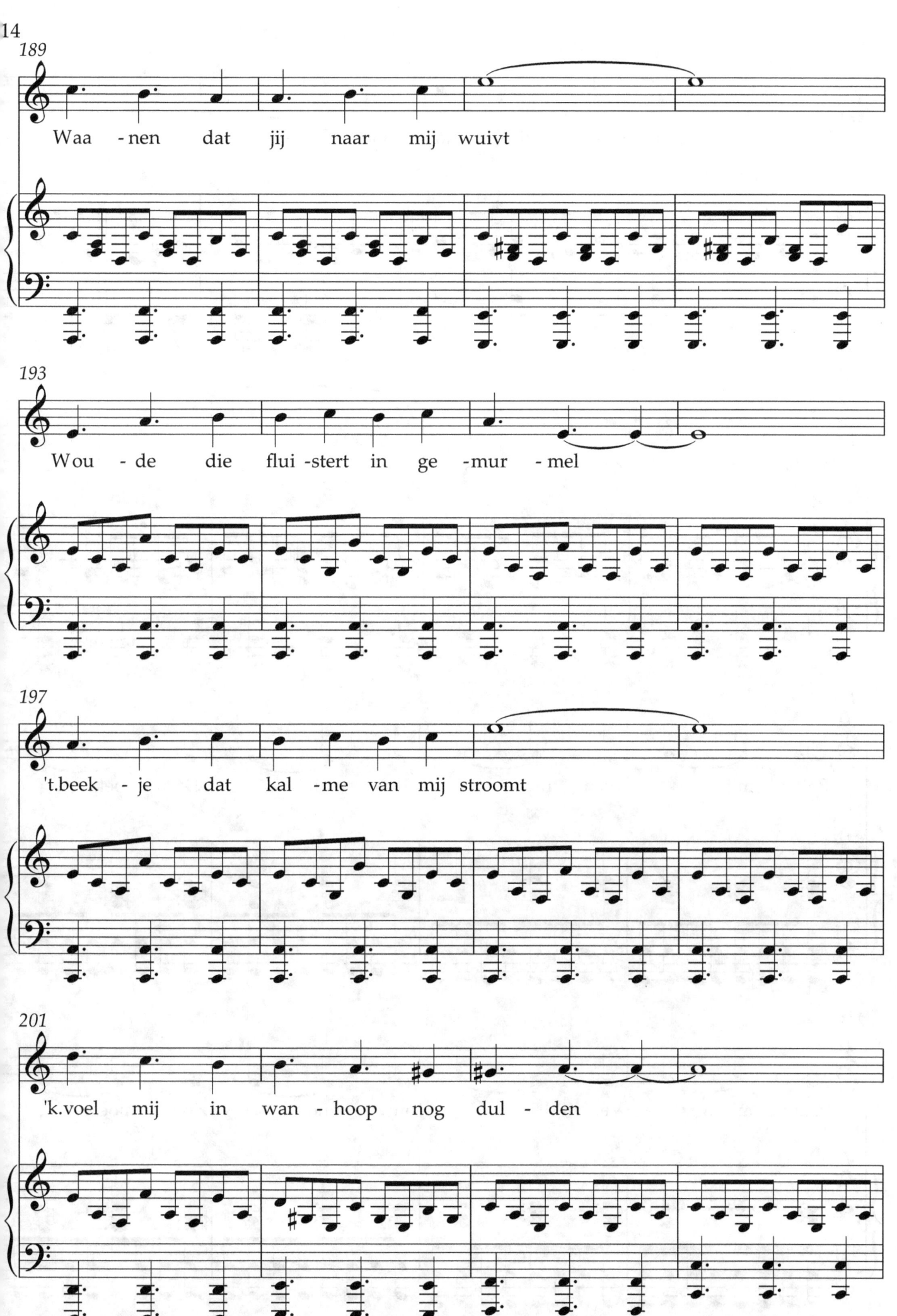

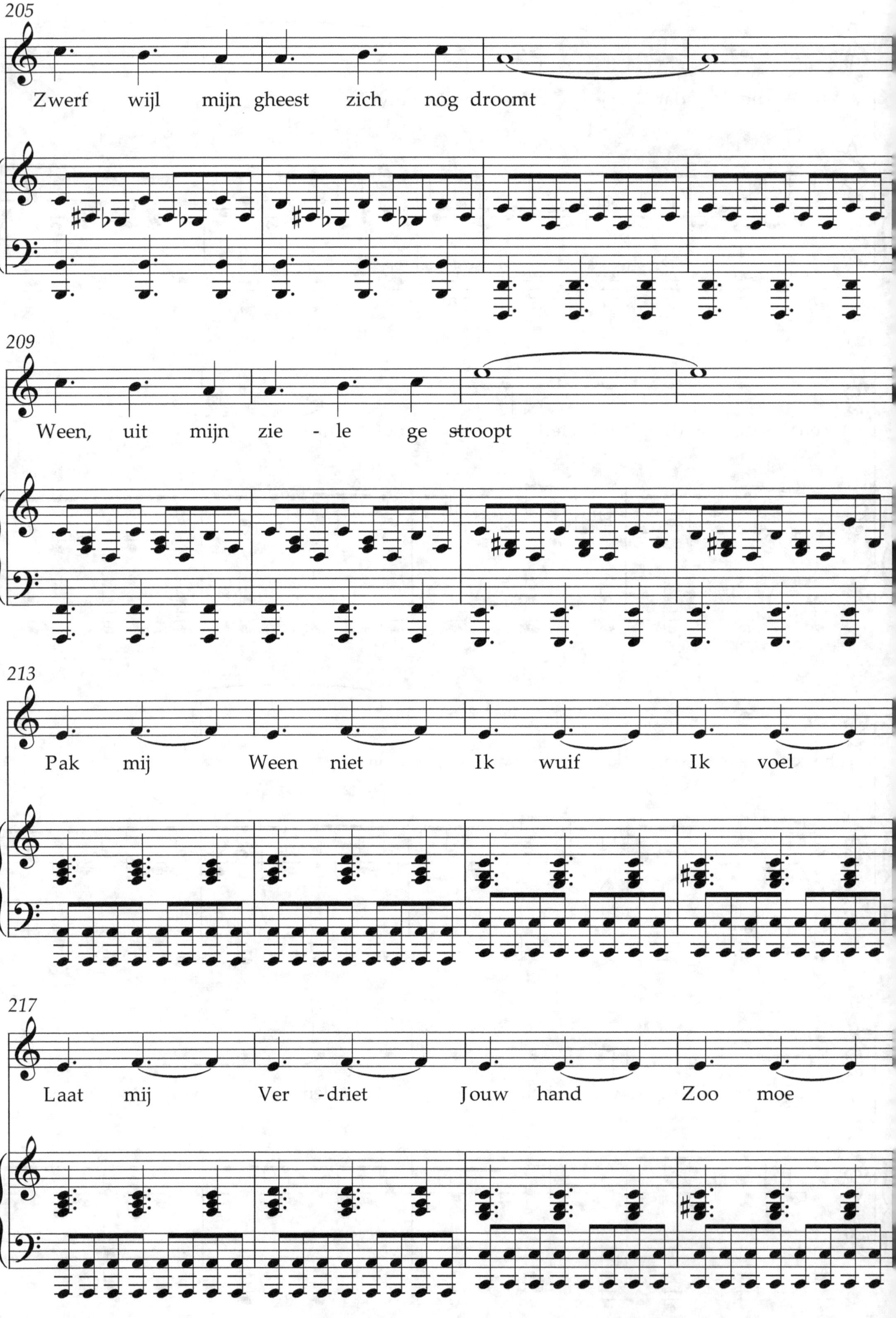

205

Zwerf wijl mijn gheest zich nog droomt

209

Ween, uit mijn zie - le ge stroopt

213

Pak mij   Ween niet   Ik wuif   Ik voel

217

Laat mij   Ver -driet   Jouw hand   Zoo moe

16

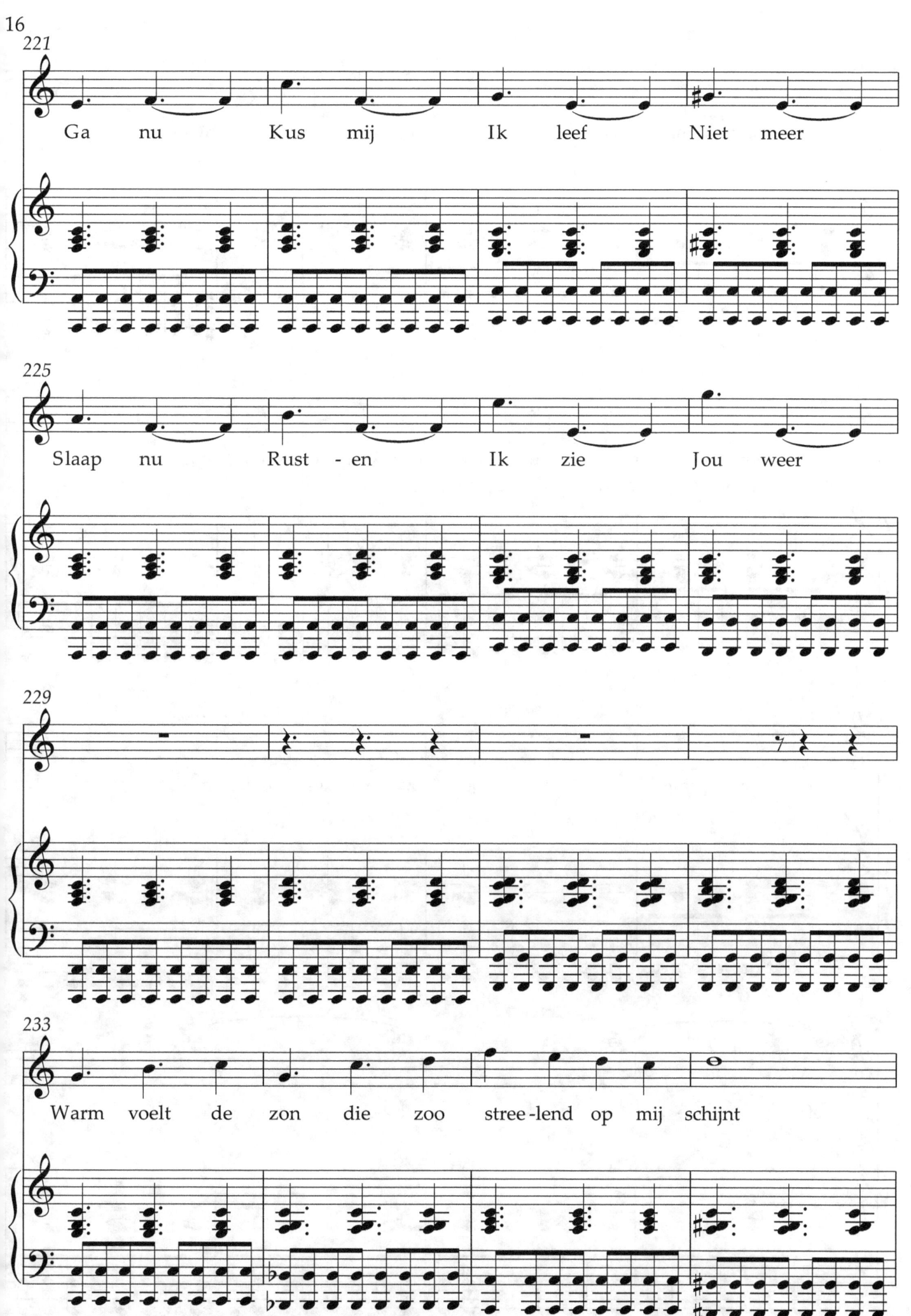

Ga   nu   Kus   mij   Ik   leef   Niet   meer

Slaap   nu   Rust - en   Ik   zie   Jou   weer

Warm   voelt   de   zon   die   zoo   stree-lend   op   mij   schijnt

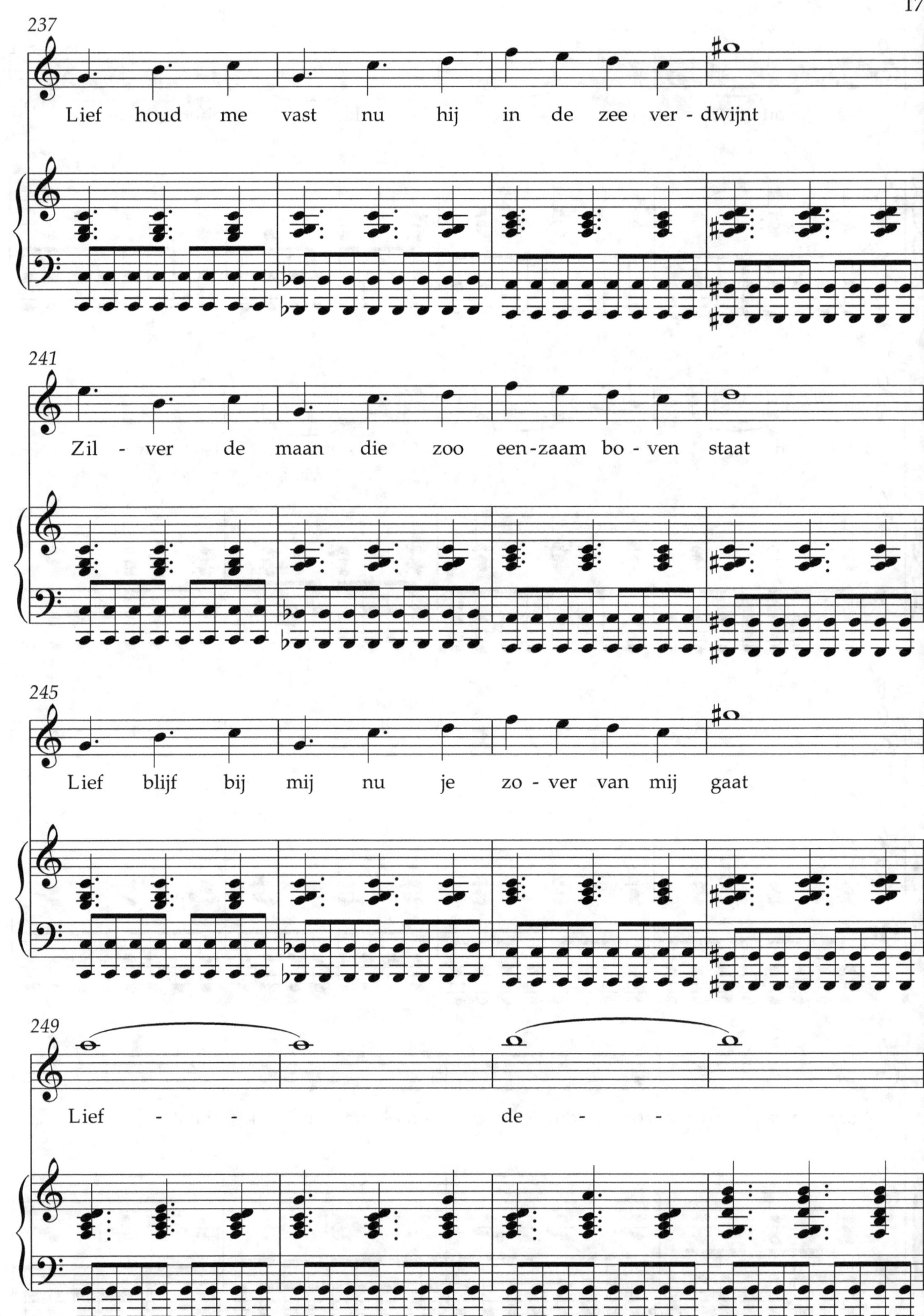

237
Lief houd me vast nu hij in de zee ver-dwijnt

241
Zil - ver de maan die zoo een-zaam bo - ven staat

245
Lief blijf bij mij nu je zo - ver van mij gaat

249
Lief - - de - -

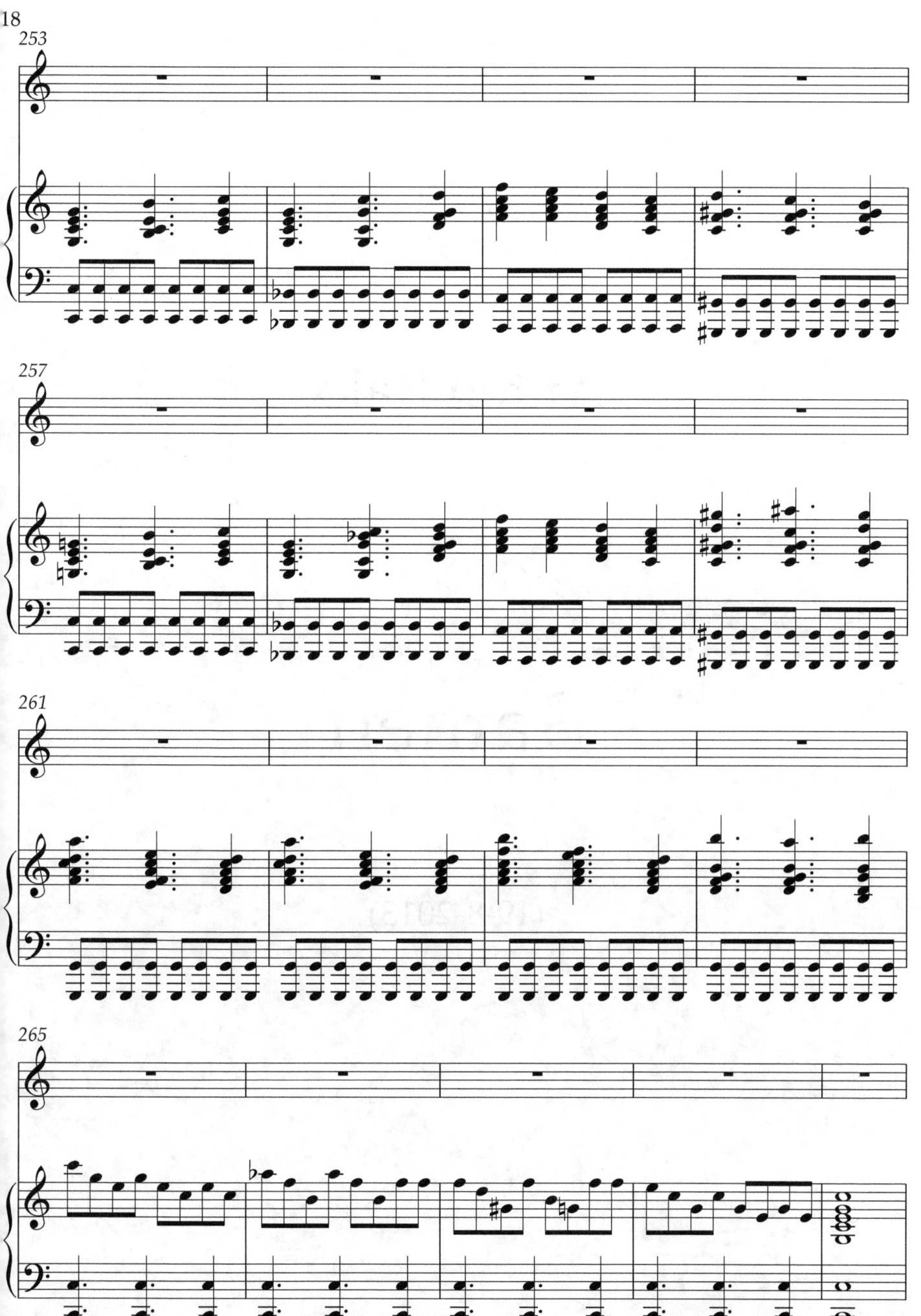

Anton Bakx

Samen

(19-8-2013)

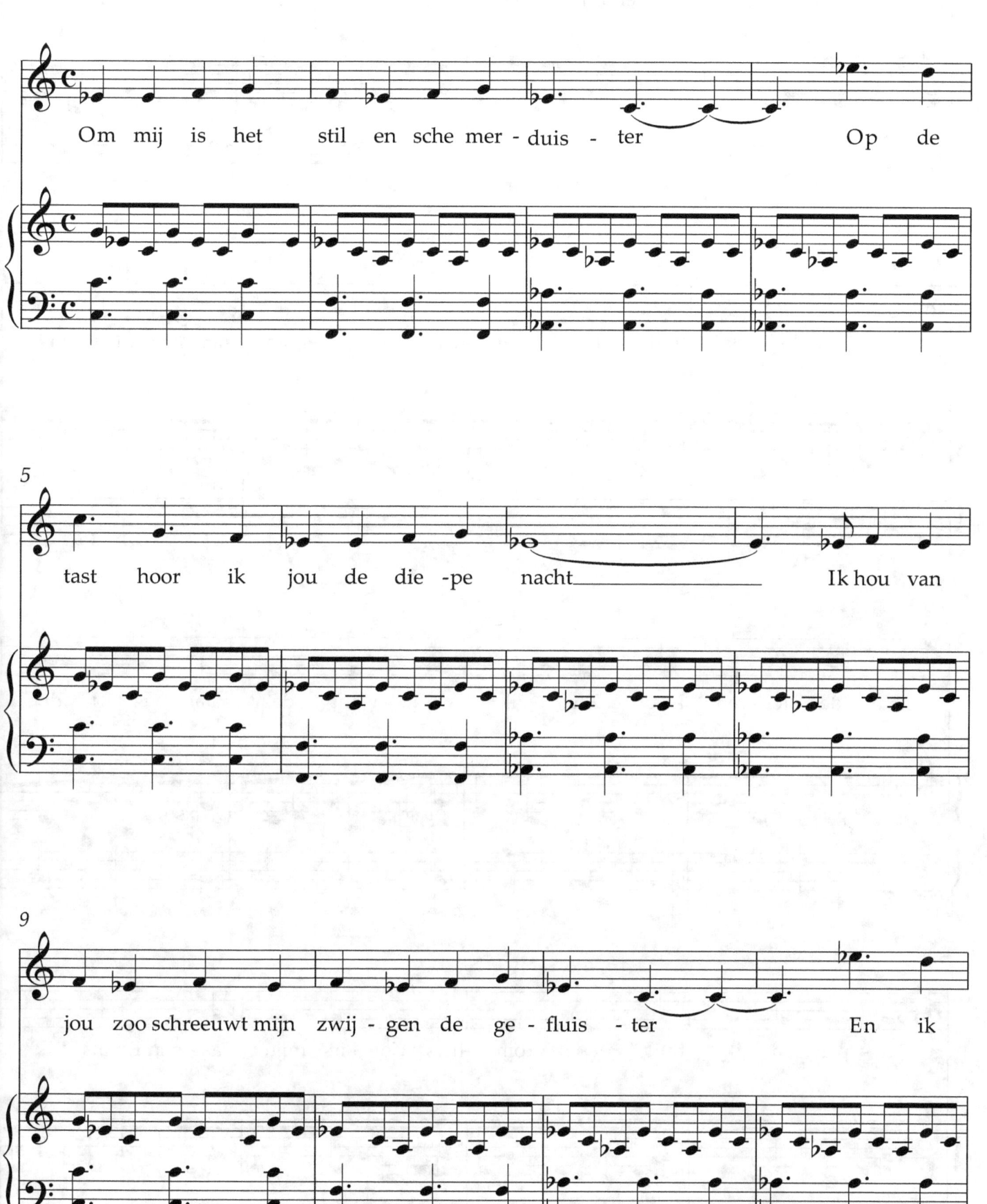

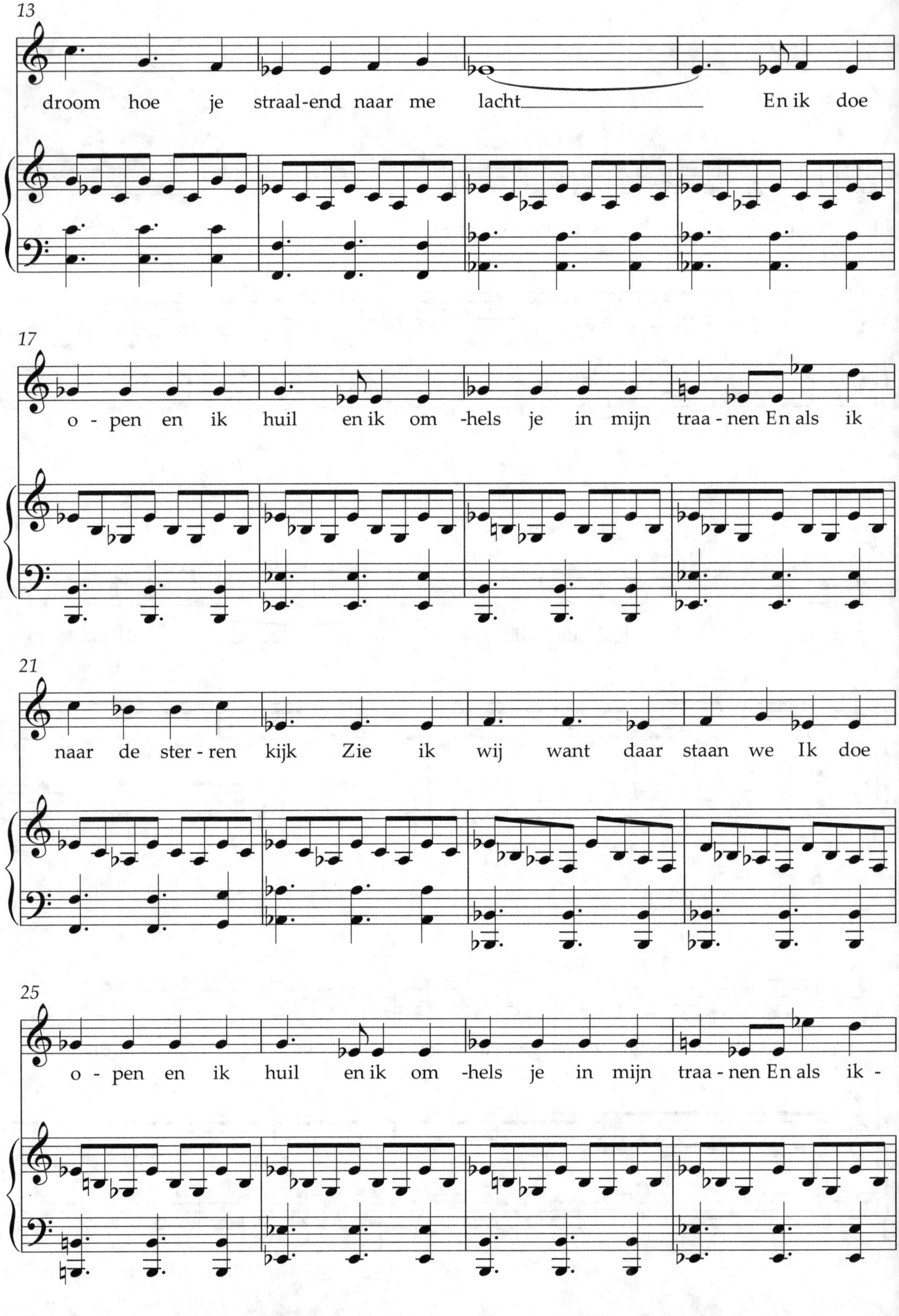

13

droom hoe je straal-end naar me lacht_____ En ik doe

17

o - pen en ik huil en ik om -hels je in mijn traa - nen En als ik

21

naar de ster - ren kijk Zie ik wij want daar staan we Ik doe

25

o - pen en ik huil en ik om -hels je in mijn traa - nen En als ik -

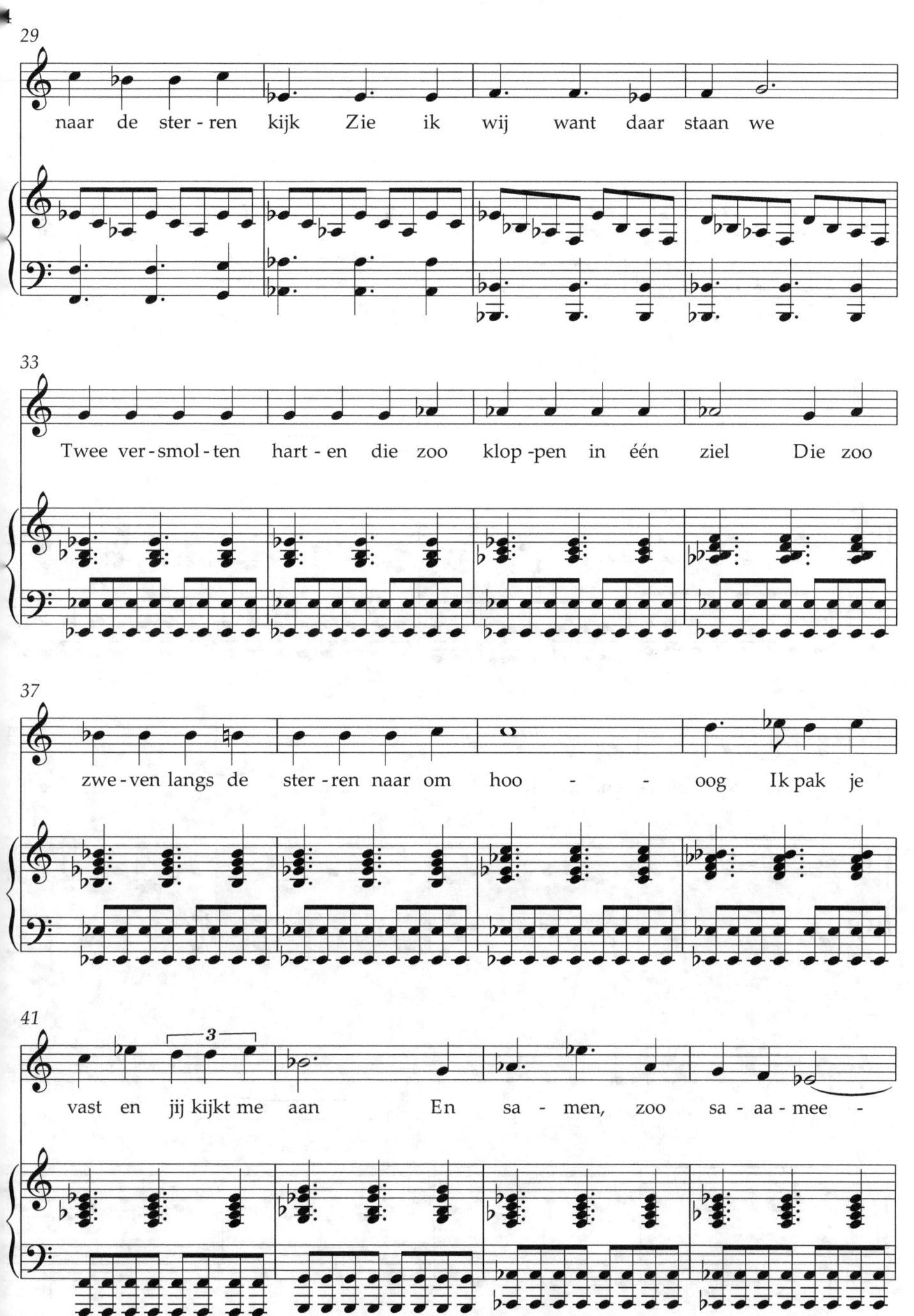

naar de ster - ren kijk Zie ik wij want daar staan we

Twee ver - smol - ten hart - en die zoo klop -pen in één ziel Die zoo

zwe - ven langs de ster - ren naar om hoo - - oog Ik pak je

vast en jij kijkt me aan En sa - men, zoo sa - aa - mee -

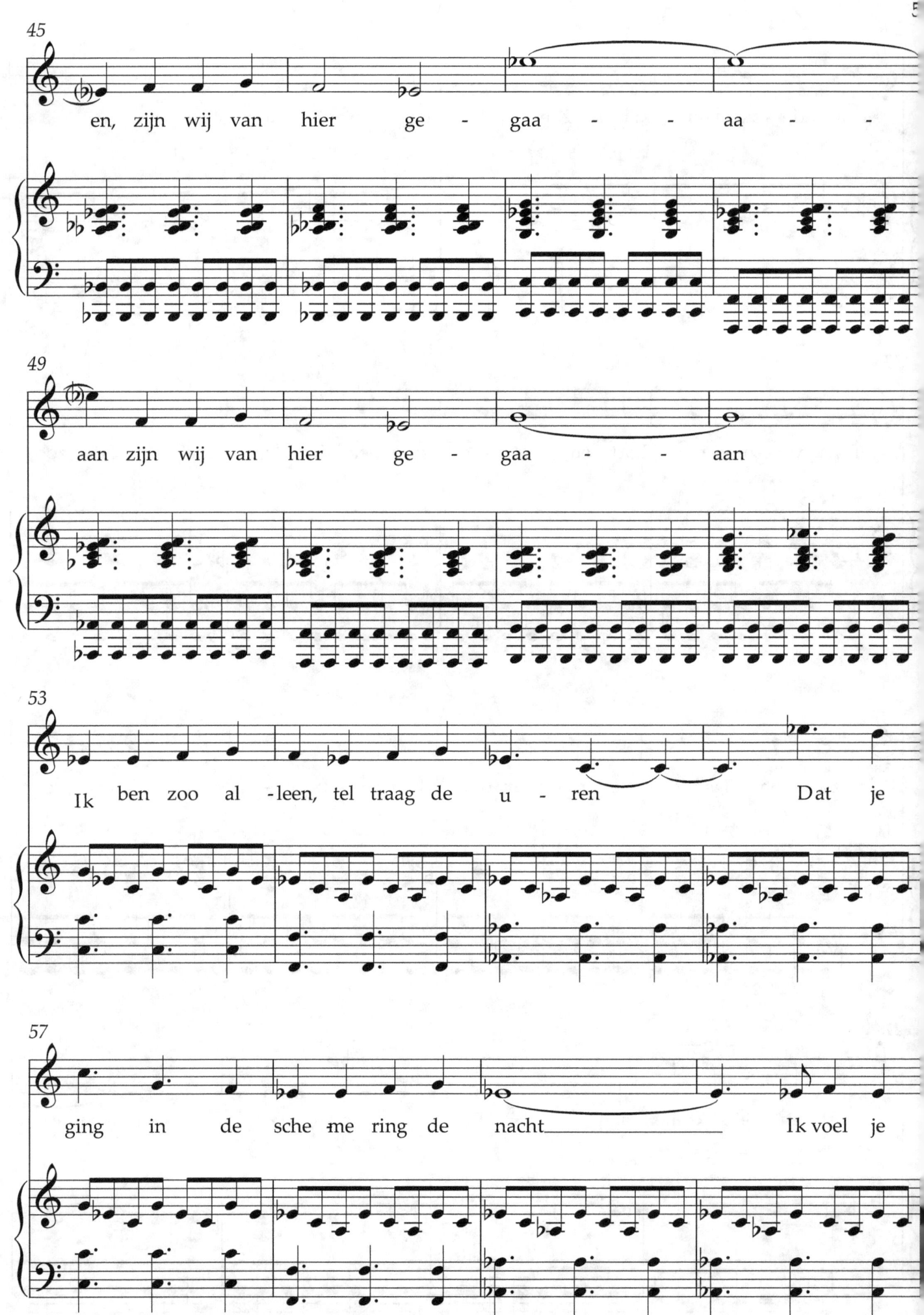

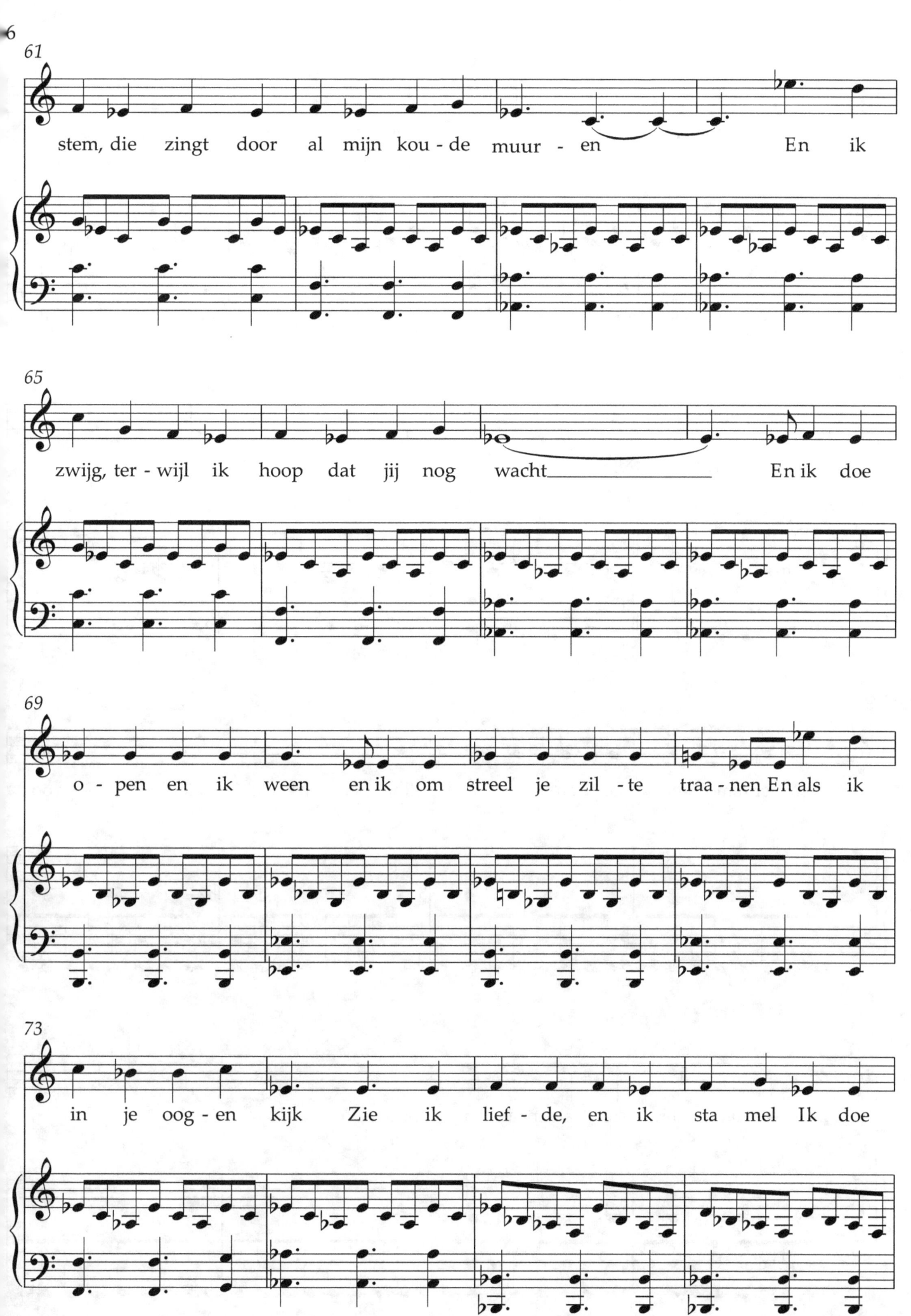

61
stem, die zingt door al mijn kou - de muur - en   En   ik

65
zwijg, ter - wijl ik hoop dat jij nog wacht_____ En ik doe

69
o - pen en ik ween en ik om streel je zil - te traa - nen En als ik

73
in je oog - en kijk Zie ik lief - de, en ik sta mel Ik doe

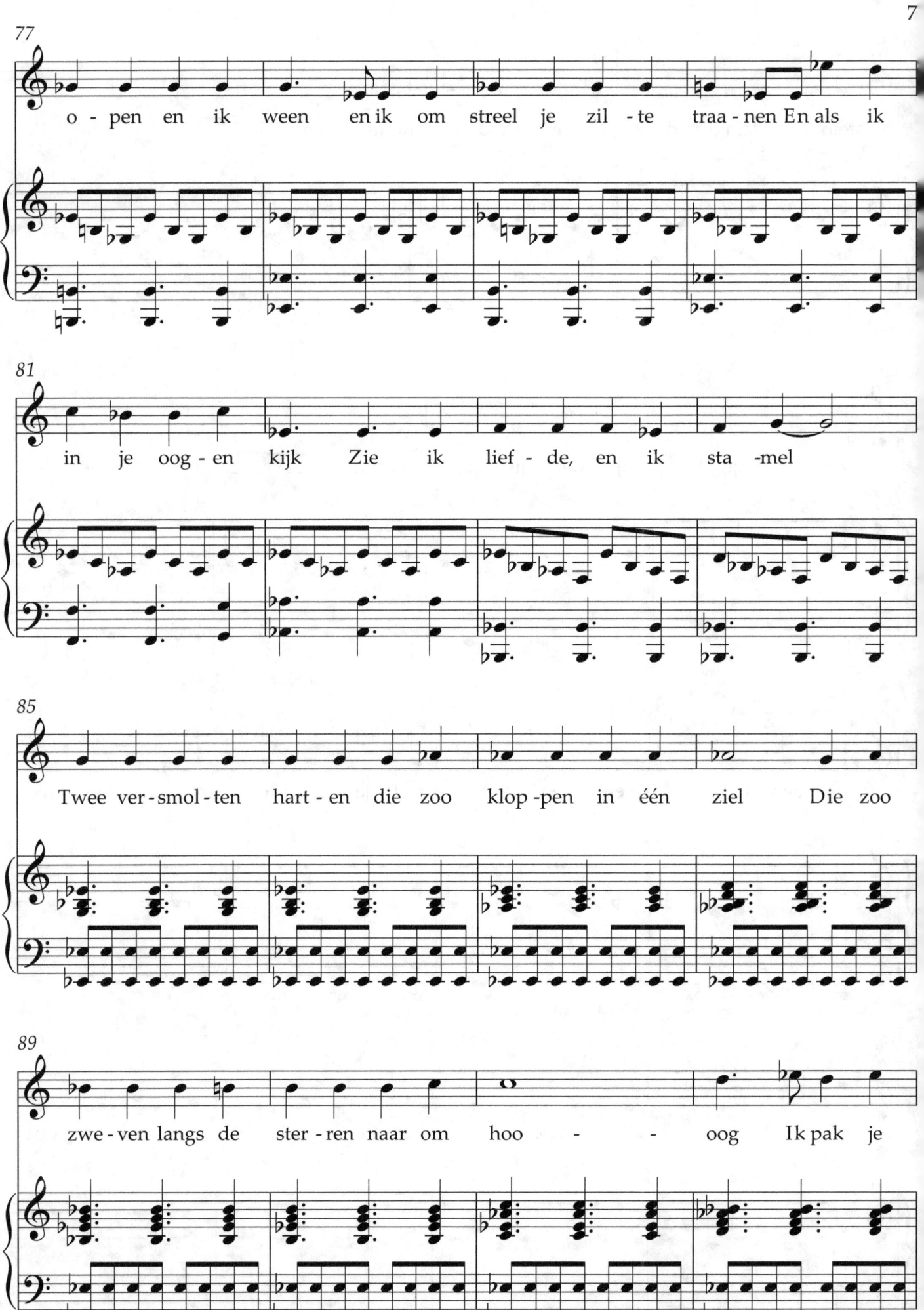

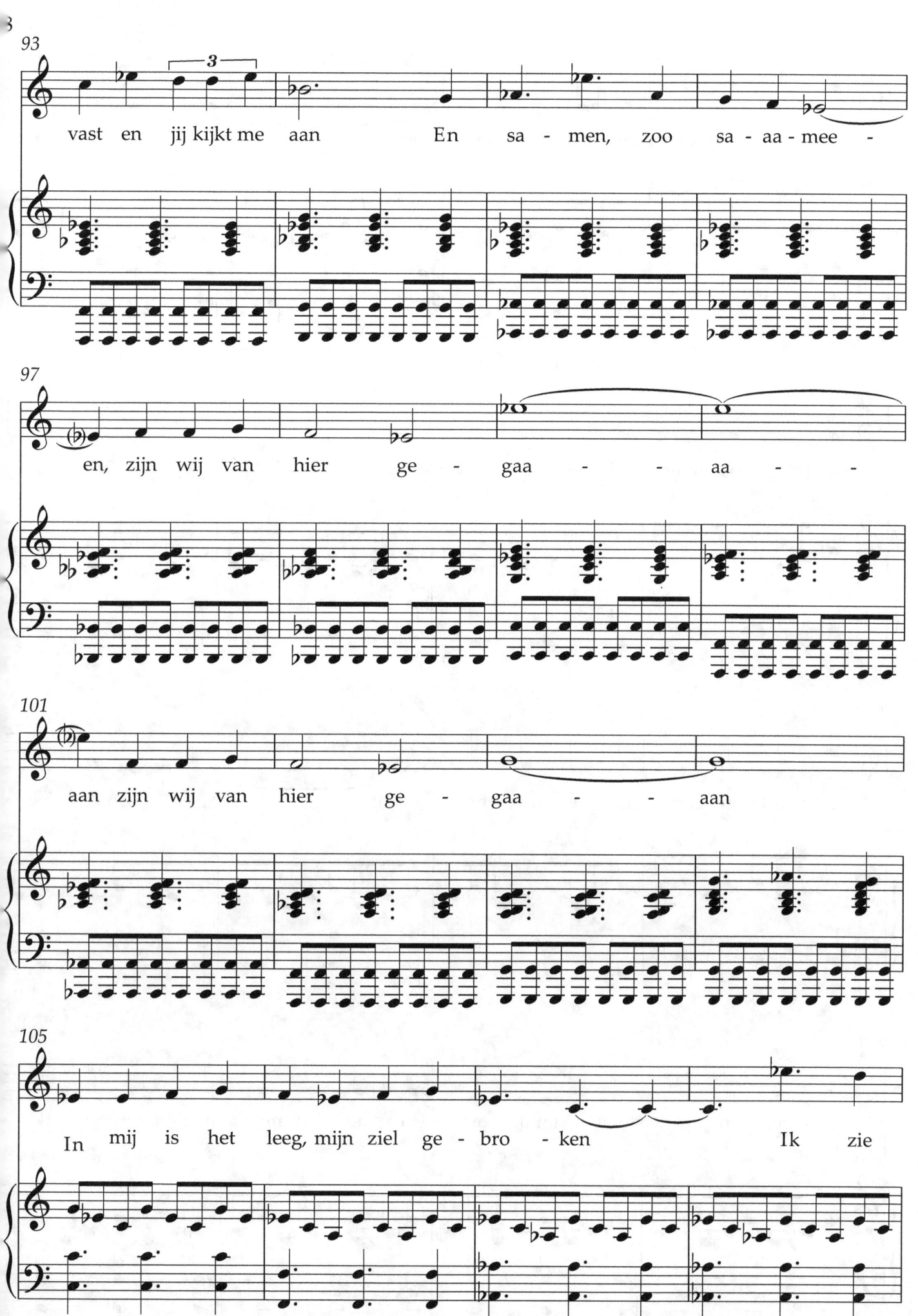

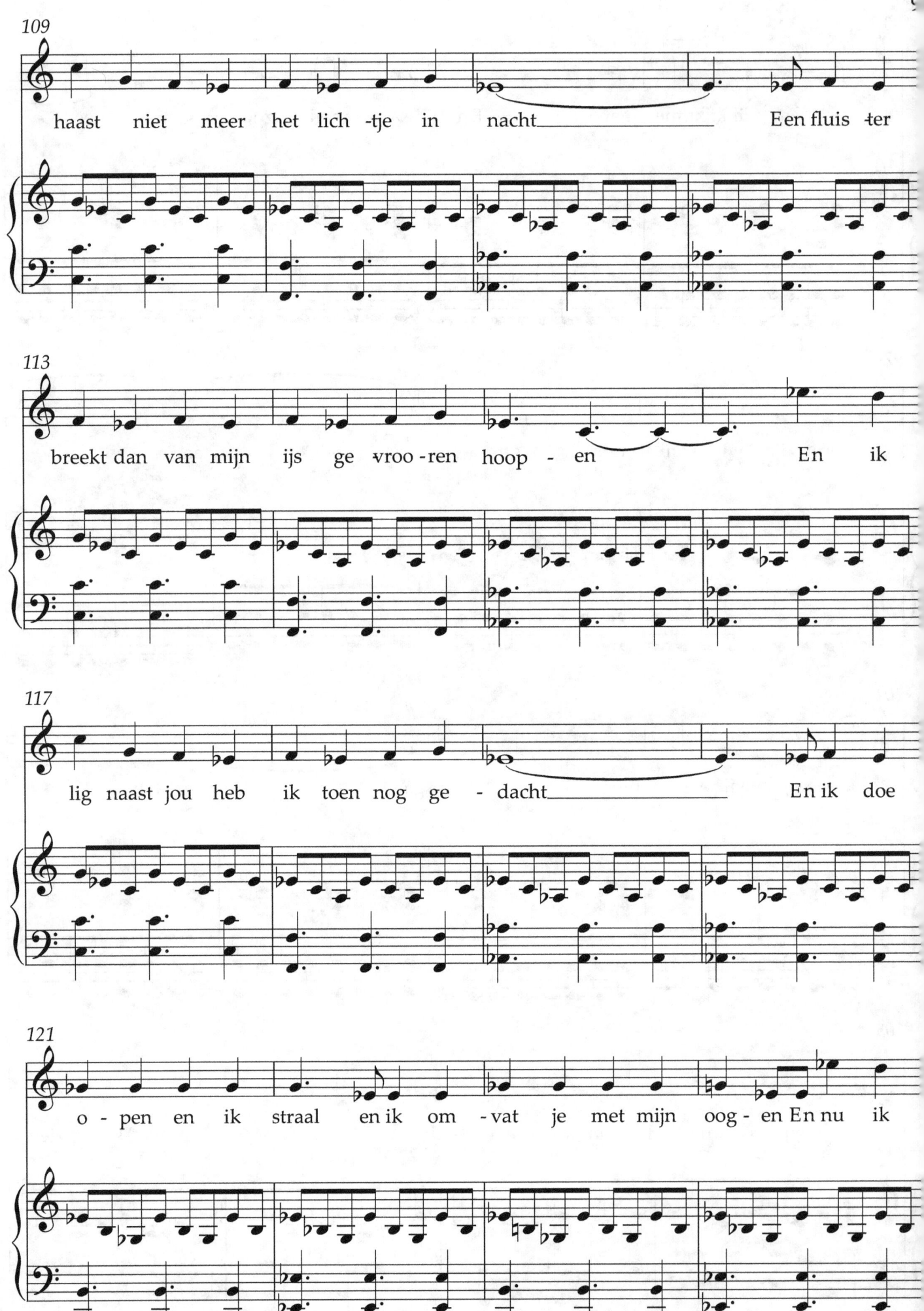

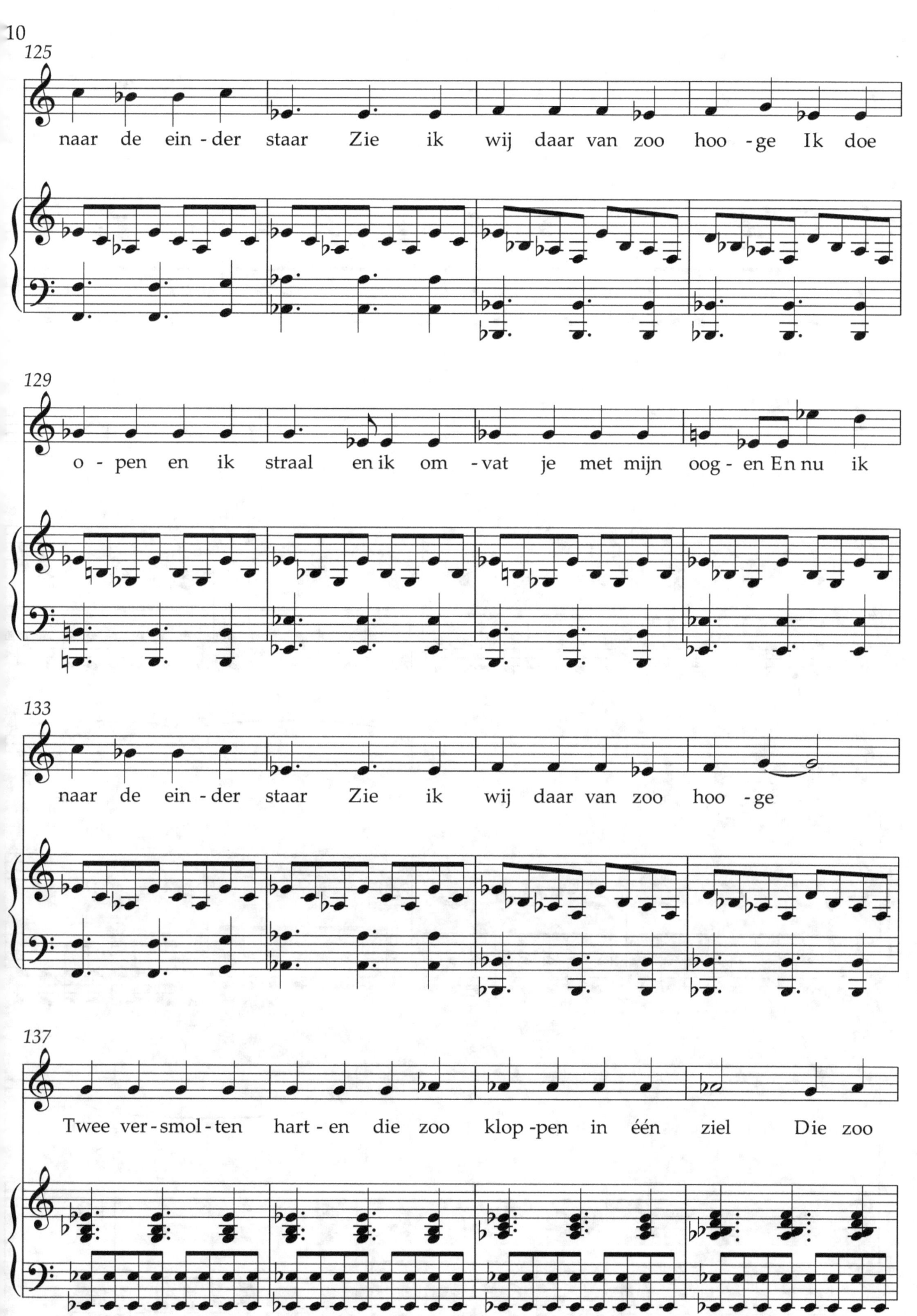

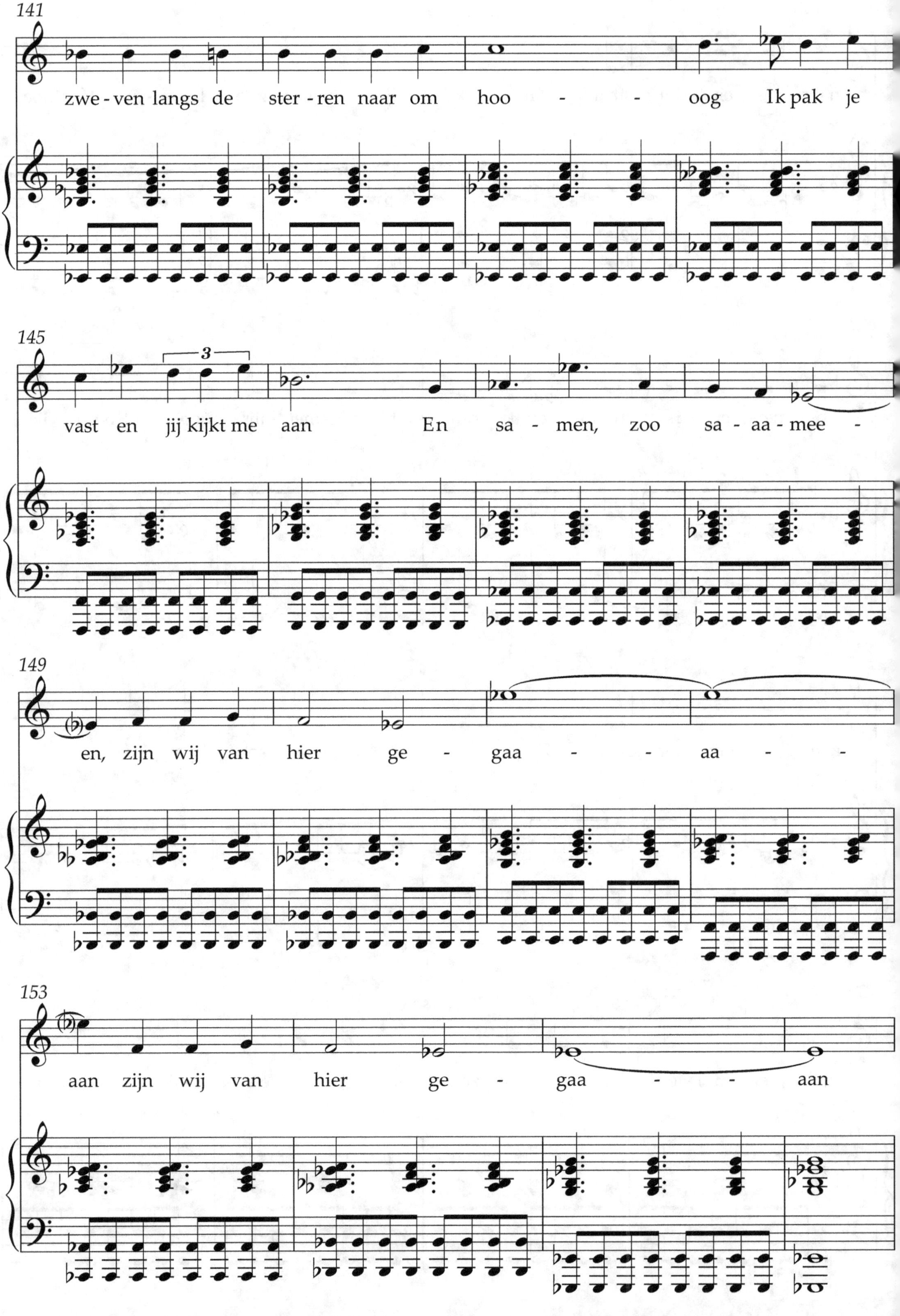

141

zwe - ven langs de ster - ren naar om hoo - - oog Ik pak je

145

vast en jij kijkt me aan En sa - men, zoo sa - aa - mee -

149

en, zijn wij van hier ge - gaa - - aa -

153

aan zijn wij van hier ge - gaa - - aan